100 FICHES
POUR COMPRENDRE
LA LINGUISTIQUE

par

Gilles SIOUFFI

Maître de conférences
à l'Université Paul-Valéry (Montpellier III)

Dan Van RAEMDONCK

Premier assistant
à l'Université Libre de Bruxelles

Bréal

1, rue de Rome - 93561 ROSNY Cedex

© Bréal, Rosny
Toute reproduction même partielle interdite
Dépôt légal : novembre 1999
ISBN 2 84291 453 8
2ᵉ édition

AVANT-PROPOS

« L'oiseau chante, mais peut-on dire que l'homme parle ? », se demandait à la fin du XVIIIᵉ siècle le philosophe allemand Johann Gottfried von Herder. Sa réponse est laconique : non. L'homme n'a pas de langage propre, à l'instar des autres animaux. Effectivement, nous devons bien le constater : l'homme n'a à sa disposition qu'une multitude de langues qui, parfois, n'ont rien en commun, et ne s'apprennent, pour ceux dont elles ne sont pas la langue maternelle, qu'au prix de grands efforts.

La question du langage et des langues, de fait, n'a cessé de se reposer au cours de notre histoire. Les mythes, les religions, la philosophie, ont proposé de multiples réponses à cette question. D'un côté, en effet, il existe de nombreuses langues différentes, d'un autre, néanmoins, nous parvenons toujours à nous comprendre. C'est donc que quelque chose, malgré tout, dans notre usage du langage, nous est commun. Depuis la fin du XIXᵉ siècle, une discipline s'est fixé comme objectif d'affronter tous ces problèmes dans le détail, et de les étudier comme le ferait une science, indépendamment de tout ce que proposaient, précisément, mythes, religions et philosophie. On l'appelle la *linguistique*. On parle aussi parfois, pour mettre l'accent sur la nouveauté de cette approche scientifique, de *sciences du langage*.

Aujourd'hui, cette discipline s'est beaucoup développée. Elle s'est même ramifiée en de multiples branches, entre lesquelles il est parfois bien difficile de se repérer. Des écoles se sont affrontées, des concepts ont été proposés, supprimés, modifiés... Il convient d'essayer de faire le point sur ce que l'on peut considérer aujourd'hui comme les acquis d'un siècle de linguistique.

Le présent ouvrage vise un objectif : **expliquer de manière aussi claire que possible quels sont la démarche, l'histoire, les domaines, les concepts et les écoles de la linguistique aujourd'hui.** Pour ce faire, nous avons organisé ce livre en 100 entrées qui se répartissent en 9 parties. **C'est une première approche : elle ne nécessite pas de connaissances préalables.** Nous espérons que l'essentiel s'y trouve, sans que la pensée des principaux linguistes de notre temps soit trop déformée ou simplifiée. Nous avons essayé de construire ce livre de manière que chaque fiche permette de renvoyer à d'autres, et qu'ainsi les principales notions s'éclairent les unes les autres. Un système d'astérisques est prévu pour faciliter cette lecture. En outre, on trouvera à la fin du livre un index des principales notions utilisées.

Mais après ? En savons-nous davantage aujourd'hui sur le langage et les langues qu'à l'époque de Platon et d'Aristote ? Certainement. Toutefois, dans bien des domaines, le mystère du langage reste entier. Nul doute, cependant, que, dans les prochaines décennies, avec l'apparition des sciences cognitives et les développements des programmes de traitement automatique du langage, nous ne voyions s'éclairer certains aspects encore inconnus de ce mystère.

SOMMAIRE

PARTIE IV – LES CONCEPTS GÉNÉRAUX

PARTIE V – MODES D'ANALYSE ET DE NOTATION DES LANGUES

PARTIE VI – LA DESCRIPTION DE L'ÉNONCIATION

PARTIE VII – LA DESCRIPTION DE L'ÉNONCÉ

PARTIE VIII – LANGAGE ET INFORMATION

PARTIE IX – LES ÉCOLES LINGUISTIQUES DU XXe SIÈCLE

Les astérisques apparaissant dans l'ouvrage signalent les sujets traités dans une fiche spécifique.

LINGUISTIQUE ET GRAMMAIRE

Le terme « grammaire » issu du grec grammatikê, de gramma, qui signifie « lettre », a longtemps été le seul employé pour désigner l'étude de la langue. Depuis presque deux siècles maintenant, est apparu un nouveau terme, celui de « linguistique », bâti sur la racine latine du mot « langue* ». Aujourd'hui, ces deux termes ne sont plus synonymes : ils renvoient à deux démarches différentes.

1 DE LA GRAMMAIRE À LA LINGUISTIQUE

A Grammaire

▶ La définition du terme *grammaire* a évolué dans l'histoire. Pour s'en convaincre, il suffit de comparer les dictionnaires respectivement du XIXᵉ et du XXᵉ siècle que sont le Littré et le Robert. Pour le premier, la grammaire est :

« L'art d'exprimer ses pensées par la parole ou par l'écriture d'une manière conforme aux règles établies par le bon usage. »

▶ La grammaire figure donc au nombre des arts. Ce qui implique un jugement de valeur esthétique (beau/laid), voire éthique (bien/mal). La visée de cette grammaire est proprement normative : la grammaire prescrit la manière de bien écrire, sur la base de l'avis de quelques érudits.

▶ L'idée de norme* implique celle de transgression, l'idée de règle*, celle de son infraction : l'idée de faute* fonde donc la grammaire. L'académicien ou le professeur de français sont les juges du respect de la règle.

B Grammaire scientifique ou linguistique

▶ Le Robert définit le terme comme suit :

– « 1° Jusqu'au XIXᵉ siècle et de nos jours dans le langage courant. Ensemble des règles à suivre pour parler et écrire correctement une langue.

– 2° (…). Étude systématique des éléments constitutifs d'une langue, sons, formes, mots, procédés. »

▶ Si la première acception renvoie sans trop de difficulté à la définition de Littré (*règles à suivre*, *correctement*), la seconde change la perspective. La visée de *l'étude systématique* n'est plus prescriptive, mais descriptive et explicative. Il s'agit d'avoir sur les phénomènes grammaticaux le même regard que le physicien sur les phénomènes naturels qu'il observe. Isaac Newton, lorsqu'il voit la pomme tomber, n'émet aucun jugement esthétique ou éthique (ce n'est ni beau ni bien) ; il décrit et tente une explication. Cette grammaire suit la démarche scientifique, qui se veut faite de rigueur et de méthode, recherchant l'exhaustivité (*systématique*). Elle vise à l'étude objective de la langue dans ses différentes composantes : pour reprendre les termes du Robert, *sons* (phonétique* et phonologie*), *formes* (morphologie*), *mots* (lexique* et lexicologie*), *procédés* (terme vague pour syntaxe*, stylistique* ou rhétorique*).

2 IL Y A GRAMMAIRE ET GRAMMAIRE

A Une question de démarche

▶ Afin d'éviter l'ambiguïté, et eu égard à sa longue tradition normative (tradition qui n'a que peu d'équivalent pour les autres langues comme l'anglais ou l'allemand), le français a pris l'habitude d'utiliser le mot *grammaire* pour désigner la démarche normative. Pour désigner l'acception scientifique de *grammaire*, il emploie le terme *linguistique*. Cette opposition de terme entre *grammaire* et *linguistique* ne se retrouve pas dans tous les pays.

▶ Cependant, pour des domaines ou des écoles qui tirent leur origine d'autres traditions, le terme *grammaire*, qui était le terme original employé pour désigner la discipline, a pu être conservé en français : il en va ainsi de la grammaire historique ou comparée*, d'origine allemande, ou de la grammaire générative et transformationnelle*, d'origine américaine. L'utilisation du terme *linguistique* pour la linguistique historique et comparée tend aujourd'hui néanmoins à se généraliser.

B Les utilisations du mot *grammaire*

En dehors de la question de la démarche, le mot *grammaire* recouvre plusieurs réalités. On parlera en effet de grammaire d'une langue, de grammaire comme description des règles d'une langue et d'ouvrage de grammaire qui reprend cette description.

▶ La grammaire d'une langue correspond à un ensemble abstrait de règles. Dans l'optique de la grammaire générative, cet ensemble fini de règles doit permettre au locuteur de cette langue d'engendrer la totalité infinie des énoncés grammaticalement acceptables. On parle de grammaire de la compétence* des sujets parlants.

▶ La description de cet ensemble de règles est la tâche du grammairien ou du linguiste. Selon la démarche choisie, ce travail aura donc une visée soit normative, soit descriptive ou explicative. Cependant, on ne peut prétendre à une retranscription complète et parfaitement fidèle du système de règles d'une langue. Il s'agit chaque fois de la recréation d'un objet que l'on souhaite le plus ressemblant possible. On propose en général un modèle descriptif et explicatif censé reproduire des relations qui seraient à l'œuvre dans la grammaire de langue. En fait, tout ce qu'on peut proposer est de dire que « tout se passe comme si cela se passait comme ça ». Cette proposition de retranscription grammaticale combine généralement une morphologie* (avec, notamment, l'étude de la forme des mots, des règles de composition et de flexion) et une syntaxe* (avec, notamment, les règles de construction des phrases* et les règles d'accord), avec une insistance, pour la visée normative, sur les règles orthographiques*.

▶ On appellera également *grammaire* l'ouvrage dans lequel se retrouve cette description.

La concurrence que se jouent les termes grammaire *et* linguistique *en français est pour une grande part le résultat d'une tradition puriste extrêmement ancrée dans la culture française. Plus importante est la différenciation de deux démarches : l'une normative, l'autre scientifique. Si le terme* grammaire *peut être utilisé pour désigner les deux démarches, le terme* linguistique *n'est pas utilisé pour désigner la démarche normative.*

LINGUISTIQUE ET LOGIQUE

Pendant de nombreux siècles, la logique et l'étude du langage ont marché la main dans la main. Mais aujourd'hui que la logique a atteint un stade très formalisé, a-t-elle encore quelque chose à apporter à la linguistique?

1 LA LOGIQUE ET LES LANGUES NATURELLES

A Conception originelle de la logique

▶ Le mot logique vient du mot grec *logos*, qui signifie « verbe », « langage » (voir Antiquité*). Étymologiquement, la « science du langage », c'est donc la logique. L'ouvrage d'Aristote intitulé *Logique* étudiait aussi bien des types de raisonnement que la manière que nous avons de les formuler. Par la suite, les travaux portant sur la pensée et ceux portant sur le langage vont graduellement se séparer. C'est ainsi que la *logique* est souvent identifiée de nos jours à une étude formelle des processus de pensée et de raisonnement, alors que la *linguistique* est identifiée à une étude du langage.

▶ Un premier pas vers cette séparation fut accompli à l'époque du philosophe allemand Gottfried Wilhelm Leibniz. Celui-ci estima que, si elle devait traiter de la validité de certaines façons de raisonner, la logique ne devait pas se contenter d'employer les mots de tous les jours, autrement dit, les langues naturelles, car celles-ci sont chargées de trop d'ambiguïtés*. C'est ainsi que Leibniz proposa de doter la logique d'un langage abstrait similaire à celui qu'emploient les mathématiques. À partir de ce moment, la logique utilise une formalisation spécifique, les signes *p* et *q*, par exemple, pour représenter des propositions*. Elle quitte définitivement la philosophie pour rejoindre les mathématiques. Dans sa nouvelle forme, on l'appelle *logique formelle*.

▶ Pourtant, pendant un certain temps encore, les langues naturelles continueront d'être analysées sur le modèle de constructions logiques. Dans les articles rédigés à la fin du XVIIIe siècle par les philosophes de l'*Encyclopédie*, une grande confiance règne quant à la nature profondément « logique » des langues. Dans l'enseignement scolaire de la grammaire*, on utilise l'expression *analyse logique* pour décrire la construction de l'énoncé. Cette construction est vue comme un reflet de l'organisation de la pensée.

B La critique

▶ À la fin du XIXe siècle, certains penseurs s'élèvent contre l'assimilation trop rapide qui a été faite entre logique et langage. Ainsi, Heymann Steinthal (1823-1899) estime que « les catégories du langage et de la logique sont incompatibles ». Si on les rapproche les unes des autres, on obtient un effet similaire à celui qu'on obtiendrait en rapprochant les concepts de cercle et de rouge : elles n'ont aucune commune mesure.

▶ Au XXe siècle, de nombreux logiciens ont dénoncé notre obstination à croire que notre langage a un lien avec le monde et que, si l'on s'exprime « logiquement », on dit la vérité sur le monde. Ce courant a été dénommé *empirisme logique*. Il a des conséquences importantes en philosophie du langage*. Rudolf Carnap, Ludwig Wittgenstein et Bertrand Russell sont les principaux philosophes de ce courant. Pour comprendre leur position, on peut citer ce passage d'*Alice au pays des merveilles* de Lewis Carroll (qui était aussi logicien) dans lequel le roi de carreau pense que *nobody* est quelqu'un de particulier. Parce qu'on emploie un mot comme sujet d'un verbe, on croit en l'existence de ce qu'il désigne.

2 LINGUISTIQUE ET LOGIQUE AUJOURD'HUI

A Logique et théories linguistiques

▶ Cependant, la linguistique et la philosophie du langage continuent à avoir besoin de logique. Les recherches logiques du philosophe allemand Edmund Husserl (parues en 1900-1901), par exemple, inspirent le structuralisme. Si Husserl imagine l'existence d'une grammaire « pure », logique, c'est parce qu'il remarque que, dans le langage courant, tous les signes* n'ont pas le même degré de signification : certains n'en ont que très peu, les conjonctions, par exemple.

▶ Tout le travail de la logique a consisté à essayer de séparer l'analyse des formes de l'analyse de leur contenu. L'étude structurale des langues va s'efforcer d'appliquer ce principe. Sur ce modèle, de très nombreuses théories linguistiques du XXe siècle ont adopté une présentation très abstraite. Elles séparent la syntaxe* et la sémantique*, et considèrent volontiers que la syntaxe a une structure logique, qui a besoin d'être formalisée, comme on pourrait le faire d'un langage logique. La question demeure de savoir si les concepts logiques s'appliquent strictement aux langues naturelles.

B L'utilisation concrète de la logique

▶ Il est un domaine où l'utilisation de modèles logiques dans la description linguistique peut recevoir une vérification expérimentale, c'est le traitement automatique des langues*, qui a besoin de formalisation. C'est ainsi que, techniquement, on établit dans ce domaine une distinction entre la *forme logique* et la *forme grammaticale* d'une phrase. On appellera *forme logique* de la phrase sa structure sémantique* (composée d'unités sémantiques telles que *objet, rouge, se mouvoir...*). C'est celle-ci qui, bien souvent, est utilisée par le traitement automatique des langues, et non la forme grammaticale. En effet, la forme grammaticale varie beaucoup selon les langues. Il est à noter que forme logique et forme grammaticale coïncident rarement.

▶ Le défi pratique que lance aujourd'hui le traitement automatique des langues est une formidable occasion de se reposer la question des rapports entre logique et langues naturelles. Logiciens et linguistes découvrent qu'il peut être pertinent d'employer des formalisations de type logique dans la description des langues naturelles, mais aussi que, souvent, la logique à l'œuvre dans les langues naturelles est plus large et plus lâche que la logique mathématique. Des programmes spécifiques sont parfois nécessaires pour intégrer ces paramètres.

La linguistique entretient un dialogue souvent fécond et polémique avec la logique. Dans ce qu'elle a d'entièrement formalisé, la logique a souvent constitué un rêve pour le linguiste, une sorte d'horizon inatteignable. Aujourd'hui, la manière d'utiliser la logique, et, plus généralement, d'utiliser en linguistique des formalisations de type logique est une question qui divise les linguistes.

LINGUISTIQUE ET PHILOSOPHIE DU LANGAGE

Depuis ses origines grecques, la philosophie est très concernée par les problèmes de langage. On appelle traditionnellement philosophie du langage un domaine de la philosophie qui choisit de s'intéresser aux problèmes généraux posés par le langage. Mais, dans certains de ses développements, la philosophie du langage porte aussi sur une investigation « interne » du langage. Elle rejoint alors directement certaines questions que se pose la linguistique.

1 LA PLACE DU LANGAGE DANS LA PHILOSOPHIE

A Le questionnement sur le langage

▶ Le langage a posé un problème à la philosophie dès que celle-ci s'est pensée comme une réflexion sur le vrai et sur l'être. Platon, dans le *Théétète* et le *Sophiste*, s'aperçoit que le fait d'articuler, dans une phrase, un nom et un verbe permet de dire le faux, de parler de ce qui n'est pas. Dès lors, toute l'histoire de la philosophie est marquée par des interrogations sur le rapport entre le langage et la réalité, entre le langage et la vérité. Cette question se retrouve au Moyen Âge*, à l'époque classique*, et au XXe siècle.

▶ La philosophie du langage se pose des questions telles que : qu'est-ce que le langage ? De quoi parle le langage ? Quels sont les rapports entre le langage et la pensée ? Par exemple, à la question : de quoi parle le langage ? la philosophie propose plusieurs types de réponses. On peut répondre tout d'abord : le langage parle du monde (lorsque j'emploie le mot *table*, je parle de quelque chose dans le monde qui s'appelle *table*). On peut répondre aussi : le langage parle de nous-mêmes, car lorsque nous parlons, nous nous exprimons. Enfin, on peut répondre : le langage ne parle de rien, le langage parle, c'est tout. Entre ces réponses radicales, le questionnement peut naturellement être riche et varié.

B La philosophie du langage comme remède à la philosophie

▶ La philosophie du langage s'est beaucoup développée au XXe siècle, et son développement est curieusement parallèle à celui de la linguistique. En 1931, le philosophe autrichien Rudolf Carnap publie un essai intitulé « Le dépassement de la métaphysique dans l'analyse logique du langage ». Pour le philosophe autrichien plus tard installé à Cambridge Ludwig Wittgenstein, beaucoup des prétendus « problèmes » que pose la philosophie doivent leur caractère « profond » au fait que la philosophie utilise des particularités du langage ordinaire.

▶ La philosophie du langage doit donc s'efforcer d'être une analyse du langage destinée à débarrasser la philosophie de certaines préoccupations métaphysiques totalement factices. Lorsque la philosophie aborde la *pensée*, par exemple, elle conceptualise un verbe, le verbe *penser*, en supposant que tous ses emplois convergent vers un concept. Mais le verbe *penser* a-t-il véritablement un *sens**? N'est-il pas plutôt le lieu de divers « jeux de langage », pour reprendre l'expression de Wittgenstein, c'est-à-dire de diverses situations où il peut jouer avec un autre mot ? Pour Wittgenstein, les mots n'ont pas de *sens*, ils n'ont que des emplois, des usages.

2 LINGUISTIQUE ET PHILOSOPHIE DU LANGAGE AUJOURD'HUI

A Des recherches parfois parallèles

▶ À partir des années 30, les idées de Wittgenstein vont exercer une grande influence, autant en philosophie du langage que dans certaines branches naissantes de la linguistique, comme la pragmatique*. En philosophie, on parle d'*école d'Oxford* ou de *philosophie analytique*. Le fondateur de la pragmatique, l'Anglais John L. Austin, appartient à ce courant. De l'idée de Wittgenstein selon laquelle les mots et les phrases n'ont pas de sens en dehors du contexte où ils sont prononcés, il va tirer la notion d'acte de langage*. Plus généralement, la prise en compte de la situation d'énonciation* où le langage est produit va modifier sensiblement la manière dont les rapports entre le langage et la réalité sont perçus. Certains concepts clés de la linguistique d'aujourd'hui apparaissent, comme le concept de référence*.

▶ Pourtant, la philosophie du langage et la linguistique restent des disciplines relativement séparées. La philosophie du langage estime ne pas devoir s'occuper de ce que les langues naturelles comportent de codes. De son côté, la linguistique se propose d'être une discipline infiniment plus pratique et concrète. Elle se veut d'abord une étude des langues* plutôt que du langage. Si elle utilise des concepts dont le sens est parfois mis au point par la philosophie du langage, l'essentiel, pour elle, est d'en tirer des applications pratiques dans l'étude de telle configuration linguistique ou de telle situation de parole.

B L'orientation théorique de la linguistique

▶ Depuis les années 60, de nombreuses théories linguistiques se sont appuyées sur une philosophie plus ou moins explicite du langage. Le cas le plus frappant est celui de la grammaire générative*. S'aidant de l'héritage de philosophes des siècles passés, comme Wilhelm von Humboldt (voir XIXᵉ siècle*), et des recherches menées dans d'autres disciplines que la linguistique, son fondateur, Noam Chomsky, a donné à cette théorie une orientation qui relève autant de la philosophie du langage que de la linguistique.

▶ Par ailleurs, on peut dire que certaines des recherches menées actuellement dans des domaines de la linguistique comme la sémantique* sont difficiles à classer, et rejoignent aisément la philosophie du langage. Le dialogue est donc plus que jamais ouvert entre ces deux disciplines qui se sont parfois méfiées l'une de l'autre.

De par ses objectifs et ses méthodes comme de par son histoire, la linguistique n'est pas la philosophie du langage. Cependant, on peut dire que le temps où la linguistique s'occupait essentiellement d'études très détaillées sur le fonctionnement des langues naturelles n'est plus. Au cours du XXᵉ siècle, la linguistique a pris beaucoup d'options théoriques qui l'ont rapprochée de la philosophie du langage. Cette évolution a fait que certaines des recherches les plus intéressantes menées actuellement se situent véritablement au carrefour des deux disciplines.

LINGUISTIQUE ET RHÉTORIQUE

L'Antiquité traitait les problèmes de langage dans trois domaines : la grammaire*, la logique* et la rhétorique. Cet héritage s'est transmis dans la tradition occidentale grosso modo jusqu'au XIXᵉ siècle. Depuis, de nombreux concepts utilisés par la rhétorique ont été récupérés par la linguistique. La rhétorique est-elle pour autant une discipline périmée ?

1 ORIGINE DE LA RHÉTORIQUE

A La rhétorique et l'art oratoire

▶ L'apparition de la rhétorique en Grèce au Vᵉ siècle avant J.-C. est étroitement liée à la pratique des orateurs qui, dans les domaines juridique et politique, étaient devenus des virtuoses dans l'art d'organiser un discours et de convaincre les foules. Ainsi, la rhétorique est d'abord une *pratique du langage*. Aujourd'hui, on emploie encore l'adjectif *rhétorique* pour qualifier un usage du langage qui répond à cet objectif utilitaire sans nécessairement refléter une quelconque sincérité. Pour les sophistes tels Protagoras (v. 485-v. 411 av. J.-C.) ou Gorgias (v. 485-v. 380 av. J.-C.), il devait être possible, avec une maîtrise suffisante des techniques oratoires, de convaincre un auditoire donné de n'importe quelle thèse.

▶ Si l'art oratoire était au départ lié au système politique grec, il continue à dominer la civilisation romaine. À Rome, Cicéron (106-43 av. J.-C.) est considéré comme un maître de la parole. À l'époque moderne, cet art est de plus en plus cantonné dans des domaines techniques (juridique, essentiellement). Lors de périodes troublées, néanmoins, cette pratique, qu'on nomme aussi pratique de l'*éloquence*, renaît de façon inattendue, comme au moment de la Révolution française, où s'illustrèrent de grands orateurs tels que Danton, Robespierre ou Mirabeau.

B La théorisation et l'enseignement de la rhétorique

▶ Dès l'Antiquité, la pratique de la rhétorique est fortement théorisée. Ainsi, on trouve dans la *Rhétorique* d'Aristote des distinctions entre les différents types de discours (« judiciaire », « délibératif », c'est-à-dire portant sur les affaires de gouvernement, etc.). En outre, les différentes composantes dont la réunion est nécessaire dans un discours bien fait sont analysées une par une. Aristote examine ainsi séparément l'« invention », ou recherche des arguments, qui permet de répondre à la question : quoi dire ?, la « disposition », qui est l'art de structurer son discours, l'« élocution », qui consiste à lui donner son style, et, enfin, l'« action », qui rassemble les conseils portant sur la déclamation et la façon de se présenter en public.

▶ À Rome, sous l'influence de Cicéron, on continue de théoriser l'éloquence et de mettre en forme les conseils qui permettent d'accéder à la carrière d'orateur, carrière très prestigieuse. Dans *De l'Institution oratoire* de Quintilien (Iᵉʳ siècle apr. J.-C.), on trouve la somme de la réflexion des siècles précédents. Toute l'époque moderne (le Moyen Âge*, l'Âge classique*, et jusqu'à la fin du

XIXᵉ siècle*) sera redevable de cet enseignement. La rhétorique suit, dans le cursus des études, la grammaire et précède la philosophie. Elle doit être l'occasion, pour l'élève, de parfaire son maniement de la langue et de l'adapter à toutes les circonstances.

▶ Aujourd'hui, la rhétorique n'est plus enseignée en tant que telle. Sa disparition, à la fin du XIXᵉ siècle, est liée à l'apparition des premières disciplines techniques de la linguistique. Aussi est-il intéressant de se demander quelle réutilisation la linguistique a pu faire de certains concepts de la rhétorique.

2 LA LINGUISTIQUE A-T-ELLE SUPPLANTÉ LA RHÉTORIQUE ?

A L'éclatement des domaines

▶ La rhétorique couvrait traditionnellement beaucoup de questions de langage. Lorsque l'enseignement de la rhétorique a disparu, la linguistique a continué d'approfondir chacune de ces questions séparément. On notera, ainsi, que de nombreux domaines de la linguistique actuelle ont une origine rhétorique, la pragmatique*, par exemple, ou la linguistique de l'énonciation*. Les études portant sur l'implicite*, la connotation*, l'ironie, l'argumentation*, sont toutes d'inspiration rhétorique.

▶ La grande différence réside néanmoins en ceci : la rhétorique était une discipline pratique : elle avait pour but d'apprendre à manier le langage, et si possible à le manier bien. La linguistique moderne est une discipline descriptive : elle se contente de décrire les phénomènes, sans inviter à les mettre en œuvre.

B Rhétorique et communication

▶ Que peut-on entendre aujourd'hui par *rhétorique* ? Essentiellement deux choses. Pour certains, il existe une discipline technique à l'intérieur de la linguistique portant le nom de rhétorique : il s'agit d'une théorie de l'argumentation* sous toutes ses formes. Par ailleurs, dans les années 70, de nombreux théoriciens se sont attachés à promouvoir une autre conception de la rhétorique. Celle-ci ne traiterait plus de n'importe quel discours, mais uniquement du discours littéraire. Elle rejoindrait alors la théorie littéraire et la stylistique*, en travaillant sur les genres du discours, sur les figures de style et sur l'essence du texte littéraire.

▶ Si ce que l'on peut mettre sous le nom de rhétorique a beaucoup changé, le contenu de l'enseignement pratique de la rhétorique a-t-il pour autant disparu ? En fait, il répond à des questions qui se posent à toute époque : comment prendre la parole en public ? comment composer un discours ? quels moyens mettre en œuvre pour convaincre ? Aujourd'hui, c'est principalement à l'enseignement de la communication* que l'on assigne la mission d'y répondre.

Le champ que couvrait traditionnellement la rhétorique était immense. Aujourd'hui, de nombreux domaines spécialisés de la linguistique en constituent le prolongement. En quoi la linguistique n'est-elle pas la rhétorique ? Essentiellement en ce qu'elle n'a pas pour but une pratique. Elle n'est pas un « art de parler ». Dans ce rôle, la rhétorique a aujourd'hui cédé la place à la communication.

LINGUISTIQUE ET COMMUNICATION

Au xxe siècle, il est frappant de constater que se sont développées aussi bien les théories linguistiques que les théories générales de la communication. Ce parallèle invite à se poser la question des liens qui existent entre langage et communication, à un niveau général, et, plus spécifiquement, entre ces deux disciplines qu'on appelle aujourd'hui linguistique et communication.

1 LANGAGE ET COMMUNICATION

A Le schéma de la communication

▶ Dans un sens très large, on pourra dire que tout langage est communication et que tout mode de communication est un langage. Lorsqu'un navire croise un autre navire en mer et qu'il hisse certains pavillons, il communique, et il utilise un langage. Pour l'anthropologue Claude Lévi-Strauss, la vie sociale se définit par un ensemble de communications de trois ordres : l'échange d'informations (par le langage), l'échange de biens (par l'économie), l'échange de personnes (par des rites, tel le mariage). Ainsi, on pourrait associer le type particulier de communication dont relève le langage à la communication d'*information*. À vrai dire, c'est autour de la notion d'information que se sont développées aussi bien les théories techniques de la communication que certaines des modélisations les plus connues du langage.

▶ Les premières théories de la communication furent élaborées par des ingénieurs désireux de bâtir des réseaux de télécommunications (téléphone, télégraphe, etc.). À cette fin, ils ont proposé de modéliser la communication sur la base d'un schéma relativement simple comportant un émetteur, un récepteur et un message. Pour être communiqué, un message doit se présenter sous la forme d'un *code*, autrement dit, d'un ensemble de signaux ayant fait l'objet d'un choix et susceptibles d'être identifiés, et d'un *canal*, médium par lequel sont transmis les signaux codés. Le but général de la communication est de transmettre une information.

▶ Pour décrire le fonctionnement du langage, plusieurs linguistes ont proposé d'adapter le schéma de la communication. Ainsi Roman Jakobson considère que, dans toute situation où le langage verbal intervient, il est possible d'identifier, comme dans toute communication, un destinateur (émetteur), un destinataire (récepteur) et un message, ce dernier étant rendu possible par l'existence d'un code, d'un contexte* et d'un mode de contact. Dans le cas du langage verbal, on pourra dire que le code est la langue*, par exemple ; que le contexte est la situation dans laquelle le message doit jouer un rôle ; et que le mode de contact peut être soit le contact acoustique, s'il s'agit d'un échange oral, soit l'écriture*, s'il s'agit d'un échange écrit.

B Toute communication est-elle langage ?

▶ Pour que la communication soit vraiment langage, il faut que les signaux émis puissent s'articuler. Cette caractéristique permet peut-être d'opposer la communication humaine et la communication animale.

▶ Dans les systèmes de communication animale, pour autant qu'on les connaisse, il semble que, chaque fois qu'il y a message, l'unité la plus petite de ce message soit le message tout entier, dans sa globalité, chaque message s'opposant aux autres. À l'inverse, la communication verbale humaine est langage dans la mesure où elle utilise des unités articulées entre elles : phonèmes* et morphèmes*.

2 LINGUISTIQUE ET COMMUNICATION

A Théorie de l'information

▶ Considérer le langage sous l'angle de la communication suppose qu'on lui reconnaisse d'abord la mission de transmettre une information. C'est la manière dont une école américaine, l'école de Palo Alto, du nom d'une ville de Californie, considère le langage. Ainsi, on pourra s'intéresser à la manière dont cette information est transmise, à ce qui vient éventuellement entraver sa bonne transmission, ainsi qu'à la quantité d'informations nouvelles apportées par le message. De ce dernier point de vue, on pourra remarquer que certains énoncés* sont déficients quant à l'apport d'information, soit qu'ils soient complètement redondants (« Quelle est la couleur du cheval blanc d'Henri IV ? », par exemple), soit qu'ils comportent trop d'informations (« Le silence intervertébral indispose le voile licite », par exemple).

▶ Toutefois, le langage verbal humain ne peut se réduire à un processus de transmission d'information. D'une part, les langues naturelles ne sont pas des codes, à proprement parler, du fait qu'elle recèlent beaucoup d'ambiguïtés* ; d'autre part, dans l'échange verbal, le contexte joue un rôle trop important. Dans notre réception des énoncés produits par autrui, en effet, il arrive souvent que nous nous intéressions moins au contenu informationnel strict qu'à ce qu'il recouvre en termes d'intention. Une phrase aussi anodine et aussi simple au niveau de l'information que « il fait chaud », par exemple, pourra être comprise comme une invitation discrète à ouvrir la fenêtre. C'est ainsi qu'on est souvent amené à séparer, pour analyser la portée réelle des énoncés, leur apport d'information et leur fonction de communication.

B Que peut-on appeler communication en linguistique ?

▶ La linguistique utilise donc la notion de communication en deux sens : le premier est à rattacher à la notion d'information et de transmission d'information, le second est plus large et recouvre la description de tous les processus qui interviennent lorsque deux ou plusieurs personnes se trouvent dans une situation où elles communiquent en utilisant le langage verbal.

▶ La communication possède alors des caractéristiques qui dépassent la simple transmission d'information, et qui peuvent être de plusieurs ordres (émotif, par exemple). La discipline récente qu'on appelle *communication* s'attache à décrire l'ensemble de ces processus, particulièrement lorsqu'ils ont lieu dans un cadre institutionnel (les médias, par exemple, ou un contexte professionnel).

L'influence des théories de l'information et de la communication a été très grande sur le développement de la linguistique au xxᵉ siècle. Elle a permis, d'une part, que l'on parvienne à une définition plus ferme de ce qu'on peut appeler langage et, d'autre part, que la linguistique s'ouvre à tout ce qui, dans notre usage du langage, communique.*

QU'EST-CE QUE LA LINGUISTIQUE ?

Nous avons dit jusqu'à présent tout ce que la linguistique n'était pas : il serait temps maintenant d'essayer de dire ce qu'elle est... C'est une tâche difficile car la linguistique est une discipline récente, et qui a pu être comprise très différemment par ceux mêmes qui cherchaient à l'inventer et à lui donner un sens.

1 UNE DISCIPLINE NOUVELLE AU XXᵉ SIÈCLE : LA LINGUISTIQUE

A Origines de la linguistique

▶ Si le terme *linguistique* date du début du XIXᵉ siècle*, on peut dire que c'est à la fin de ce siècle, après les grandes réalisations de la grammaire comparée*, que la linguistique va chercher à se constituer en discipline scientifique, au moyen, notamment, d'un effort de théorisation et de conceptualisation des termes qu'elle utilise. Les grands noms auxquels on peut identifier ce tournant marquant dans les préoccupations relatives au langage sont, dans l'ordre chronologique : William D. Whitney (1827-1894), Ferdinand de Saussure* (1857-1913), Edward Sapir (1884-1939) et Leonard Bloomfield* (1887-1949).

▶ La grande différence entre leur attitude vis-à-vis du langage et celle de leurs prédécesseurs est que tous ces penseurs ne se satisfont plus de l'approche historique du XIXᵉ siècle. Pour eux, le plus intéressant, dans l'étude du langage, n'est pas de recenser des petits faits vrais dans le détail de telle ou telle langue et de leur évolution historique, mais d'essayer de saisir la nature du langage de façon théorique. C'est pourquoi, chez tous ces penseurs, on trouvera une réflexion donnant l'impression de repartir de zéro sur ces concepts fondamentaux que sont : langage*, langue*, discours*, parole*... Toute la linguistique du XXᵉ siècle s'est nourrie de leur travail, ainsi que de celui de l'école de Prague*.

B Objectifs et méthodes

▶ Si la linguistique s'est autant développée au fil du XXᵉ siècle, c'est donc essentiellement en s'appuyant sur une ambition théorique nouvelle par rapport au XIXᵉ siècle. Par la suite, elle s'est ramifiée en de nombreuses écoles, et de nombreux domaines nouveaux sont apparus. Dans chacune de ces écoles et dans chacun de ces domaines, se retrouvent quelques constantes : le désir de créer des concepts (notions définies de manière très stricte et très rigoureuse), le souci d'appliquer à l'étude du langage des méthodes scientifiques et, surtout, la volonté de s'écarter absolument de toute idée de norme* comme de tout parti pris esthétique, moral ou évaluatif.

▶ Certes, en un sens, on peut dire que, partout et à chaque époque où il y a eu intérêt pour le langage, il y a eu linguistique. Cependant, si l'on veut s'attacher à donner au terme un sens, on doit en réserver l'emploi à une partie de la production du XIXᵉ siècle et à celle du XXᵉ siècle. Au XXᵉ siècle, chaque école a souvent voulu redonner un sens différent à ce qu'elle entendait par linguistique. Mais toutes, ou presque, ont tenu à étudier l'objet qu'elles se définissaient pour lui-même.

▶ Reste donc à se poser la question : à quoi sert la linguistique ? Dans son ambition la plus fidèle à celle des précurseurs que nous venons de nommer, la linguistique, à proprement parler, ne sert à rien. Elle est un discours scientifique, objectif, descriptif, de l'objet langage ou de l'objet langue. Dans cette visée, on parle parfois de linguistique générale. Néanmoins, une grande part de la linguistique peut avoir une utilité pratique : on parle alors parfois de linguistique appliquée. Citons-en quelques domaines : la pathologie du langage*, l'acquisition*, le traitement automatique des langues*...

2 LA LINGUISTIQUE AUJOURD'HUI

A Les grandes influences

▶ Dans le courant du XXᵉ siècle, la linguistique s'est développée dans des directions parfois très éloignées les unes des autres. On peut se la représenter comme un tronc se ramifiant en une multitude de branches. Néanmoins, quelques grandes influences se distinguent. Dans un premier temps, la linguistique a été très marquée par un souci qu'on pourrait appeler *formaliste*. Il faut entendre par là que la linguistique a eu souvent comme objectif de donner des langues et du langage une description très formelle, un peu à l'image des mathématiques. Cet objectif éclate particulièrement dans le structuralisme, aussi bien américain que français, inspiré par Saussure.

▶ Dans un second temps, la linguistique a été très marquée par les travaux réalisés en pragmatique*. Ceux-ci ont la particularité de s'intéresser moins à la structure des langues, ou à ce qu'elles peuvent avoir de codifié, qu'à la parole et au discours. Ainsi, la linguistique a été conduite à sortir un peu du cadre de la stricte analyse des langues pour se tourner vers l'étude des situations dans lesquelles il est fait usage du langage. Enfin, signalons une dernière influence : celle des sciences cognitives, sensible depuis une dizaine d'années en linguistique.

B Développements récents

▶ Aujourd'hui, la discipline de la linguistique n'a peut-être plus l'unité qui était la sienne il y a vingt ou trente ans.

▶ Dans chacun de ses domaines, elle a engagé un dialogue fructueux avec des disciplines voisines, qu'il s'agisse de la sociologie, de l'anthropologie, de la psychologie, de la psychanalyse, des sciences cognitives, etc. Ainsi, on notera que les travaux les plus récents effectués en linguistique sont souvent de nature interdisciplinaire.

La construction de la linguistique comme discipline scientifique au XXᵉ siècle est l'un des faits les plus marquants de l'histoire intellectuelle de ce siècle. On notera qu'elle a pu avoir une influence énorme sur les autres sciences humaines, lesquelles lui ont souvent emprunté méthodes et outils. D'une certaine manière, en effet, au travers de ces deux objets que s'est choisis la linguistique : les langues et le langage, peuvent s'étudier la plupart des problématiques des sciences de l'homme.

L'ANTIQUITÉ

Dans de nombreuses civilisations archaïques, le langage humain faisait l'objet de mythes fondateurs. À un dieu particulier était dévolue par exemple la mission de créer le langage. En Grèce, la philosophie a eu ceci de particulier qu'elle a cherché à interpréter les mythes et à formuler certaines questions en termes abstraits. C'est donc la première époque où l'on trouvera des théories du langage.

1 LA GRÈCE ET LA PHILOSOPHIE DU LANGAGE

A Les mots et les choses

▶ Les philosophes les plus archaïques de la Grèce considéraient volontiers que le langage* n'était qu'une autre expression du cosmos, autrement dit, du monde dans son sens le plus large. Dans le dialogue de Platon (v. 429 - v. 347 av. J.-C.) le *Cratyle*, deux personnages discutent de la nature du langage. Cratyle, disciple d'Héraclite (v. 540 - v. 480 av. J.-C.), estime que la substance profonde des choses se retrouve dans l'aspect des mots qui les représentent. Ainsi, les mots aident à connaître les choses. Hermogène, au contraire, développe l'idée du caractère conventionnel, arbitraire, du langage. Ceux-ci n'ont pas de lien profond avec ce qu'ils expriment : ils sont simplement le résultat d'une convention.

▶ Apparemment, Platon fait dialoguer les deux théories et essaie de les concilier : certes, le langage est une création humaine (et donc conventionnelle), mais il découle de l'essence des choses et n'est donc pas entièrement libre.

B Le langage et la pensée

▶ Les Grecs n'avaient qu'un terme pour désigner le langage et la raison : le terme *logos*. Cela explique que, dans l'Antiquité, une grande partie de la théorie du langage se trouve exprimée dans la discipline de la logique* (de *logos*). La logique essaie de décrire rationnellement l'organisation de la pensée et la façon dont celle-ci se trouve exprimée par le langage.

▶ Les Latins, en traduisant *logos* par deux termes, *ratio*, qui est devenu « raison », et *oratio*, « oraison », ancien mot utilisé pour désigner à la fois la langue et le langage, ont commencé à dissocier les deux perspectives. Néanmoins, dans l'Antiquité, le langage est très souvent pensé en liaison étroite avec la pensée.

2 LA GRAMMAIRE EN GRÈCE ET À ROME

A La Grèce et la naissance de l'esprit grammatical

▶ Le terme *grammatikè*, en grec, est issu du terme *gramma*, qui signifie « lettre ». La grammaire doit donc d'abord être comprise comme une étude pratique des lettres. Cela est dû au fait que, empruntant aux Phéniciens le modèle d'une écriture* alphabétique, les Grecs ont été les premiers à se représenter le langage sous la forme d'un assemblage d'éléments pouvant être analysés séparément. Pendant longtemps, la grammaire restera associée à la pratique d'une lecture détaillée et de la copie des textes.

▶ Chez Denys le Thrace (IIe siècle av. J.-C.), qui est l'auteur du premier traité grammatical grec connu, on trouve une première liste de parties de langue* (nom, verbe, etc.) ainsi que de catégories* (le genre, le nombre, etc.). Toutefois, le traité de Denys le Thrace n'est pas, à l'échelle mondiale, le premier ouvrage grammatical connu : il existe au IVe siècle av. J.-C., en Inde, un ouvrage d'un dénommé Panini qui comporte une description très minutieuse de l'ancienne langue de l'Inde, le sanscrit.

B Rome : les premières grammaires constituées

▶ Les penseurs latins sont moins intéressés par la philosophie du langage que leurs prédécesseurs grecs. Ils sont d'abord concernés par des disciplines pratiques telles que la rhétorique*. Ainsi, Quintilien, au Ier siècle apr. J.-C., propose une somme de tout ce qu'il est nécessaire de savoir pour prononcer un discours éloquent. De leur côté, les grammairiens latins affinent la description linguistique esquissée par les Grecs. Certains, comme Varron (Ier siècle av. J.-C.), tentent d'ordonner davantage la description des mots en utilisant leur morphologie (Varron a distingué par exemple les mots variables des mots invariables) et leur étymologie (en recherchant à partir de quels mots d'origine ils peuvent être composés). Malheureusement, du point de vue moderne, ces recherches manquent souvent de la documentation et de la rigueur nécessaires.

▶ Mais c'est chez le grammairien latin Priscien (Ve siècle apr. J.-C.) que l'on trouve le premier travail d'ampleur ressemblant à ce que nous appelons aujourd'hui une « grammaire ». Disciple du grammairien grec Apollonios Dyscole, Priscien approfondit la notion de syntaxe*. Comment ? Il estime que, dans tout énoncé complet, certains mots en appellent nécessairement d'autres. Ainsi, si je dis : « il accuse », par exemple, il est clair qu'il manque un autre mot, qu'on appellerait aujourd'hui le complément. Chaque fois qu'il manquera un mot de la sorte, Priscien dira que le discours est imparfait. La syntaxe pourra ainsi être définie comme l'étude de ce qui est nécessaire à la construction d'un discours parfait.

Une grande partie de la réflexion sur le langage et de la recherche grammaticale qui aura lieu en Occident repose sur des concepts élaborés dans l'Antiquité grecque. C'est pourquoi il est si important de se remémorer dans quel esprit ils ont été forgés, de manière à comprendre comment a pu naître la linguistique.

FICHE 8 — LE MOYEN ÂGE

Le lien étroit entre philosophie et grammaire qui caractérisait l'Antiquité continue à s'observer pendant tout le Moyen Âge, tant dans le monde chrétien que dans le monde arabe. Nous commençons seulement à redécouvrir aujourd'hui ce continent oublié riche de théories étonnantes.

1 LA PHILOSOPHIE DU LANGAGE

A Les théories du langage dans le monde arabe

▸ Le monde arabe s'est intéressé très tôt au langage. Grâce aux richesses de la bibliothèque d'Alexandrie, les philosophes arabes avaient pu se familiariser avec l'enseignement d'Aristote. La première grammaire complète de l'arabe date du VIIIᵉ siècle. Dans l'islam, l'étude du langage est étroitement liée à la lecture du Coran et à l'effort qui doit être fait pour le comprendre. C'est pourquoi les penseurs arabes ont privilégié la dimension pragmatique* des énoncés*, plutôt que leur sens immédiat. Ils s'intéressent à la valeur que peut avoir un énoncé pour celui qui le reçoit, s'il doit être interprété comme une simple déclaration ou comme un acte véritable (« Je te répudie », par exemple). Leurs théories se rapprochent beaucoup de la théorie actuelle des actes de langage*.

▸ Dans le monde arabe comme dans le monde chrétien, le Moyen Âge est une période de grande activité dans le domaine de la logique*. On peut citer les travaux d'Averroès, de Maimonide, philosophe juif-andalou et ceux d'Abélard en France. Beaucoup de ces travaux approfondissent l'enseignement d'Aristote.

B La grammaire spéculative en Occident

▸ Les penseurs chrétiens du Moyen Âge considèrent volontiers que le monde ne nous est pas accessible directement. Toutefois, nous pouvons avoir des aperçus de son essence en étudiant le langage, qui en est le miroir (*speculum*, en latin, d'où le nom de « grammaire spéculative », discipline qui naît vers 1255 à la faculté des arts de l'université de Paris).

▸ Ainsi, pour les grammairiens médiévaux, le langage est un système complexe de signification. Il existe plusieurs « modes de signification » par lesquels les choses manifestent leur existence à l'intelligence humaine. L'étude du langage est d'une certaine façon l'étude de ces modes de signification. Cette théorie a valu à ses inventeurs le nom de grammairiens « modistes ». On peut citer parmi eux Pierre Hélie (XIIᵉ siècle) ou Siger de Courtrai (XIIIᵉ siècle).

▸ Ces grammairiens continuent de s'intéresser au débat, présent chez Platon, sur le rapport entre les mots et les choses. Contre les « réalistes », partisans d'un lien consubstantiel entre les mots et les choses, ceux que l'on a appelés les « nominalistes » (par exemple, Guillaume d'Occam, v. 1300-v. 1350) estiment qu'il n'y a pas d'équivalence stricte entre le mot et l'idée, ou entre le mot et la chose. Soit le mot « homme », par exemple. Il peut être saisi selon plusieurs « suppositions », comme le dit d'Occam : la supposition « matérielle » (le mot « homme » lui-même), la supposition « simple » (l'espèce humaine en général), ou la supposition « personnelle » (telle ou telle personne désignée ponctuellement par ce mot).

2 L'ESSOR DE LA GRAMMAIRE

A L'apport des grammairiens arabes

▶ L'importance accordée par l'islam à l'écriture a conduit la discipline de la grammaire à s'intéresser de très près non seulement à la valeur des éléments graphiques (essence et fonction des lettres), mais aussi à la morphologie*.

▶ Ainsi, l'on considère que les notions de racine et de flexion, telles qu'on les trouve dans la grammaire européenne à partir du XVIᵉ siècle, sont d'origine arabe.

B La grammaire en Europe

▶ Une grande partie de la production grammaticale européenne du Moyen Âge concerne encore le latin. Les grammairiens approfondissent donc les théories de Priscien et considèrent que seul le latin est une langue véritablement grammaticale. La période qui précède le Xᵉ siècle est néanmoins celle où s'élaborent des systèmes de notation des diverses langues « barbares » qui remplacent le latin en Europe. Ainsi l'alphabet ogamique (IVᵉ siècle) pour les langues celtes, l'alphabet gothique (VIᵉ siècle) pour les langues germaniques, l'alphabet cyrillique (Xᵉ siècle) pour les langues slaves.

▶ Pendant plusieurs siècles, les langues vivantes de l'Europe continueront donc d'être vues comme des dialectes grossiers et impossibles à décrire. On considère que Dante (1265-1321) est le premier à défendre une langue vulgaire contre le latin. Pour lui, c'est dans le modèle de la langue maternelle, apprise sans règles et par imitation, et non dans le modèle grammatical, que se trouve la véritable « noblesse » du langage.

▶ À partir de la Renaissance, on va s'intéresser de plus en plus aux langues modernes, principalement le français, l'italien, l'espagnol, l'allemand, l'anglais, et on va les considérer comme des langues à part entière. La première étape consistera en une collecte de matériaux – historiques, phonétiques*, lexicologiques*, littéraires –, de façon à composer ce que l'on appelle alors des « trésors ». Aujourd'hui, on considère que ces travaux sont extrêmement érudits, volumineux, fouillés, mais pas toujours exacts, ni très ordonnés.

Du point de vue philosophique, le Moyen Âge marque le moment où l'on prend conscience de la force du langage et du mystère de la signification qui s'y accomplit, indépendamment des lois générales qu'étudie la logique. C'est pourquoi la grammaire, insensiblement, commence à se détacher de la philosophie et à prendre un essor autonome.

L'ÂGE CLASSIQUE (XVIIᵉ - XVIIIᵉ SIÈCLE)

L'Âge classique, que l'on peut faire commencer avec l'apparition de nouveaux philosophes, tel Descartes, se caractérise par une conception du langage très différente de celle du Moyen Âge*. C'est l'époque de l'étude détaillée des langues européennes, mais aussi celle d'un questionnement philosophique nouveau sur l'« essence » du langage.

1 L'INTÉRÊT POUR LES LANGUES MODERNES

A L'enregistrement des données

▸ Les premières grammaires des langues modernes datent de la Renaissance, époque à laquelle on s'intéresse à ce qui fait peut-être leur spécificité par rapport aux langues anciennes. La plupart des travaux réalisés continuent néanmoins à être rédigés en latin, ce qui provoque un décalage entre les concepts utilisés (concepts empruntés à la grammaire latine) et les langues ainsi décrites. Ces efforts s'accompagnent parfois de tentatives de modernisation du système orthographique (comme celle de Louis Meigret vers 1550) et d'études sur la prononciation. Il faut dire qu'à cette époque il est encore difficile de parler de langues*. Beaucoup d'habitants ne parlaient que leur patois et la langue de leur métier ; beaucoup d'érudits n'écrivaient qu'en latin. C'est pourquoi, un peu partout en Europe, apparaissent des méthodes d'apprentissage des langues. C'est dans celles-ci, souvent, que nous trouvons les premiers concepts grammaticaux modernes.

▸ Certains grammairiens de cette époque n'étaient intéressés que par la récolte de mots, de façons de parler, de tournures, etc. On les a appelés les « grammairiens d'usage ». Sans eux, la grammaire plus savante n'aurait pas pu évoluer. En France, on peut citer comme modèle de ce courant les *Remarques sur la langue française* de Vaugelas, parues en 1647. C'est aussi l'époque de la création, en Italie, puis en France, d'académies destinées à améliorer la qualité des langues. Sous leur influence, les grammairiens d'usage, qui se voulaient au départ de simples enregistreurs, ont glissé insensiblement vers la grammaire normative.

B Le projet de « grammaire générale »

▸ À la fin du XVIIᵉ siècle, plusieurs penseurs forment le projet de décrire les langues, non plus dans ce qui les différencie, mais dans ce qui les rapproche. C'est l'époque de la « grammaire générale ». De semblables grammaires voient le jour dans beaucoup de pays européens. En France, on peut citer la *Grammaire* de Port-Royal (1660), la grammaire la plus connue de l'époque. Les tenants de cette méthode estiment que, si les langues sont différentes dans leur détail, leur forme profonde, en revanche, est identique, car l'esprit humain n'a foncièrement qu'une forme. Ces grammaires s'appuient donc très fermement sur la logique et essaient de démontrer comment plusieurs énoncés peuvent se ramener à un seul.

▸ Au XVIIIᵉ siècle, beaucoup de grammairiens se posent également des problèmes de terminologie. Il leur paraît clair que la terminologie latine est inadéquate pour décrire les langues modernes. Ils essaient donc d'en inventer de nouvelles, capables de refléter fidèlement chacune des langues étudiées. C'est ainsi que les grammairiens français, par exemple, Gabriel Girard, ou les grammairiens de l'*Encyclopédie*, César Chesneau Du Marsais et Nicolas Beauzée, vont essayer de distinguer les classes de mots* et les emplois de ces mots dans la phrase, que Girard appelle fonctions*. C'est de cette époque, que datent, par exemple, certaines classes, comme l'article ou l'adjectif.

2 LANGAGE ET SPÉCULATION PHILOSOPHIQUE

A Questions nouvelles sur le langage

▶ Toute l'époque classique est marquée par un souci philosophique qu'on remarque également dans les sciences et dans les arts. On se pose alors certaines questions de type très général. Qu'est-ce que le langage ? D'où vient-il ? De quoi est-il l'expression ? Y a-t-il un moyen d'influer sur lui ?

▶ Pour la plupart des philosophes de cette époque, la fonction principale du langage est d'exprimer la pensée. C'est ainsi qu'ils seront amenés à distinguer en lui ce qui relève de la grammaire*, autrement dit, ce en quoi la forme du langage exprime la pensée, et ce qui relève de la rhétorique*, ce en quoi elle est aussi le reflet de besoins particuliers de communication.

▶ La question de l'origine des langues, en outre, préoccupe des philosophes du XVIII° siècle, comme Jean-Jacques Rousseau. Jusqu'alors, elle était généralement tranchée au moyen de grands mythes théologiques, comme le mythe d'Adam (Adam aurait eu une langue qui s'est perdue) ou le mythe de Babel (c'est pour empêcher les artisans de la tour de Babel de communiquer que Dieu aurait diversifié les langues). Au XVIII° siècle, beaucoup d'auteurs s'efforcent de donner du langage une explication purement humaine, en conjecturant, par exemple, qu'il est le fruit d'un besoin social ou de commerce ou, au contraire, d'un désir d'exprimer ses émotions.

B La langue universelle

▶ Pourquoi existe-t-il autant de langues différentes ? Au XVII° siècle, certains philosophes sont allés jusqu'à imaginer la possibilité de créer une langue artificielle à partir de matériaux entièrement abstraits. Cette hypothèse a été sérieusement examinée par René Descartes et par Gottfried Wilhelm Leibniz. Par la suite, on l'a abandonnée au profit de mélanges de langues existantes (l'espéranto, créée en 1887), mais le développement récent du traitement automatique des langues* conduit à revenir à certaines de ces hypothèses.

Le XVIII° siècle était volontiers « universaliste », c'est-à-dire qu'il pensait que les diverses langues du globe pouvaient s'expliquer de la même manière et, éventuellement, se ramener à une seule. La découverte de nouveaux ensembles linguistiques, comme les langues précolombiennes ou asiatiques, fait comprendre que des modèles très différents peuvent coexister et qu'une formalisation unique de la « pensée » ne suffit pas à les expliquer. Le renouveau vient d'Allemagne avec la première génération romantique.

LE XIXe SIÈCLE

Entre 1770 et 1820 en Allemagne, plusieurs penseurs échafaudent une théorie du langage qui s'éloigne radicalement du modèle proposé à l'Âge classique*. Ils s'intéressent aux langues non européennes et, plutôt que d'essayer de décrire, comme les philosophes de l'Âge classique, ce qui relie les langues à la « pensée », ils cherchent à comprendre ce qui les fait évoluer.

1 LE ROMANTISME ALLEMAND

A De nouvelles manières de comprendre le langage

▸ Deux penseurs allemands révolutionnent la manière de concevoir le langage : il s'agit de Johann Gottfried Herder (1744-1803), et de Wilhelm von Humboldt (1767-1835). Le premier se repose la question de l'origine du langage et formule cette hypothèse : le langage n'a pas comme origine le besoin de communiquer ou d'exprimer ses passions, mais une prise de conscience de l'homme par lui-même. C'est en prenant conscience de lui-même que l'homme accède à la fois à la pensée et au langage. Chaque langue illustre une manière différente selon laquelle ce mouvement se réalise. C'est pourquoi chaque langue est en liaison étroite avec le « génie » du peuple qui la parle.

▸ Pour le philosophe Humboldt, le langage n'est pas un tout achevé, figé, il est une énergie en activité constante. Chaque langue, dans son histoire, peut être considérée comme une illustration de ce qu'est le langage en général : une constante marche en avant. Ici, Humboldt adapte à l'analyse des langues un modèle de type « organique » que Goethe avait développé à propos des plantes : quelle que soit la différence apparente de structure qu'il y a entre une graine et une fleur, il existe une forme interne qui les relie et qui permet d'expliquer pourquoi, de la graine, est née la fleur. Pour Humboldt, chaque langue possède sa forme intérieure, qui se développe d'elle-même, et qui contient toutes ses transformations grammaticales à venir.

B La découverte du sanscrit

▸ À la fin du XVIIIe siècle, une découverte importante a modifié la façon de considérer les langues européennes. Quelques traducteurs de textes anciens de l'Inde avaient bien remarqué qu'entre le sanscrit, la langue sacrée de ce pays, le grec et le latin, existaient des ressemblances qu'il paraissait difficile d'attribuer au hasard. Mais c'est avec la publication, en 1816, par Franz Bopp (1791-1867), d'un mémoire sur leurs systèmes de conjugaison respectifs qu'on a la preuve d'une réelle parenté entre ces trois langues.

▸ On fait l'hypothèse qu'il a existé à un moment donné une langue mère, l'« indo-européen », dont sont issus aussi bien le grec que le sanscrit, le latin ou les langues germaniques. À partir de là, Bopp va pouvoir proposer sa *Grammaire comparée des langues indo-européennes* (1833). L'orientation que l'on donne à la discipline de la grammaire* change radicalement de nature.

2 LA PERSPECTIVE HISTORIQUE

A Le comparatisme linguistique

▶ Dans la première moitié du XIXe siècle en Allemagne, toute une école linguistique va donc s'intéresser à la comparaison des langues anciennes et modernes. On peut citer, outre Bopp, les frères Schlegel, Jacob Grimm, August Schleicher ainsi que le Danois Rasmus Rask.

▶ Leur méthode est d'abord de comparer, tant en grammaire qu'en phonétique, les différentes langues européennes actuelles et de montrer comment tel élément dans l'une joue le même rôle que tel élément dans l'autre (par exemple, une voyelle ou un élément de morphologie*). Dans un mot, ils distinguent les éléments lexicaux (radicaux) et les éléments grammaticaux. *Aim-* est le radical dans *aimeront*, par exemple. Bopp va s'intéresser à la manière dont les langues créent des éléments grammaticaux et émettre l'hypothèse qu'ils sont en fait d'anciens éléments lexicaux.

▶ À partir de ces études de détails, la grammaire comparée va poser l'hypothèse que les langues du monde s'organisent en grandes familles qui sont chacune cohérente et qui chacune développe des systèmes grammaticaux. Du botaniste suédois Carl von Linné, ils retiennent l'idée d'un arbre généalogique des langues. Pour Schleicher, cet arbre se serait ramifié en trois branches : les langues isolantes (le chinois), les langues agglutinantes (le hongrois) et les langues flexionnelles (le sanscrit), avant d'entrer dans une phase de déclin. Influencé par les idées de Darwin, Schleicher estime qu'à l'intérieur de cet arbre les langues naissent, se développent et meurent, comme des organismes vivants.

B La grammaire historique

▶ Dans la seconde moitié du XIXe siècle, des grammairiens prennent leurs distances avec les ambitions philosophiques et globalisantes de la génération de Schleicher, et essaient d'appliquer à la grammaire des principes similaires à ceux appliqués dans les sciences. Cette école a été nommée les « néo-grammairiens ». Dans la première partie de sa carrière, Ferdinand de Saussure* en fit partie. L'objectif de cette école est d'expliquer le changement linguistique. Ainsi, on fait l'hypothèse qu'il existe des « lois phonétiques* » entièrement mécaniques, qui ont des causes physiologiques. En français, le *c* suivi du *a* est devenu systématiquement *ch* : *campus* donne *champ*.

▶ En France, la seconde moitié du XIXe siècle est l'époque des premières études scientifiques sur l'ancien français, mais aussi celle de grands dictionnaires (Littré, Larousse), d'atlas linguistiques comme l'*Atlas linguistique de la France*, qui date du début du XXe siècle ou de grandes synthèses historiques sur la langue et la littérature.

À la fin du XIXe siècle, les recherches linguistiques atteignent un développement tel qu'elles se ramifient et se spécialisent en autant de sous-domaines. L'optique est nettement historique, mais une nouvelle sensibilité apparaît, qui privilégie la théorisation de l'organisation des phénomènes. Tant aux États-Unis qu'à Genève avec Ferdinand de Saussure apparaît la linguistique structurale.

LA GRAMMAIRE GÉNÉRALE

On peut étudier une langue pour en connaître les caractéristiques propres. Faire une grammaire du français, de l'anglais, de l'italien... On peut également chercher à mettre en évidence ce qu'il y a de commun au fonctionnement de toutes les langues*. La grammaire générale a pour objectifs de décrire et d'expliquer les phénomènes grammaticaux universels. Cette grammaire voit le jour à l'époque classique, avec la Grammaire générale et raisonnée de Port-Royal (1660). L'expression de grammaire générale reste fortement associée à cette période, qui se clôture à la fin du XVIIIe siècle.

1 LA GRAMMAIRE GÉNÉRALE

A Port-Royal

▶ La grammaire générale du XVIIe siècle cherchait à fonder les règles du langage* sur les lois universelles de l'esprit humain. Si les langues sont apparemment différentes, l'esprit humain, lui, fonctionne de manière semblable, quelle que soit la langue parlée. Ainsi, si l'on arrive à déterminer les règles universelles du fonctionnement de l'esprit humain, on doit pouvoir établir les règles générales du langage.

▶ *La Grammaire générale et raisonnée* de Port-Royal fonde la grammaire générale sur des bases logiques (elle est « raisonnée »). Antoine Arnauld, coauteur de l'ouvrage avec Claude Lancelot, écrivit d'ailleurs une *Logique**. Cette grammaire rapproche l'analyse de la langue d'une théorie des opérations mentales. Il existe trois opérations mentales : concevoir (qui implique une seule idée), juger (qui relie deux idées séparément conçues) et raisonner (qui déduit un troisième jugement à partir de deux autres ; cette dernière opération relève exclusivement de la logique). À partir de l'idée d'identité des lois de la pensée et des lois du langage, Arnauld et Lancelot élaborent un système dont l'unité de base, pour la pensée, est le *jugement* (à partir de la liaison de plusieurs idées) et son correspondant, pour le langage, la proposition.

▶ Dans ce système, les parties du discours tirent leur origine de la distinction entre, d'une part, *objets de pensée* (qui regroupent noms, articles, participes, prépositions et adverbes) et, d'autre part, *formes et manières de nos pensées* (qui regroupent verbes, conjonctions et interjections).

B Le XVIIIe siècle

▶ Le XVIIIe siècle hérite de la pensée de Port-Royal. Cependant, on assiste à une augmentation du nombre des langues étudiées et enseignées. Dans le même temps, les sciences de la nature se développent et progressent. Cela aboutit à un changement radical d'optique : on va étudier les langues à partir d'observations concrètes, de manière empirique. Les philosophes et les grammairiens se libèrent du carcan de la grammaire latine ainsi que de la logique, pour étudier les particularités des langues, sans en abandonner le fondement universel. Ils font le pari que les langues modernes ont une grammaire au même titre que les langues anciennes. De plus, si les langues sont traduisibles les unes dans les autres, si l'on peut se comprendre, cela suppose que les mêmes principes se trouvent à l'origine des grammaires de toutes les langues.

▶ Cette universalité ne repose cependant plus sur la logique, mais sur la nature humaine. On parlera, dès lors, de fondement naturel du langage. Cela s'illustre notamment par des études philosophiques sur l'origine des langues, où l'on recherche les universaux du langage*, ou encore sur les rapports entre langage naturel, objets du monde et sensations. En grammaire, on assiste, avec la grammaire de l'*Encyclopédie* et notamment Nicolas Beauzée, à la mise en évidence des particularités des relations linguistiques (et non plus logiques), ce qui donne lieu à la première véritable syntaxe* du français.

2 L'ÉVOLUTION DE LA GRAMMAIRE GÉNÉRALE

A Le remplacement par la linguistique générale

▶ Au XIXe siècle, Rasmus Rask conçoit l'élaboration d'une grammaire générale à partir de la collecte la plus large possible de tous les matériaux disponibles. Il distingue, à côté d'une linguistique particulière qui étudie les différentes langues, une linguistique qui a comme objet le langage dans sa généralité. Il est de ce fait considéré par certains comme le précurseur de la linguistique moderne. Quoi qu'il en soit, son mémoire *Investigation sur l'origine du vieux norrois ou islandais* (1818) ouvre la porte des études comparatives de ce siècle.

▶ On s'intéresse aux grammaires des langues particulières, intérêt combiné à une philosophie du langage. Les langues sont considérées dans leur diversité et non plus tellement dans leurs ressemblances. La pratique de la comparaison vise dès lors à établir des liens de parenté, et non plus une grammaire générale.

B Le retour de la grammaire générale au XXe siècle

▶ La linguistique historique, à la faveur du goût de l'époque pour la redécouverte des passés nationaux, a mis entre parenthèses les préoccupations de la grammaire générale. Après quelques travaux épars qui marquent un intérêt pour une phonétique générale (dont le mémoire de Ferdinand de Saussure* en 1878), le grand retour de l'intérêt pour le général sera provoqué par le *Cours de linguistique générale* de Saussure (1916). À partir de ce moment, on considère, en linguistique également, qu'« il n'y a, comme le disait Aristote, de science que du général ». L'étude de la grammaire d'une langue particulière ne semble valide que si elle vise à la généralisation. L'intérêt ne faiblira pas durant le siècle : travaux de typologie des langues*, recherches des universaux du langage*, études visant à mesurer l'impact des structures économiques, sociales et politiques sur la structure des langues…

▶ L'intérêt pour une grammaire générale renaît avec Noam Chomsky*, dont les théories visent explicitement à l'élaboration d'une grammaire universelle. Il consacre d'ailleurs un ouvrage à la linguistique cartésienne, c'est-à-dire à la grammaire générale dans sa signification historique. L'idée selon laquelle il existe une structure commune à la grammaire de toutes les langues, structure innée correspondant à la structuration et au fonctionnement de l'esprit et de la pensée, se retrouve également dans la linguistique cognitive* et le traitement automatique des langues*.

La grammaire générale peut paraître n'avoir qu'un intérêt historique : elle ne constitue plus guère un domaine à part entière aujourd'hui. Cependant, ce courant de pensée sur le langage a influencé et influence encore divers domaines de la linguistique du XXe siècle.

LA LINGUISTIQUE HISTORIQUE ET COMPARÉE

La linguistique historique est née au XIXe siècle*. Elle est à l'origine le fruit d'un désir d'expliquer le langage et les langues autrement que de manière philosophique et à l'aide de grands principes universels. Si son développement principal a eu lieu au XIXe siècle, elle n'a pas pour autant disparu au XXe siècle, mais une vision différente du changement linguistique lui est associée.

1 MÉTHODES ET DOMAINES DE LA LINGUISTIQUE HISTORIQUE

A Histoire et comparaison des langues

▶ Telle qu'elle est apparue au XIXe siècle*, la linguistique historique s'est fondée sur la constatation, à partir de la découverte du sanscrit, qu'il existait entre certaines langues des ressemblances, et que les différences entre les langues présentant ces similitudes pouvaient être expliquées de façon systématique. De là est née l'idée que des groupes de langues descendaient d'une même source et présentaient donc une filiation. Le résultat premier de la linguistique historique et comparée fut de répartir les langues en familles.

▶ Dans un second temps, mais très rapidement après cette inspiration première, la linguistique historique s'est intéressée à la diachronie* d'une seule et même langue (Jacob Grimm sur l'allemand, par exemple). La linguistique historique s'est aussi attelée à la reconstruction, soit de langues disparues, soit d'états anciens d'une langue existante sur laquelle nous n'avons plus beaucoup de témoignages. La difficulté est alors de se procurer un matériau sûr. Dans beaucoup de langues, nous n'avons aucune trace écrite des états anciens.

B Domaines de la linguistique historique

▶ La perspective historique peut s'appliquer à la phonétique, pour expliquer comment certains sons se transforment en d'autres d'une manière régulière (comment sont nées les voyelles nasales en français, par exemple). Cette transformation est indépendante aussi bien de la signification du mot que de son statut grammatical. La phonétique* historique s'efforce de dater aussi précisément que possible ces diverses mutations et de montrer comment elles s'organisent entre elles. La morphologie* historique explique selon quelles règles précises les mots se construisent, par la somme d'une flexion et d'un radical, par exemple. La sémantique* historique étudie le changement du sens des mots.

▶ Dans son développement, la linguistique historique a parfois été en relation avec l'*étymologie*, d'abord recherche de l'origine des mots, puis description de leur histoire. L'histoire des noms propres fait partie d'une discipline qu'on nomme *onomastique*, et qui regroupe l'étude des noms de lieux, ou *toponymie*, et celle des noms de personnes, ou *anthroponymie*.

▶ Depuis l'apparition en linguistique, au début du XXe siècle, de la perspective synchronique*, la linguistique historique a changé d'inspiration. Elle se consacre moins aux facteurs externes intervenant dans l'histoire de la langue (facteurs politiques, sociaux, etc.) et se concentre sur son histoire interne. On parle alors parfois de linguistique diachronique. La linguistique diachronique s'efforce de suivre le système d'une langue au fil de son histoire.

2 LE CHANGEMENT LINGUISTIQUE ET SES CAUSES

A Les caractères du changement

▶ C'est un fait que les langues changent. À quoi est dû le changement linguistique ? Si, au XIXᵉ siècle, on considérait volontiers que ce changement était une sorte de « vie », qui avait ses lois et sa régularité, on s'aperçoit aujourd'hui qu'en réalité il peut être lié à des facteurs très complexes : géographiques, politiques, sociologiques, esthétiques, etc. La manière dont les enfants acquièrent leur langue maternelle est déterminante, de même que la manière dont un fait nouveau peut se répandre entre les locuteurs. Trois tendances peuvent entrer en jeu : une tendance à une certaine *analogie* entre des formes voisines, une tendance à la *simplification* et une tendance à la *complexification*. De plus, à l'échelle d'une langue, rien ne change soudainement, tout évolue progressivement. Ainsi, certains phénomènes sont longtemps en variation* avant de *changer* vraiment.

▶ L'étude du changement linguistique permet de faire la différence entre ce qui relève de l'héritage et ce qui relève de l'emprunt. Ainsi, certains mots du français ont subi une évolution progressive sur la même base de départ ; d'autres ont été soit empruntés, soit consciemment moulés sur d'anciens mots latins. Ainsi trouve-t-on en français de nombreux doublets, *écouter* et *ausculter*, par exemple, la seconde forme ayant été moulée sur le latin au XVIIᵉ siècle. Cette étude révèle aussi le caractère composite de bien des langues, faites de nombreux emprunts à des langues étrangères, et de nombreux croisements d'influences.

B Quel sens donner au changement linguistique ?

▶ Bien souvent, on est tenté de voir dans le changement linguistique soit un progrès, soit une dégénérescence. C'est ainsi que Franz Bopp et August Schleicher, par exemple, au XIXᵉ siècle, considéraient que les formes que nous utilisons aujourd'hui sont le produit d'une érosion de formes plus anciennes, érosion qui serait due au fait que la langue fait l'objet d'une utilisation par l'homme, qu'elle est un instrument dans ses mains et qu'elle subit donc sa tendance au moindre effort.

▶ Aujourd'hui, les recherches font apparaître la complexité des facteurs qui interviennent dans le changement linguistique. Bien souvent, ce changement ne peut être attribué à une seule cause, mais à un mélange de plusieurs causes.

L'apport du XIXᵉ siècle a consisté à introduire la perspective historique dans l'étude des langues, laquelle était la plupart du temps menée, avant cette époque, au moyen de grands principes, et avec peu de vérifications expérimentales. Dans tous les domaines, le XIXᵉ siècle était véritablement le siècle de l'histoire. Aujourd'hui, la perspective diachronique, qui a pris le relais de la linguistique historique, s'inscrit souvent en parallèle à la théorisation d'une perspective synchronique.

LA PHILOLOGIE

La philologie est une pratique très ancienne, qui existait déjà dans l'Antiquité et au Moyen Âge, mais qui est apparue comme discipline au XIXᵉ siècle. Elle se fixe deux objectifs principaux : travailler à un établissement sûr des textes anciens ; en proposer une interprétation fondée sur une explicitation grammaticale complète.

1 UNE SCIENCE DE L'ÉTABLISSEMENT DES TEXTES

A Établir un texte

▶ Le mot « philologie » vient de deux racines grecques qui signifient « amour » et « langage ». En français, on utilise ce terme pour désigner essentiellement la pratique de l'édition de textes anciens. En Allemagne et dans d'autres pays européens, il est souvent employé dans un sens plus large, allant jusqu'à être synonyme de *linguistique*. On pourra considérer que, dans son sens strict, la philologie travaille sur des textes écrits et que son but initial est d'établir un texte qui nous a été légué par une époque antérieure. À ce titre, on pourra y voir un prolongement d'une activité qui était très importante dans l'Antiquité et au Moyen Âge, et qui consistait, dans la mesure où beaucoup de textes étaient transmis de façon incertaine, ou par des voies très détournées, à copier et à commenter des textes.

▶ De quoi dispose-t-on pour prendre connaissance d'un texte ancien ? On peut recourir à des techniques telles que la paléographie, étude des écritures anciennes, et l'épigraphie, étude des inscriptions sur pierre, métal, etc. Le plus souvent, on dispose d'éditions très postérieures à la date d'écriture du texte, qu'il s'agisse de copies manuscrites qui ne sont pas de la main de l'auteur, ou encore de simples citations de ce texte dans d'autres ouvrages. La philologie a donc pour objectif de remonter le plus possible vers le texte original en dépassant tous ces obstacles. C'est un travail souvent ingrat, qui demande beaucoup de connaissances et une grande rigueur. Il est pourtant nécessaire. Imaginons par exemple que nous voulions lire *L'Iliade* et *L'Odyssée* d'Homère. Quelle connaissance pouvons-nous avoir du « vrai » texte d'Homère ? Et, pourtant, il faut bien l'éditer, si nous voulons le lire... Le philologue devra se faire un chemin à travers toutes les déformations que le texte a subies dans l'histoire, toutes ses variantes, ses ajouts de commentaires ou gloses, ses paraphrases, ses erreurs de transcription, etc. Le cas d'Homère est peut-être extrême. Si la philologie a souvent comme objet des textes antiques ou du Moyen Âge, il lui arrive également d'étudier des matériaux de l'époque moderne.

B Préparer un matériau

▶ En travaillant sur l'établissement des textes, la philologie procure des matériaux à la linguistique, ainsi qu'à la critique littéraire et à l'histoire. Elle « prépare le terrain », pour ainsi dire, de manière qu'on puisse mener des investigations linguistiques très précises sur les textes ainsi traités, et qu'on puisse les commenter. Le philologue allemand Karl Lachmann (1793-1851) est l'auteur, dans ce domaine, d'une méthode d'établissement des textes qui, élargie, fait toujours autorité.

- C'est pourquoi on peut distinguer en gros deux âges dans la philologie : un âge où elle avait essentiellement pour but de transmettre des textes, de manière que le lecteur dispose du maximum de données lui permettant de retrouver l'esprit original du texte, et un âge, qui commence avec le XIXᵉ siècle, où la philologie se donne une ambition beaucoup plus vaste, de discussion générale de la signification des textes écrits.

2 L'INTERPRÉTATION DES TEXTES

A Les pratiques d'interprétation

- Dans l'Antiquité, la philologie était liée à une pratique d'interprétation qu'on appelle parfois l'« exégèse ». Il s'agit d'établir à quel niveau un texte peut être compris : niveau littéral, allégorique, etc. L'exégèse repose bien sûr sur l'établissement du texte, mais aussi sur des connaissances grammaticales, historiques, mythologiques, etc. Elle débouche sur des lectures des textes, des « explications », qui jouent un grand rôle dans la construction de la culture.

- À partir de l'époque romantique en Allemagne, la philologie est comprise comme une interprétation générale des textes. Il s'agit de les comprendre en essayant de restituer les intentions de l'auteur ainsi que la signification d'origine. Cette reconstruction se fonde sur une analyse très précise du matériau linguistique, explication grammaticale, rhétorique* et stylistique*, mais débouche sur une interprétation textuelle générale des documents, à relier avec l'histoire d'une culture. August Schlegel la définit en 1818 comme l'« étude générale » des langues. Deux pays essentiellement pratiqueront cette discipline : l'Allemagne et la France. Dans les années 1820 en Allemagne, sous l'impulsion de Friedrich Diez, va naître une discipline qui va se développer en parallèle à la philologie : la *linguistique romane*. Il s'agira d'étudier individuellement chacune des langues romanes, mais aussi leurs relations avec le latin, et leurs relations entre elles.

B Situation de la philologie aujourd'hui

- En France, la philologie s'est beaucoup développée entre 1860 et 1920, particulièrement la philologie médiévale, sous l'impulsion de Joseph Bédier. Après 1920, elle a souffert de la concurrence introduite par la toute nouvelle *linguistique*. Son domaine d'action, au lieu de s'élargir comme en Allemagne, s'est restreint, et s'est cantonné à l'établissement d'un texte, généralement un texte éloigné dans l'histoire ; son aboutissement réside la plupart du temps dans la réalisation d'une « édition critique » de ce texte.

- En Allemagne a survécu plus longtemps, pendant tout le XXᵉ siècle, une tradition d'interpétation littéraire et culturelle qui a d'ailleurs également concerné les textes français. Cette interprétation réunit tous les domaines (sémantique*, syntaxe*, rhétorique, sémiologie*...) qui se sont séparés les uns des autres par ailleurs. On pourra citer, comme représentants de cette tradition, Ernst Curtius, Léo Spitzer, Erich Auerbach.

La philologie est une pratique bien antérieure à la formation des sciences modernes. Aujourd'hui, si elle est courante dans de nombreux pays, l'appellation de philologie semble un peu sortie d'usage en France. Indiscutablement, pourtant, elle constitue une sorte de trait d'union entre l'Antiquité et notre époque. D'une certaine façon, de cet ensemble de techniques d'interprétation, est issue la linguistique moderne.

LA DIALECTOLOGIE ET LA GÉOLINGUISTIQUE

La dialectologie, qui étudie les dialectes, et la géolinguistique, qui étudie les parlers en fonction de leur localisation spatiale et sociale, sont nées de la philologie romane. Dès que l'on a su qu'il existait une famille de langues romanes, on a voulu expliquer cette diversité. Celle-ci se révèle non seulement à l'intérieur de la famille des langues romanes, mais également à l'intérieur du français. En fait, si l'on parle du français, c'est par facilité : on devrait parler des nombreuses variétés de français. Il en va du français comme de beaucoup de langues dans le monde.

1 CONSTITUTION D'UNE DISCIPLINE

A Langues en contact et interférences

▶ L'ensemble des moyens d'expression employés par un groupe à l'intérieur d'un domaine linguistique est appelé *parler*. Pour expliquer la diversité, la dialectologie inspirée de la philologie romane* rendait compte de la constitution des langues par couches ou strates. La vision de la dialectologie influencée par la sociolinguistique* envisage la constitution des langues en termes d'interférences de langues mises en contact.

▶ Pour désigner un parler qui a été supplanté par un autre parler tout en y laissant des marques de son influence, on parle de *substrat*. Ainsi, le gaulois est un substrat du français, qui a influencé le latin parlé en Gaule, notamment en « léguant » des mots tels que *braie* ou *alouette*. Pour désigner un parler qui se superpose à un moment donné à une langue et l'influence avant de disparaître sous son action, on parle de *superstrat*. Le francique, parler germanique des Francs, a ainsi influencé le latin de Gaule avant de disparaître. Pour désigner un parler qui se juxtapose à un autre parler de telle sorte que son influence y est perceptible, on parle d'*adstrat*. Des langues comme l'italien, l'espagnol ou l'arabe peuvent être considérées comme des adstrats du français, étant donné les traces que ces langues ont laissées dans notre lexique.

B Réalisation dans le domaine français

▶ À la fin du XVIIIᵉ siècle, le français, langue nationale, n'est pas parlé, loin s'en faut, sur tout l'ensemble du territoire. L'abbé Henri Grégoire est chargé de faire un rapport sur les patois et sur les moyens de les éliminer. L'État central va donc lutter contre les patois. Les instituteurs ont, au XIXᵉ siècle, un rôle crucial : ils doivent empêcher les élèves de parler leur patois.

▶ Cette situation ne manqua pas d'alarmer les philologues, qui voulurent fixer ce qu'on avait pu garder des dialectes. Parmi eux, Jules Gilliéron et Edmond Edmont travaillèrent en collaboration. Le premier, le théoricien, conçut l'instrument de présentation des enquêtes dialectologiques. Le résultat est présenté sous forme d'atlas linguistique, avec des cartes de France. Edmont s'occupait des enquêtes sur le terrain : il interrogeait sur les prononciations, les traductions, en faisant remplir des questionnaires. Le premier mot de la recherche fut *abeille*, qui se dit également *èf, mouche à miel…* Cet atlas comportait certains défauts dus à la méthode d'enquête : il y avait parfois des réponses fausses dans les questionnaires, des erreurs de transcription phonétique... Pierre Gardette recommença donc le travail de ses prédécesseurs et permit ainsi l'élaboration d'un atlas linguistique de la France par région. La tâche du recensement des mots est cette fois confiée à des personnes originaires des régions étudiées, qui écoutent parler et enregistrent les usagers.

2 QUELQUES CONCEPTS

L'usage commun de certains mots rend parfois difficile la distinction de concepts de base. Un bref rappel s'impose.

A Langue, dialecte et patois ; jargon et argot

▶ La *langue*, souvent qualifiée d'*officielle* ou de *nationale*, est l'idiome (ou parler) qu'un État reconnaît pour sa communication, son administration, sa culture, son enseignement... *Dialecte* et *patois* sont presque synonymes, mais ces deux mots offrent des conditions d'emploi différentes : on parle un patois (le sens est parfois péjoratif) ; *dialecte* est un mot savant désignant la prise en compte savante d'un parler régional considéré dans ses rapports avec une langue, qui n'est souvent qu'un autre dialecte élevé au niveau de langue nationale. La différence entre langue et dialecte semble surtout politique, et non linguistique.

▶ Le *jargon* est l'usage qu'un groupe socioprofessionnel fait de la langue, en y apportant des modifications essentiellement d'ordre lexical. On parle notamment du jargon des linguistes ou des médecins. Le but est de se faire comprendre de ses collègues de spécialité, sans qu'il soit forcément question de dissimulation ou de secret. L'*argot* apparaît comme une forme de jargon de classe marginale, dont l'utilisation au départ visait à exclure les non-initiés. Il en est ainsi de l'argot des voleurs illustré par le poète du Moyen Âge François Villon.

B Créoles, sabir et pidgin

Certains parlers proviennent du contact entre des langues différentes.

▶ Les *créoles* actuels sont issus du contact de la langue d'une population colonisatrice (anglaise, française, portugaise...) avec celle des esclaves amenés dans la colonie (créole des Antilles, des Caraïbes, d'Afrique, d'Océanie...). Ces créoles constituent pour les usagers une langue maternelle.

▶ Le *sabir* est une langue mixte, non maternelle, issue des relations régulières entre deux populations de langues différentes. Il sert à la communication directe avec l'autre population, sans qu'une traduction soit nécessaire. Peu structuré grammaticalement, il procède plutôt par juxtaposition de mots. Le terme *sabir* vient du nom d'une langue utilisée par les commerçants en Méditerranée pendant le Moyen Âge. Également appelée *lingua franca*, elle consistait en un mélange de français, d'espagnol, de grec et d'arabe.

▶ Le terme *pidgin* désigne à la fois les langues créoles et certains sabirs plus ou moins stabilisés. Il existe aujourd'hui dans le monde plus de soixante variétés de pidgins d'origine anglaise.

On observe clairement deux axes dans les études dialectologiques ou géolinguistiques. Un axe plutôt géographique, qui vise à la confection d'atlas linguistiques, et un axe plutôt sociologique, qui étudie les rapports entre langage et groupes humains.

LA SOCIOLINGUISTIQUE

Le langage n'est pas une pratique individuelle : c'est surtout une pratique sociale. En parlant, nous ne mettons pas seulement en jeu notre individualité : nous montrons notre rattachement à un groupe, à une communauté. La tâche de la sociolinguistique est donc d'étudier l'interaction entre notre pratique du langage et les phénomènes sociaux qui nous entourent.

1 LANGAGE ET SOCIÉTÉ

A Objectifs et méthodes de la sociolinguistique

▶ L'objectif initial de la sociolinguistique pourra se trouver résumé dans cette phrase du linguiste Antoine Meillet en 1906 : « Il faudra déterminer à quelle structure sociale répond une structure linguistique donnée et comment, d'une manière générale, les changements de structure sociale se traduisent par des changements de structure linguistique. » Pour la sociolinguistique, il s'agit d'expliquer les phénomènes linguistiques à partir de données extra-linguistiques, autrement dit, de facteurs politiques et sociaux.

▶ La sociolinguistique pourra d'abord s'intéresser aux cas de variation* à l'intérieur d'une même langue. La manière spécifique qu'a un individu de parler sera appelée *idiolecte*. Il arrive que le langage parlé par une communauté de locuteurs* présente des différences significatives d'avec celui parlé par une autre communauté de la même langue. Si cette différence est d'origine régionale, on parlera de *dialecte*, objet qu'étudie la dialectologie*. Si cette différence est d'origine sociale, on parlera de *sociolecte*. L'étude des sociolectes fonde une partie de la sociolinguistique.

B La sociolinguistique comme discipline

▶ La sociolinguistique s'est véritablement organisée comme discipline dans les années 60 aux États-Unis. Les travaux de William Labov (né en 1927) sur l'anglais, par exemple, ont montré qu'il existait en fait de multiples façons de parler l'anglais. Ils s'attachent à faire le recensement de tout ce qui est susceptible de varier, dans notre discours, en fonction de paramètres tels que la classe sociale, l'âge, le sexe, etc. Le concept majeur de cette linguistique est le concept de variation. Lors de ses enquêtes dans certains quartiers noirs de New York, Labov a ainsi pu attirer l'attention sur toutes sortes de phénomènes linguistiques inattendus. Un locuteur peut modifier de façon inconsciente sa façon de parler en fonction de son interlocuteur, par exemple.

▶ Une autre direction de la sociolinguistique, qu'on appelle parfois *ethnographie de la communication*, s'intéresse à la manière dont les éléments linguistiques s'organisent dans le cadre d'un échange de manière à créer un contexte de communication. L'emploi de tel élément de lexique, par exemple, de telle intonation, de tel segment de syntaxe, peut avoir une signification particulière à l'intérieur des pratiques de langage d'un groupe donné. Dans une conversation réunissant les deux sexes, par exemple, l'emploi de telle ou telle tournure par l'un des participants pourra avoir comme effet de définir à l'intérieur de cette conversation un micro-auditoire formé par les personnes d'un sexe ou de l'autre. Un domaine particulièrement intéressant est l'étude des formes de la politesse.

2 LES OBJETS DE LA SOCIOLINGUISTIQUE

A L'usage de la langue

▶ Par rapport à l'idée de norme* que peut se faire la grammaire, il est clair que la sociolinguistique s'intéresse essentiellement à l'usage*, ainsi qu'à la pratique orale de la langue. Quelles peuvent être les formes de cet usage ? La sociolinguistique montre qu'elles sont multiples et qu'on peut les relier à de nombreux paramètres. On peut tout d'abord mentionner les registres* de langue, les différentes formes d'argot, de *jargon* ou de *technolecte* (on désigne ainsi le langage particulier à un métier ou à un milieu professionnel, la médecine, par exemple). Mais il faut faire également leur part aux questions d'âge (étude de la langue des jeunes, par exemple), de sexe et de localisation géographique (ce qu'étudie la géolinguistique*).

▶ Enfin, il n'y a quasiment pas de langue dans laquelle on ne retrouve la différence, théorisée par la sociolinguistique, entre *langue standard*, proposée comme langue d'usage général, et *langues vernaculaires*, d'emplois spécifiques, à l'intérieur d'une communauté. C'est souvent l'unité même du concept de langue* que la sociolinguistique invite à questionner.

B Langue ou langues ?

▶ Rares sont dans le monde les pays monolingues, autrement dit, où une seule langue est parlée. L'unité d'une langue donnée est parfois difficile à décrire. La sociolinguistique, dès lors, ne peut pas s'abstraire des questions de politique linguistique. Elle s'intéressera ainsi aux phénomènes de bilinguisme et de diglossie*, à la manière dont les locuteurs d'une langue donnée se représentent la ou les langues qu'ils parlent, les mélangent ou les font alterner, à la situation institutionnelle de ces langues, etc.

▶ Il arrive par exemple qu'une langue n'ait pas d'autre utilisation que celle d'un outil de communication entre des groupes parlant des langues différentes. On parle alors de langue *véhiculaire*. Aujourd'hui, ainsi, l'anglais sert de langue véhiculaire dans de nombreuses régions du globe.

Comme on le voit, le champ d'études de la sociolinguistique est aujourd'hui très vaste. Qu'elles soient réalisées sur de grands ensembles de locuteurs ou à petite échelle, ces études démontrent à quel point le langage est une fabrication sociale, et à quel point il échappe souvent à la volonté individuelle de ses locuteurs.

LA PHONÉTIQUE

Le nombre des sons produits par l'ensemble des langues du monde est limité. Il est possible d'en faire l'inventaire et de les décrire. C'est la tâche de la phonétique, qui est une discipline pratique, matérielle, empirique, et qui, de toutes les branches de la linguistique, est celle qui se rapproche le plus des sciences physiques.

1 MÉTHODES ET OUTILS DE LA PHONÉTIQUE

A Qu'est-ce qu'un son ?

▶ La phonétique est l'étude des sons produits par la parole. Toutefois, de la même façon qu'en musique un auditeur sans expérience a du mal à transcrire en notes séparées une phrase musicale jouée par un musicien, de la même façon nous n'entendons d'abord dans la parole qu'un flux ininterrompu. Le premier problème auquel se heurte le phonéticien est donc celui de définir des unités séparées qu'on pourrait appeler sons. Dans la mythologie indienne, un dieu particulier, le dieu Indra, a créé le langage en le segmentant.

▶ Comment reconnaître l'identité du son ? Un second problème se pose dans la mesure où deux locuteurs ne prononcent jamais véritablement le même son de la même façon. Grâce à notre connaissance phonologique* de la langue que nous parlons, et qui fait partie de notre compétence* linguistique, nous sommes à même de reconnaître ces sons et de les produire de manière à peu près uniforme. Le phonéticien, de son côté, doit faire abstraction de cette connaissance et analyser les sons au moyen d'un instrument.

B Les divers types de phonétique

▶ La phonétique expérimentale est née au XIXe siècle avec l'invention du laryngoscope en 1855 par Manuel V. Garcia, appareil permettant l'étude des cordes vocales et de leur fonctionnement, ainsi que de modes de transcription graphique des sons (Bell). À partir de là, on va s'attacher à une description scientifique et physiologique des sons et des manières de les réaliser.

▶ On distingue :
  – la phonétique acoustique, qui s'intéresse aux propriétés des sons eux-mêmes (c'est la branche de la phonétique qui se rapproche le plus de la physique) ;
  – la phonétique auditive, qui étudie la manière dont les sons sont perçus ;
  – la phonétique articulatoire, qui étudie la manière dont les sons sont produits.

▶ L'objectif de la phonétique est de classer les sons produits par la parole. À cette fin, elle a mis au point un alphabet phonétique international. Celui-ci date de 1888, et il a été révisé plusieurs fois au cours du XXe siècle. Il permet de transcrire tous les sons de toutes langues. Il utilise comme base les caractères de l'alphabet romain, à quoi s'adjoignent d'autres signes. On note les sons ainsi identifiés entre crochets. Le mot français *quatre*, par exemple, pourra ainsi se noter [katRə] en alphabet phonétique international, le mot *rien*, [rjɛ̃].

2 CONCEPTS DE LA PHONÉTIQUE

A Le point d'articulation

▶ Grâce à une étude précise de l'appareil respiratoire et des organes de production des sons, la phonétique articulatoire peut parvenir à classer les sons selon plusieurs critères. On pourra les classer, par exemple, selon les organes auxquels ils font appel. Outre les poumons, origine de l'air expiré, et le pharynx, conduit de l'air expiré, ces organes sont : la glotte, petit organe situé à l'entrée du pharynx, la langue, la cavité nasale, le palais, qui peut se diviser en palais dur et palais mou, les dents et les lèvres.

▶ Ainsi, la phonétique peut tout d'abord classer les sons selon leur point d'articulation, c'est-à-dire essentiellement la position de la langue dans la bouche. Il y a des sons articulés à l'avant du palais et des sons articulés à l'arrière de celui-ci. Ainsi, les voyelles du français, par exemple, peuvent se classer en *voyelles antérieures*, articulées à l'avant du palais, comme [i], et *voyelles postérieures*, articulées à l'arrière du palais, comme [o].

B Le mode d'articulation

▶ Dans un deuxième temps, la phonétique peut classer les sons selon leur mode d'articulation, c'est-à-dire selon le degré d'ouverture des organes. On pourra par exemple dire qu'il y a des sons sonores et des sons non sonores : lorsque la glotte bloque l'air expiré, le son passe au travers des cordes vocales, lesquelles se mettent à vibrer. On parle alors de sons sonores. Lorsque la glotte ne bloque pas la sortie de l'air, en revanche, les cordes vocales n'interviennent pas. Il se produit des sons non sonores, comme le sont naturellement les sons [p], [t], [k], [s]. Il nous est possible de rendre tous les sons non sonores : c'est ce que nous faisons quand nous murmurons.

▶ De même, il y a plusieurs types de résonances de l'air. Au moment où l'air est expiré, il peut passer simplement dans la bouche (résonance orale) ou s'échapper en partie par le nez, après avoir fait résonner la cavité nasale (résonance nasale). Lorsque nous prononçons le son [m], par exemple, nous sentons, jusqu'à ce que nous ouvrions les lèvres, qu'une partie de l'air est prisonnière dans la cavité nasale.

▶ Une fois tous les sons répertoriés et classés, la phonétique peut s'intéresser à leur façon de se combiner, analyser par exemple la pertinence de la distinction entre voyelle et consonne dans la construction de la syllabe, etc. Elle peut s'intéresser aussi à la manière dont les réalisations de sons évoluent dans l'histoire. En français, par exemple, de nombreux sons ont perdu leurs résonances nasales. Dans le mot *pain*, par exemple, seule la voyelle est aujourd'hui nasale, alors que la consonne finale l'était également en ancien français, un peu comme dans l'actuelle prononciation méridionale.

La phonétique est une discipline pratique : elle ne décrit que la manière dont la parole produit les sons. La manière dont une langue donnée peut organiser ces sons en système est étudiée, quant à elle, par la phonologie*.

LA PHONOLOGIE

Qu'est-ce qui distingue la phonétique* et la phonologie ? La phonétique, discipline expérimentale, étudie les sons bruts formés par la parole. La phonologie, discipline plus théorique et plus récente, s'efforce de décrire la place des formes acoustiques dans le système des langues. Elle a comme origine des recherches menées à Prague et en Russie dans les années 30.

1 PHONOLOGIE ET PHONÉTIQUE

A Deux approches différentes

▶ La différence entre phonologie et phonétique peut se comprendre à partir de celle qui existe entre phonème* et son. Le concept à partir duquel travaille la phonologie est le concept de phonème ; celui à partir duquel travaille la phonétique est le concept de son. Le phonéticien s'intéresse donc à la manière dont les locuteurs* d'une langue réalisent des sons. Le phonologue s'intéresse à la manière dont chaque langue sélectionne, dans l'éventail de sons qui sont à sa disposition, un certain nombre d'entre eux, à partir desquels elle crée des phonèmes qui vont être pertinents dans son système.

▶ La phonologie décrit les phonèmes d'une langue, mais essentiellement en tant que ceux-ci peuvent s'organiser en système. Les particularités phonétiques de telle ou telle langue ne l'intéressent pas. Seule l'intéresse la manière dont les phonèmes sélectionnés par une langue donnée s'organisent dans le système que forme cette langue et sont susceptibles de se combiner ensuite dans la réalisation d'un énoncé.

B Origine historique et tendances de la phonologie

▶ La phonologie s'inspire des travaux fondateurs des linguistes russes Roman Jakobson et Nikolaï Sergueïevitch Troubetzkoy. En anglais, on trouvera les deux termes concurrents de *phonology* et de *phonemics*.

▶ La phonologie est donc l'une des branches de la linguistique synchronique : elle étudie la langue dans ce qui fait son système actuel, dans ce qui la fait fonctionner à n'importe quel moment donné de son histoire comme système. Néanmoins, quelques efforts pour compléter la phonologie synchronique par une phonologie diachronique furent faits, notamment par André Martinet*, disciple français de l'école de Prague*. Ces études montrent qu'un changement phonétique n'est jamais isolé : il affecte le système phonologique tout entier. Déjà, vers 1820, le linguiste allemand Jacob Grimm s'était rendu compte qu'entre le latin et l'allemand il existait des correspondances de consonnes (les consonnes germaniques *f*, *p*, *b*, correspondant respectivement aux consonnes latines *p*, *b*, *f*). La phonologie explique ce phénomène en montrant qu'il existe des corrélations entre ces consonnes, et que le système entier peut « bouger » et se retrouver dans une autre langue par le biais de ce qu'on appelle une *transphonologisation*. De même, en anglais, un peu avant l'époque de Shakespeare, a eu lieu ce qu'on appelle *The Great Vowel Shift*, le grand changement vocalique : toutes les voyelles ont bougé ensemble, en perdant leur longueur et en se diphtonguant (/i:/ glissant vers /ai/, par exemple, dans *fine*).

▶ La phonologie traite d'unités qui sont « non significatives », les phonèmes (sans rapport direct avec le sens). Toutefois, plusieurs efforts ont été tentés pour relier la phonologie à la grammaire, dans le cadre de la grammaire générative*, par exemple. Pour celle-ci, la phonologie fait partie de la grammaire : elle assigne une forme phonique à la structure de surface produite par les transformations syntaxiques.

2 LES LOIS PHONOLOGIQUES

A Organisation et enchaînement des phonèmes

▶ L'un des objectifs de la phonologie est de dégager des lois d'organisation des phonèmes dans chaque langue. On parle aussi de « phonématique ». Une fois qu'on a défini chaque phonème* par ses traits distinctifs, on peut les ranger. Tous les phonèmes qui ont un même point d'articulation (défini par la phonétique) constituent ainsi un ordre. Tous les phonèmes qui ont un même mode d'articulation constituent une série. À partir de ces deux critères, on peut réaliser un tableau à double entrée, aussi bien des voyelles que des consonnes du français.

▶ Selon Jakobson, toute l'analyse phonologique peut se faire au moyen d'oppositions binaires, autrement dit, chaque phonème s'oppose soit à un autre, soit à son absence. Considérons la formation du féminin en français, par exemple. Dans *neuf/neuve* nous avons une opposition /f/ et /v/, par exemple.

▶ Par ailleurs, la phonologie analyse ce qui rend possibles, dans une langue donnée, certaines chaînes de phonèmes. L'existence de séquences reconnues de phonèmes, et leur fréquence dans la langue, crée ce qu'on appelle des syllabes. Cela fait partie de la compétence* phonologique propre à tout locuteur d'une langue de connaître, le plus souvent inconsciemment, quelles sont les séquences possibles de sa langue.

B Les corrélations

▶ Chaque système phonologique comporte des oppositions, mais aussi des faisceaux de corrélations qui expliquent comment, par contact, certains phonèmes peuvent s'altérer. Ainsi, en français, le phonème /z/ (*je*, qui constitue d'ailleurs un morphème*) est prononcé [ʃ] dans la réalisation familière [ʃsɛpa] de *je ne sais pas*, du fait de la proximité d'une consonne particulière.

▶ Lorsqu'un phonème en contamine d'autres dans son voisinage, on parle d'*assimilation*. On parlera, inversement, de *dissimilation*, lorsque, une séquence comportant trop de phonèmes semblables, certains se différencient.

La phonologie a eu un rôle considérable dans l'histoire de la linguistique au XXᵉ siècle. Sous son influence, la linguistique a abandonné son inspiration historique pour devenir structurale. De nombreux concepts qui sont maintenant utilisés dans toute la linguistique, et même en sémiotique, sont d'origine phonologique.*

LA LEXICOLOGIE

Comment décrire ce monde complexe que forment les mots ? C'est l'objectif de la lexicologie. Celle-ci travaille en étroite collaboration avec la lexicographie, technique visant à la fabrication d'un dictionnaire.

1 LA LEXICOGRAPHIE : UNE DISCIPLINE PRATIQUE

A L'article de dictionnaire

▶ La lexicographie désigne l'ensemble des techniques requises pour la rédaction d'un dictionnaire. C'est donc une discipline pratique. Toutefois, pour réaliser un dictionnaire, il apparaît nécessaire de se poser quelques questions préliminaires de type théorique : qu'est-ce qu'un dictionnaire ? qu'est-ce qu'un article de dictionnaire ? où s'arrête un mot *? qu'est-ce que définir* ?...

▶ Il y a deux grandes manières de rédiger l'article de dictionnaire correspondant à un mot donné. La première est de donner des informations sur la référence* à laquelle ce mot renvoie. S'il s'agit du mot *lune*, par exemple, il s'agira de donner des informations de type astronomique ou physique sur cet astre. La seconde est d'expliciter quel type d'emploi le mot *lune* est susceptible de recevoir dans le système de la langue française. On pourra alors évoquer des expressions imagées, comme « être dans la lune », par exemple, qui n'ont pas de rapport avec les connaissances scientifiques disponibles à propos de la lune. Dans le premier cas, le dictionnaire sera plutôt de nature encyclopédique : ce sera un dictionnaire de *choses* ; dans le deuxième cas, on dira qu'il s'agit d'un dictionnaire de *langue*. *A priori*, la lexicographie ne s'intéresse qu'aux dictionnaires de langue.

B Les grands types de dictionnaires

▶ Comment réalise-t-on un dictionnaire ? Il s'agit tout d'abord, pour celui qui le confectionne, d'être très sensible à l'usage*. Quand un mot est-il employé ? Par qui ? Dans quelles circonstances ? Son usage est-il en augmentation ? En diminution ? On pourra ainsi distinguer des mots dont l'usage est avéré, des mots dont l'usage est vieilli (il faudra alors se demander si on continue à les inclure dans le dictionnaire) et des mots dont l'usage est nouveau (cas de néologie*). Quelles informations donner ensuite sur le mot ? On pourra indiquer sa classe grammaticale, son étymologie, c'est-à-dire son origine, son histoire, ses principaux sens*, ses registres* possibles, enfin, quelques exemples de tournures ou de phrases* dans lesquelles il peut être employé.

▶ Comme on le voit, la tâche de réaliser un dictionnaire de langue complet (qu'on appellera *dictionnaire monolingue*, pour le distinguer des dictionnaires incluant une langue étrangère) est énorme et difficile. Elle nécessite une grande quantité de matériaux et une grande précision. Dans l'histoire du français, depuis le XVIe siècle, il a existé de grands dictionnaires volumineux, tels les différents dictionnaires de l'Académie française, le Littré (fin XIXe siècle), ou le récent *Trésor de la langue française* (TLF). Il existe aussi de nombreux dictionnaires qui ne traitent qu'un des points énoncés : dictionnaire étymologique, dictionnaire des synonymes, dictionnaire du français parlé, dictionnaire des expressions, dictionnaire des constructions, etc.

▶ L'étymologie a joué un grand rôle dans la naissance de la lexicographie. Pendant l'Antiquité et au Moyen Âge, elle constituait l'essentiel de l'étude des mots. Elle servait souvent alors à expliquer la nature des choses auxquelles les mots renvoyaient. On considérait les mots dans leur forme globale, et on en tirait des conclusions quant à leur sens. Ce n'est qu'à la fin du XVIIIᵉ siècle que des grammairiens ont eu l'idée de scinder les mots en éléments (le radical et le suffixe, par exemple) et de traiter ces éléments séparément. Aujourd'hui, l'étymologie a beaucoup évolué et a abandonné l'idée de rechercher dans l'histoire des mots leur signification profonde.

2 LA LEXICOLOGIE : UNE DISCIPLINE DESCRIPTIVE

A L'étude linguistique du mot

▶ La lexicologie comme discipline descriptive a deux objets : le mot et le lexique*. Pour décrire le mot, elle procède de deux manières : elle s'organise en *sémantique* lexicale (analyse du sens des mots et des relations de sens entre les mots) et *morphologie* lexicale (analyse de la structure des mots et de leurs relations de forme).

▶ La sémantique lexicale s'intéresse à la manière dont on peut décrire dans la langue* les différents sens* possibles d'un mot ou ses différentes *acceptions*. Elle essaie donc de classer ces sens, soit en les segmentant (ce qu'on peut faire au moyen de la notion de *sème*), soit en observant comment on peut les relier (certains mots peuvent faire l'objet d'un emploi en sens élargi, ou restreint, etc.).

▶ La morphologie lexicale étudie la formation des mots, s'il s'agit de mots héréditaires ayant naturellement évolué, s'il s'agit d'emprunts, ou de mots construits. Les mots construits procèdent soit par dérivation (*lentement*, dérivé de *lent*, par exemple), soit par composition, utilisant deux mots autonomes (*porte-fenêtre*, par exemple).

B La description du lexique

▶ La lexicologie ne s'attache pas seulement à l'unité du mot. Elle s'efforce de décrire également l'organisation du lexique. Pour cela, elle essaie de définir ce qu'on appelle des *champs*.

▶ L'appellation de ces champs varie parfois, mais on peut distinguer : les *champs lexicaux*, qui rassemblent des mots de sens voisin (le champ lexical de la peur, par exemple) et les *champs sémantiques*, qui rassemblent les différents sens possibles d'un même mot (autrement dit, sa *polysémie*). On peut également étudier dans le lexique ce qu'on appelle les champs *dérivationnels*, c'est-à-dire les ensembles de mots ayant une base morphologique commune.

L'étude du lexique d'une langue donnée montre à quel point celui-ci est complexe et hétérogène. Bien souvent, nous en avons une connaissance entièrement intuitive. Nous savons employer les mots, mais nous sommes bien embarrassés lorsqu'il s'agit de les définir. C'est la principale difficulté à laquelle se heurte la lexicologie, discipline qui décrit les mots hors de leur emploi.

LA MORPHOLOGIE

L'étude de la forme des unités linguistiques, la morphologie, a longtemps constitué, avec la syntaxe, le noyau dur de l'activité grammaticale. Elle recouvre des aspects fort différents selon le sens que l'on donne aux termes « forme » et « unité ».

1 QUEL EST L'OBJET DE L'ÉTUDE MORPHOLOGIQUE ?

A L'unité

▶ On s'accorde à dire que le mot* est l'unité linguistique étudiée par la morphologie. Cependant, la notion de mot est assez difficile à cerner. Et il semble bien que le mot ne soit pas la plus petite unité linguistique pourvue de forme et de sens*. Certains mots sont composés de plusieurs éléments plus petits. Le mot *préhistoriques* est divisible en plusieurs parties : *pré-histor-ique-s*. Chacune est porteuse de forme et de signification. On appelle ces parties des morphèmes*. Parmi ceux-ci, on distingue les morphèmes lexicaux (*-histor-* : morphème qui a un sens lexical et qui est une variante morphologique de *histoire*) et les morphèmes grammaticaux (qui ont un sens grammatical). Ces derniers se subdivisent en morphèmes dérivationnels (préfixes, suffixes, qui ont un sens quasi lexical : *pré-*, *-ique*) et flexionnels (marqueurs des traits grammaticaux que sont le genre, le nombre, le mode, le temps ou la personne : ici, le morphème *-s* pour le pluriel).

▶ Dès lors, si le mot est bien l'unité d'étude de la morphologie, le morphème est, quant à lui, la plus petite unité d'analyse grammaticale.

B La forme de l'unité

La morphologie étudie l'unité mot indépendamment de son insertion dans une phrase. On peut distinguer deux approches principales :

▶ La morphologie distribue les mots en classes, appelées parties du discours*. On dénombre traditionnellement les parties du discours suivantes : nom, adjectif, déterminant, pronom, verbe, adverbe, préposition, conjonction et interjection. Chacune d'entre elles est susceptible de varier ou non selon des propriétés spécifiques, que l'on appelle des catégories grammaticales*. Ainsi, le nom, marqué en genre, peut varier en nombre (un *homme*/des *hommes*), dans certaines langues en cas (en latin : *liber/librum*) ; l'adjectif et le déterminant varient en genre et en nombre (*un grand* homme/*de grandes* femmes)... La morphologie étudie ces variations dans la forme des mots et énonce les règles qui les décrivent. Dans la mesure où ces modifications concernent les flexions, on parle de morphologie flexionnelle.

▶ La morphologie étudie également la formation de l'unité mot. Comment former un adjectif à partir d'un verbe (*identifier/identifiable*), un nom à partir de deux noms (*timbre-poste*) ? Plusieurs voies sont possibles. Cette approche de la morphologie est voisine de la lexicologie*.

2 LA FORMATION DES MOTS

A La dérivation

▶ La formation de mots par dérivation est proche du jeu de Lego. Il existe des règles de construction qui consistent à fixer sur un morphème lexical, appelé *base* ou *radical*, un ou plusieurs autres éléments, des morphèmes grammaticaux appelés *affixes*, dont le nombre est limité. Selon que ces morphèmes sont placés devant ou derrière la base, on parlera de *préfixe* ou de *suffixe*.

▶ Le préfixe se place devant une base pour former un nouveau mot : *anti-* (anticlérical), *dé-* (décoller, et ses variantes, *dés-* : déshabillé ; *des-* : desservir ; *de-* : destituer). On s'accorde à dire que le préfixe ne change pas la partie du discours à laquelle le mot sans préfixe appartient : le verbe *servir* préfixé avec *des-* (desservir) reste un verbe. Cependant, il existe quelques cas où la préfixation change la classification : la préfixation des noms *char* et *brouillard* avec *anti-* (antichar, antibrouillard) donne des adjectifs : *missile antichar, phare antibrouillard*.

▶ Le suffixe se place derrière une base pour former un nouveau mot dont il détermine clairement la classe : par exemple, la suffixation avec *-ion* (et ses variantes *-tion*, *-ation*, *-ition*) forme des noms (prévision, convention, suffixation, répétition) ; la suffixation en *-ifier* forme des verbes (classifier).

▶ Une fois pourvue de ses affixes de dérivation, la base se transforme en mot susceptible de recevoir les morphèmes flexionnels, qui, en français se mettent toujours en dernière position : prévision-*s*, notionnel-*le-s*…

B La composition et autres modes de formation

▶ La composition consiste en la combinaison d'au moins deux morphèmes lexicaux, qui peuvent apparaître isolément (*chauve* + *souris* donne *chauve-souris*). Le nouveau mot ainsi formé est complexe mais fonctionne comme un mot simple. Cette composition peut modifier le sens ou la structure des éléments pris isolément. Elle se marque soit par une absence de marque (*pomme de terre*), soit par un trait d'union (*petite-fille* ; le *qu'en-dira-t-on*), soit encore par soudure (*pissenlit*). Enfin, elle peut combiner des éléments français (*chauve-souris*) ou des éléments grecs ou latins (*morpho-logie*). Dans ce dernier cas, on parle de composition savante.

▶ D'autres modes de formation des mots consistent à emprunter à d'autres langues (*marketing*) ; à abréger des mots existants, soit en les tronquant (*bac* pour *baccalauréat*), soit en utilisant un sigle (*UV* pour *ultra-violet*) ; à redoubler des éléments (*guéguerre* à partir de *guerre*). Les formations populaires de mots ne sont pas en reste. Notons seulement l'utilisation de certains suffixes populaires : *fas-toche* pour *facile*, *val-oche* pour *valise*. Enfin, à côté de certains mots qui descendent du latin par la voie populaire (*mâcher* vient de *masticare*), on a créé, en calquant sur le mot d'origine, d'autres mots français (*mastiquer*) de sens parfois assez proche du dérivé populaire.

Penchant d'un côté vers la lexicologie lorsqu'elle étudie la formation des mots, la morphologie empiète aussi sur le territoire de la syntaxe. La morphologie flexionnelle étudie des variations qui dépendent pour beaucoup de la position du mot dans la phrase, de sa fonction*. C'est pourquoi on parle également aujourd'hui de morphosyntaxe. La morphologie y perd l'autonomie dont elle jouissait depuis l'origine de l'intérêt pour les langues, quand on considérait la langue comme une collection de mots.

LA SYNTAXE

Les mots* n'apparaissent pas isolés dans le discours*; ils se combinent pour former des unités linguistiques plus grandes : le syntagme* et la phrase*. Selon quelles règles* les mots se combinent-ils pour former des phrases qui sont grammaticales ? C'est à cette question que la syntaxe se doit de répondre. On retient classiquement deux types de syntaxe : une syntaxe d'accord et une syntaxe de dépendance.

1 LA COMBINAISON DES MOTS ET LEUR ACCORD

A La combinaison des mots

▶ Les mots ne se disposent pas de manière anarchique pour former une phrase. Ils le font dans un certain ordre. La syntaxe étudie et règle l'ordre des mots. Cet ordre peut apparaître comme une caractéristique d'une langue. C'est pourquoi il existe des classifications ou typologies de langues* fondées sur cette caractéristique.

▶ Ainsi, le français appartient à la classe des langues de type S-V-O. Cela signifie que l'ordre attendu des mots en français passe par la séquence Sujet-Verbe-Objet (*Pierre aime Marie*). Le latin, qui dispose d'un système des cas, est plutôt une langue du type S-O-V (*Petrus librum legit* : Pierre lit un livre). Après la disparition des cas en français, l'ordre des mots est devenu essentiel pour une bonne compréhension : un autre ordre peut en effet produire des phrases agrammaticales (S-O-V : **Pierre Marie aime*) ou d'autres sens (O-V-S : *Marie aime Pierre*). Cette question se pose aussi pour l'échelon intermédiaire entre mot et phrase : le syntagme*. En français, le complément du nom suit le nom : *le livre de Pierre/*de Pierre le livre*; en anglais, il peut précéder : *Peter's book*.

B La syntaxe d'accord

▶ Dans une langue, certains mots peuvent imposer une forme à d'autres mots. On dit qu'ils *régissent* la forme et on parle de *rection*. Il en est ainsi, en latin ou en allemand, de nombreux verbes qui imposent l'accusatif à leur complément d'objet direct (*Petrus librum legit*) ou encore de certaines prépositions qui commandent un cas particulier (*ad* demande l'accusatif; *mit* demande le datif).

▶ Le français ne dispose pas de ce type de rection. Cependant, une bonne part de la syntaxe scolaire repose sur l'accord de tel élément avec tel autre : accord du verbe avec le sujet, de l'adjectif épithète avec le nom, règles d'accord du participe passé... Or, dans le phénomène d'accord, un mot impose bien une forme à un autre mot, en imposant un trait qu'il possède (la personne et le nombre, pour l'accord du verbe; le genre et le nombre pour l'accord de l'adjectif épithète ou du participe passé). L'accord apparaît donc comme un type de rection, qui marque la cohésion* du groupe. La partie de la syntaxe qui s'occupe de l'accord est appelée *syntaxe d'accord*. Dans la mesure où elle fait intervenir la forme des mots, les catégories grammaticales* (genre, nombre...) et les relations des mots entre eux, elle relève à la fois de la morphologie* et de la syntaxe : on parle de *morphosyntaxe*.

2 UNE SYNTAXE DE FONCTIONS

A Le complément

▶ Un autre type de syntaxe s'est développé à partir des travaux de l'abbé Gabriel Girard (1747) et des grammairiens de l'*Encyclopédie*, César Chesneau Du Marsais et Nicolas Beauzée. Girard est le premier à avoir séparé clairement le plan des natures de mots et celui de leurs fonctions* dans la phrase. Il distingue sept fonctions, qui se rapprochent des cas latins, et inaugure un nouveau type d'analyse de la langue : l'étude de la proposition et des groupes de mots qui assument des fonctions.

▶ Du Marsais et Beauzée, quant à eux, introduisent une autre notion. Selon eux, il existe des relations entre les mots. En effet, certains mots sont présents dans le discours pour préciser le sens d'autres mots, apporter un complément d'information. L'élément qui complète le sens d'un autre sera appelé *complément*.

▶ Dire que, dans le syntagme *Le frère de Pierre*, *de Pierre* apporte un complément d'information, de sens, à *le frère* revient à dire qu'il en est complément. Il s'établit une relation de *complément* à *complété*, que l'on peut qualifier de *dépendance*. Le complément dépend syntaxiquement du complété. Ainsi, le complément du nom dépend du nom, le complément du verbe dépend du verbe… Cette relation de dépendance se retrouve dans la plupart des théories syntaxiques qui étudient les fonctions. De ce fait, ces théories présentent une vision hiérarchisée de la phrase.

B La syntaxe de dépendance

▶ Plusieurs théories ont développé une syntaxe de dépendance. Elles représentent la phrase, sous la forme d'un arbre, comme un réseau de relations de dépendance :

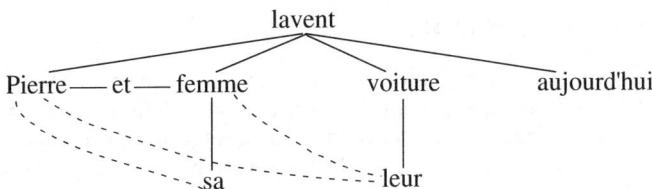

Étudier les fonctions d'une phrase revient à décrire ce réseau : les compléments sont placés sous le terme complété. Au sommet de l'arbre, se trouve le centre de la construction. Tous les autres éléments situés en dessous de lui sont de près ou de loin sous sa dépendance. On trouve ce genre de représentation chez Lucien Tesnière* et Noam Chomsky*.

▶ D'autres théories n'adhèrent pas à ce schéma. L'analyse en constituants immédiats des distributionnalistes* refuse de faire intervenir le sens dans la décomposition de la phrase. La notion de dépendance en est donc absente. La grammaire des cas de l'Américain Charles J. Fillmore (1968) assimile, quant à elle, les compléments à des rôles sémantiques : agent (*Pierre* mange une pomme), patient (Pierre mange *une pomme* ; *la pomme* est mangée)… On le remarque, il n'y a pas de correspondance entre cas et fonctions traditionnelles : le patient peut être complément du verbe ou sujet.

La syntaxe constitue avec la morphologie la base de la grammaire traditionnelle. Quel que soit le cadre théorique choisi par les linguistes, elle reste le passage obligé pour expliquer la forme des phrases.

LA SÉMANTIQUE

La sémantique peut être définie assez simplement comme étant la discipline qui étudie le sens* dans le langage. Ce sens peut être rapporté à des unités, comme le mot* ou la phrase*. On peut encore estimer qu'il fait l'objet d'une construction plus complexe mettant en jeu à la fois l'énoncé* et l'énonciation*.

1 L'ÉTUDE DU SENS

A Origine et méthode de la sémantique

▶ Dans un article de 1883, le linguiste français Michel Bréal (1832-1915) définissait la sémantique comme devant s'occuper des « lois qui président à la transformation du sens ». Son *Essai de sémantique*, qui paraît en 1897, constitue la première tentative d'organiser cette nouvelle discipline.

▶ La sémantique a d'abord été diachronique* : il s'est agi pour elle d'étudier la manière dont le sens des mots se modifie au fil du temps. Le sens d'un mot peut s'élargir, se restreindre ou, au contraire, changer complètement. Les mots *amant* et *maîtresse*, par exemple, ont vu leur sens se restreindre et devenir en même temps péjoratif, pour ne plus concerner au XIXᵉ siècle que les amours illégitimes. C'est en voyant évoluer le sens d'un mot qu'on découvre à quel point ce sens est précis. Aujourd'hui, néanmoins, l'essentiel des recherches qui sont faites en sémantique sont d'ordre synchronique.

B Le « sens des mots »

▶ Comment définir, comment décrire le sens d'un mot ? On parle de « sémantique lexicale » lorsque la sémantique s'attache à définir le sens d'un *mot*. Le sens du verbe *souhaiter*, par exemple. Pour quelqu'un qui connaît le verbe *souhaiter*, cette connaissance implique l'identification de plusieurs traits ou caractéristiques du verbe. D'une part, que le verbe ne peut avoir pour sujet qu'un sujet humain ; d'autre part, qu'il comprend en lui deux idées principales : l'idée de quelque chose d'absent et l'idée de quelque chose de bon. Si on remplace ce quelque chose de bon par quelque chose de mauvais, par exemple, mais en conservant l'idée d'« absent », on obtient le verbe : *redouter*. La sémantique peut ainsi considérer que le sens d'un mot est composé de plusieurs unités de sens qu'on appellera *sèmes*. On parle alors de *sémantique componentielle*.

▶ On peut également essayer de définir le sens d'un mot en fonction de sa référence* (*sémantique structurale*). Soit le mot *soleil*, par exemple : il est clair que son sens n'est pas le même s'il réfère à une réalité effective, celle de l'astre soleil, ou s'il fait l'objet d'un glissement comme dans la phrase : « Tu es le soleil de ma vie ». Pour la sémantique d'inspiration cognitive*, ce n'est pas leur relation à la référence qui gouverne le sens des mots, ce sont les représentations mentales auxquelles ils sont associés.

▶ Selon les langues, la connaissance de certaines classes sémantiques peut s'avérer nécessaire à la grammaire. En russe, par exemple, le futur des verbes ne se construit pas de la même manière si le verbe indique une action susceptible de se répéter ou pas.

2 LA CONSTRUCTION SÉMANTIQUE DE L'ÉNONCÉ

A Qu'est-ce que le sens d'une phrase ?

▶ Certes, le mot est une unité très visible, mais le sens dont il est revêtu n'est pas toujours aussi facile à décrire. Dans le lexique, il est rare que ce sens soit unique : la plupart des mots sont polysémiques, autrement dit, ils ont plusieurs sens. On pourra s'intéresser à la manière dont ces sens sont reliés. Par ailleurs, dès qu'il est employé, un mot se dote immédiatement de connotations*. Pour décrire l'établissement du sens, celles-ci sont aussi importantes à prendre en compte que les dénotations*.

▶ Si les mots et les morphèmes sont les plus petites unités de sens du langage, il est très rare que nous communiquions le sens à l'aide de ces seules unités. La plupart du temps, nous utilisons des phrases. Celles-ci sont régies par des règles syntaxiques*, certes, mais aussi par des règles sémantiques. Ces deux types de règles ne coïncident pas toujours. En traitement automatique des langues*, il est fréquent qu'on formalise un énoncé donné de deux manières : de manière syntaxique et de manière sémantique. Ainsi, il existe des règles strictement sémantiques dans la construction de la phrase. Si vous dites : « Ma sœur est mon seul enfant », par exemple, votre phrase est sémantiquement incorrecte, bien que grammaticalement correcte. Vous n'avez pas respecté les propriétés sémantiques des mots que vous avez construits ensemble.

B La sémantique du discours

▶ À l'échelle du discours*, ou de l'enchaînement de plusieurs phrases entre elles, l'identification du sens et la description des phénomènes qui règlent le sens peuvent s'avérer très complexes. Lorsque plusieurs sens peuvent être identifiés, on parlera d'ambiguïté*. Une grande place est accordée aujourd'hui par la sémantique aux phénomènes qui relèvent de l'argumentation* et de l'implicite*. En étudiant linguistiquement ces phénomènes, on découvre combien le sens des mots, des phrases, des enchaînements de phrases, peut dépendre d'intentions cachées. De même, le contexte* joue un rôle déterminant. Enfin, le discours a souvent pour effet de créer sur l'espace d'un nombre limité de phrases ce qu'on appelle un « univers de croyance », c'est-à-dire un espace où la référence* des mots n'a pas besoin d'être rappelée pour être comprise.

▶ Face à toutes ces questions, la sémantique doit faire des choix. Elle peut continuer à se fixer comme objectif une description totale du sens, auquel cas elle en vient à intégrer de nombreux domaines de la linguistique. Elle peut aussi s'efforcer de parvenir à une définition plus étroite de ce qu'on peut appeler « sens » dans le langage, en l'opposant à la signification*, par exemple.

À l'origine, la sémantique est partie de l'idée que le sens, dans le discours, faisait l'objet d'une construction similaire à un emboîtement d'unités : le mot, la phrase, le discours. Aujourd'hui, les travaux récents de la sémantique du discours suggèrent que ce qui régit le sens est de nature infiniment plus complexe. Ainsi, la sémantique est amenée à prendre en compte de très nombreux paramètres linguistiques auxquels elle n'avait pas pensé au départ, et qui rendent sa tâche plus difficile.

LA PRAGMATIQUE

La linguistique structurale* étudie essentiellement le système* de la langue*. On a pu lui reprocher de ne pas tenir compte du locuteur* ou du contexte* d'énonciation*. Développée à partir des travaux du logicien John L. Austin sur les actes de langage* (1955), la pragmatique a montré les lacunes des modèles d'explication qui ne prenaient pas ces facteurs en compte dans la construction de la signification* d'un énoncé*.

1 PRAGMATIQUE ET SÉMANTIQUE

Si Pierre entre dans une pièce dont deux fenêtres sont ouvertes et qu'il dit à Marie : « Il ne fait pas chaud ici », cette dernière va devoir interpréter l'énoncé. Imaginons que Marie est linguiste. Selon qu'elle suive une approche sémantique ou pragmatique, sa réaction, sa réponse, sera différente.

A La démarche sémantique

▶ Comment peut-on comprendre cette phrase* ? Cet énoncé « Il ne fait pas chaud ici » est une proposition*, un jugement qui peut être déclaré vrai ou faux. Il dit, plus ou moins, que la température n'est pas assez élevée pour que la sensation de chaleur se fasse sentir. Si cette proposition correspond à la réalité, si les conditions de vérité sont vérifiées, l'énoncé sera déclaré vrai, et Marie pourra répondre : « Oui, tu as raison. »

▶ L'analyse sémantique, schématiquement, repose sur le principe que le langage décrit la réalité ; elle étudie le sens et les conditions de vérité de l'énoncé pris hors contexte. On dit de la sémantique qu'elle traite des aspects *vériconditionnels* de l'énoncé.

B La démarche pragmatique

▶ Une autre réponse de Marie, apparemment sans lien sémantique direct avec les propos de Pierre, pourrait être la fermeture d'une des deux fenêtres. Une signification* différente du sens* commun de cet énoncé a été dégagée. L'analyse pragmatique propose des modèles d'explications qui prévoient ces réponses.

▶ Elle part du principe que le langage ne fait pas que décrire la réalité, mais qu'il agit aussi sur elle. Celui qui parle accomplit une action (un acte de langage* : promesse, ordre, déclaration…), qui ne peut être déclarée vraie ou fausse, mais plus ou moins réussie selon que le destinataire comprend l'intention du locuteur.

▶ En fait, le locuteur a l'intention de transmettre un certain contenu à l'aide du code qu'est la langue. Le destinataire devra décoder pour comprendre le message. Cependant, même si le code est parfaitement partagé, la communication peut échouer, parce qu'elle contient une part de non-dit, d'implicite*. Pour pouvoir en rendre compte, la pragmatique élabore un modèle qui explique comment, à partir des informations contenues dans l'énoncé, et d'autres fournies par le contexte, le destinataire émet des hypothèses sur l'intention du locuteur.

Dans le cas qui nous occupe, Marie décode le message de Pierre ; elle confronte le sens de l'énoncé au contexte : Pierre n'a pas chaud / il y a un courant d'air ; elle fait une hypothèse sur l'intention de Pierre : en disant ce qu'il dit, Pierre me demande de fermer au moins une des fenêtres. Pierre a accompli un acte de demande qui peut être considéré comme heureux parce que Marie l'a compris.

Cependant, la vérité des hypothèses et des conclusions qui en sont tirées n'est garantie par rien. Marie pourrait s'être trompée. Dans la mesure où la pragmatique ne s'occupe pas des valeurs de vérité, on dit qu'elle traite des aspects *non véridiconnels* de l'énoncé.

2 UN MODÈLE INTERPRÉTATIF : LA THÉORIE DE GRICE

A Les règles du discours

Selon Herbert Paul Grice, le discours* est une activité réglée. Les participants au discours sont censés observer un principe très général appelé *principe de coopération* : le propos du locuteur doit être conforme à ce qu'on attend de lui, au moment où il intervient, à l'intérieur d'un échange discursif dont le but ou la direction sont partagés par les interlocuteurs.

Grice distingue en outre quatre catégories de règles ou maximes dont le respect devrait donner des résultats en accord avec ce principe. Reprenant les catégories du philosophe Emmanuel Kant, il les dénomme *quantité* (« Que votre contribution soit aussi informative qu'il est requis par le destinataire »), *qualité* (« Que votre contribution soit véridique »), *relation* (« Soyez pertinent* ») et *modalité* (« Soyez clair »).

B La transgression des règles

Toute personne qui entreprend un échange discursif est présumée respecter les maximes ou au moins le principe de coopération dont elles dérivent. Cependant, il arrive que les maximes soient transgressées : mensonges ou conversations apparemment hors propos ne sont pas rares.

Dans certains cas, la tâche du destinataire consiste à extraire une information supplémentaire afin de réconcilier les propos du locuteur avec la présomption du respect du principe de coopération. Ainsi, si Pierre dit à Marie : « Tu es le soleil de ma vie », en première analyse, cet énoncé paraîtra enfreindre la maxime de qualité (Marie n'est pas un soleil). Cependant, Marie peut réconcilier les propos de Pierre avec le principe de coopération en extrayant une information du type : « Pierre veut me faire un compliment ; il utilise une image positive, le soleil. » Grice appelle *implicature conversationnelle* cette information supplémentaire, ce sous-entendu. Selon lui, le principe, les maximes et les implicatures constituent un modèle qui permet l'interprétation du propos du locuteur ainsi que de ses intentions.

La linguistique du XXᵉ siècle a opposé une linguistique de la langue à une linguistique de la parole. La pragmatique est une linguistique du discours, qui intègre les situations et contextes de communication. Ce faisant, elle ouvre la porte à l'étude de ce qui n'est pas dit, de l'implicite.

LA NEUROLINGUISTIQUE

La neurolinguistique étudie les fondements biologiques de notre aptitude au langage. Comment notre faculté de langage est-elle reliée à notre corps, à notre cerveau, à notre système nerveux ?

1 LA DESCRIPTION CLINIQUE

A L'étude anatomique du cerveau

▶ En 1824, un accident terrible et spectaculaire arriva à un ouvrier de construction nommé Phinéas Gage. Une barre de métal d'une longueur d'un mètre, environ, lui traversa le crâne de part en part. En dépit des pronostics réservés des médecins, l'homme survécut. Le plus étonnant est le résultat que cet accident eut aussi bien sur son comportement que sur sa faculté de langage. Celle-ci, curieusement, ne fut que peu affectée, alors que son caractère et sa personnalité subirent d'importantes modifications. On en tira l'hypothèse que la faculté de langage était peut-être *localisée* dans le cerveau (voir pathologie du langage*).

▶ Depuis, de grands progrès ont été faits qui ont confirmé cette hypothèse de la localisation. Nous savons que notre système nerveux est symétrique : ce qui existe dans notre partie gauche existe dans notre partie droite. Mais cela n'est pas valable pour le cerveau. Au cours du développement de l'individu, les deux moitiés du cerveau se spécialisent dans différentes fonctions. On appelle ce processus la *latéralisation*.

▶ L'existence de la latéralisation, qui a fait l'objet de premières hypothèses au milieu du siècle dernier, a été confirmée par les études de pathologie du langage menées sur les aphasies, autrement dit, les pertes de langage. Certaines aphasies ont des causes purement physiologiques : elles sont le résultat d'une destruction – suite à un choc, un accident – d'une partie très spécifique du cerveau.

B La latéralisation et la faculté de langage

▶ Les études sur l'aphasie ont donc montré que le langage est le fait de l'hémisphère gauche du cerveau. Phinéas Gage avait pu continuer à parler car il n'avait été atteint que dans la partie droite de son crâne. Les recherches menées depuis ont montré que les deux hémisphères étaient en réalité en contact au moyen d'un ensemble de fibres appelées corps calleux. Si ces fibres sont en place, les deux hémisphères échangent des informations. Si, pour une raison ou pour une autre, ces fibres sont sectionnées, si incroyable que cela puisse paraître, les deux hémisphères reconstituent indépendamment, petit à petit, l'ensemble des fonctions des deux hémisphères.

▶ Ainsi, des rapports ont pu être déduits entre la latéralisation du corps, qui dépend du système nerveux, et la latéralisation du cerveau. En fait, il apparaît que ces latéralisations sont inverses : ce qui provient de la partie droite du corps est transmis à l'hémisphère gauche, et vice versa. L'expérience suivante le montre. Si une pomme est déposée dans la main gauche d'un patient qui a souffert d'une destruction du corps calleux et dont on a bandé les yeux, il est capable de manipuler la pomme, mais pas de la nommer. À l'inverse, s'il a au même moment une banane dans la main droite, il pourra la nommer et la décrire. Ainsi, selon que les informations sensorielles procurées par le système nerveux parviennent à l'un ou l'autre des hémisphères, ils peuvent produire ou non le langage. Chez un individu sain, c'est la présence du corps calleux qui permet que toutes les informations données par les sens puissent être interprétées complètement et également.

2 NEUROLINGUISTIQUE ET THÉORIES DU LANGAGE

A L'hypothèse de l'âge critique

▶ Aujourd'hui, on fait l'hypothèse que le phénomène de la latéralisation se produit chez l'individu à une période bien précise de son histoire, qu'on dénomme l'*âge critique*. Il semble que ce soit au moment même où la latéralisation se produit que l'acquisition du langage* par les enfants se fasse le plus facilement.

▶ Toutefois, les relations entre ces deux phénomènes sont encore mal connues. On ne sait pas si le langage est nécessaire à la latéralisation ou si celle-ci précède l'acquisition du langage.

B Perspectives actuelles de la neurolinguistique

▶ La neurolinguistique en tant que telle est née dans les années 30. Elle fait suite aux études menées au XIXᵉ siècle sur les aphasies. Son objectif de départ est de décrire cliniquement les troubles du langage.

▶ Depuis, elle s'est efforcée de prendre en compte les apports de la psycho-linguistique* et de la linguistique cognitive* de manière à comprendre comment le langage fonctionne au niveau anatomique. L'une des questions majeures qu'elle se pose est par exemple de savoir si les diverses facultés dont nous avons besoin pour produire le langage sont le fait de structures cérébrales distinctes ou d'associations de structures. Grâce aux programmes de recherche d'intelligence artificielle développés en traitement automatique des langues*, on peut aujourd'hui essayer de simuler certains fonctionnements.

Les données neurologiques nous ont fait progresser considérablement dans notre compréhension du langage. À l'origine, la neurolinguistique est étroitement liée à la pathologie du langage et à l'étude des aphasies. Aujourd'hui, son ambition est plus vaste : elle essaie de décrire de façon complète les mécanismes anatomiques du langage chez un individu sain.

LA PSYCHOLINGUISTIQUE

La psycholinguistique s'efforce d'étudier les rapports entre les faits linguistiques et les faits psychologiques. Comment « fonctionne » le langage, psychiquement ? Est-il indépendant des autres activités humaines ?

1 LES TENDANCES GÉNÉRALES DE LA PSYCHOLINGUISTIQUE

A Langage et psychologie

▶ Quelle est la part des phénomènes psychiques dans notre capacité à recevoir et à produire du langage ? On peut essayer de la mesurer au moyen de quelques expériences simples. Combien de temps nous souvenons-nous, par exemple, d'une phrase que nous avons entendue ? Apparemment, la formulation littérale (exacte) d'une phrase est rapidement oubliée, alors que le sens en est conservé de façon précise. La psycholinguistique pourra en outre essayer de faire la part entre ce qui relève de processus conscients, contrôlés, et ce qui relève de processus inconscients ; de mesurer le rôle de la mémoire et des capacités déductives (étudiées par la linguistique cognitive*), etc.

▶ Tout, dans le langage, ne tient pas à ce que nous appelons très précisément la compétence* linguistique. Le psychologue suisse Jean Piaget (1896-1980), par exemple, a montré que, chez l'enfant, l'activité de langage ne doit pas être dissociée d'autres activités, comme le jeu, par lesquelles nous mettons en place des symboles. Ainsi, le langage est un comportement parmi d'autres, il coexiste au milieu de bien d'autres moyens de communication et d'interaction avec notre milieu. On estime aujourd'hui que, si les mécanismes de réception du langage peuvent être considérés comme interactifs, les mécanismes de production sont, eux, plus autonomes.

B La psycholinguistique comme discipline

▶ La psycholinguistique est née en 1954 à l'université de Cornell, aux États-Unis. Elle a été fondée par Charles Egerton Osgood et Thomas A. Sebeok et rassemble au départ des linguistes et des psychologues désireux de définir un champ de recherche commun. Elle voit le jour alors que le courant dominant est le *behaviorisme*, ou psychologie du comportement (du mot *behavior*, en anglais, qui signifie comportement). Pour les behavioristes, le langage est une chaîne comportementale où chaque élément fournit un stimulus pour la production ou la réception de l'élément suivant. Ainsi, pour les behavioristes, nos réactions sont conditionnées : nous produisons et comprenons une phrase mot à mot.

▶ Cette thèse a été fortement contestée par Noam Chomsky et la grammaire générative dans les années 60. Chomsky a attiré l'attention sur le fait que, lorsque nous produisons du langage, nous le recréons d'une manière qui n'est pas mécanique. La preuve en est que ce que nous disons est sans arrêt nouveau. La grammaire générative s'est intéressée à la psycholinguistique dans l'objectif de montrer quels étaient les phénomènes mentaux à l'œuvre dans la compréhension et la production de phrases.

▶ Quelles sont les relations de la psycholinguistique et de la neurolinguistique ? À l'origine, la neurolinguistique se concentrait sur la description anatomique des pathologies du langage*. La psycholinguistique s'efforçait de décrire ce qui est purement mental. Aujourd'hui, la psycholinguistique s'efforce de prendre en compte le plus possible la dimension biologique des phénomènes étudiés.

2 LES CHAMPS DE RECHERCHE ET LES ACQUIS DE LA PSYCHOLINGUISTIQUE

A Méthodes, objectifs

▶ La principale difficulté à laquelle se heurte la psycholinguistique est que, bien souvent, les mécanismes, les processus, par lesquels le langage est produit et reçu ne sont pas accessibles directement. C'est pourquoi, dès ses origines, la psycholinguistique s'est appuyée sur l'étude de l'acquisition* du langage chez l'enfant et sur les études de pathologie du langage. Pour comprendre comment le langage fonctionne, il est parfois plus facile d'étudier la façon dont il s'acquiert, et comment il peut ne pas fonctionner. Son idéal est néanmoins de parvenir à une description psychologiquement exacte du fonctionnement du langage chez l'adulte sain. Outre d'acquisition, la psycholinguistique traite de mémorisation, de perception et de production du langage.

▶ De quelles méthodes dispose la psycholinguistique ? Essentiellement de méthodes expérimentales : tests de reconnaissance, de mémoire, mesures chronométriques en temps réel, électroencéphalographies... L'objectif est de situer très précisément dans le temps telle ou telle opération (le repérage d'une erreur de syntaxe, par exemple). Parfois, et de façon inattendue, il faut tenir compte du fait que l'expérience introduit des conditions de langage différentes : le sujet ne se comporte pas de la même manière s'il est soumis à un test ou non.

B Quelques questions majeures...

▶ L'une des plus anciennes questions qu'on s'est posées est de savoir si notre capacité au langage est quelque chose d'inné, dont nous disposons dès notre naissance, ou d'acquis, à savoir installé par des conditions de milieu. La question est renouvelée par les progrès de la biologie et de la psycholinguistique, mais ne semble plus aujourd'hui se poser en termes aussi tranchés. Dans les facteurs innés, il semble qu'on puisse classer ce qui est proprement biologique et ce qui relève de nos aptitudes à la symbolisation ; dans l'acquis, les facteurs socio-logiques et affectifs.

▶ Le langage a-t-il une spécificité dans les comportements de l'homme ? Le développement linguistique repose-t-il sur des capacités particulières ou est-il dépendant d'autres capacités ? Cela est une des questions majeures que pose la psycholinguistique aujourd'hui. La grammaire générative optait pour la première hypothèse, celle d'un caractère spécifique du langage. Les approches les plus récentes sont dites « interactionnistes » : elles développent plutôt la seconde hypothèse, celle d'une connexion avec les autres facultés de l'individu.

Dans les dernières décennies, la psycholinguistique a surtout été associée aux théories de l'acquisition. Aujourd'hui, une nouvelle discipline s'efforce de cerner ce qui est purement mental dans notre usage du langage : la linguistique cognitive.

L'ACQUISITION DU LANGAGE

Comment un enfant apprend-il à parler? Entre 4 et 5 ans, tous les enfants du monde ont spontanément acquis le système linguistique souvent complexe de leur langue maternelle. Considérée du point de vue du linguiste, l'acquisition du langage par un enfant apparaît comme un mystère, une énorme tâche, le plus grand défi sans doute que l'individu a à rencontrer dans son existence. Ce processus est d'autant plus mystérieux que les enfants ne semblent pas tant apprendre le langage que l'inventer. Ils produisent et comprennent des phrases qu'ils n'ont jamais entendues auparavant.

1 LES ÉTAPES DE L'ACQUISITION

A La période critique

▶ Les chercheurs considèrent qu'il y a un âge critique pour acquérir sa langue maternelle. Les cas d'« enfants sauvages », c'est-à-dire d'enfants qui ont grandi loin de tout contact avec la civilisation, étudiés dans l'histoire semblent montrer qu'au-delà d'une dizaine d'années il devient extrêmement difficile à un être humain d'acquérir une langue, quelle qu'elle soit.

▶ Quelle expérience un bébé peut-il avoir du langage? Il peut le *percevoir* et tenter de le *produire*. Les chercheurs s'accordent aujourd'hui à penser que, dans les premiers mois, les bébés sont capables de percevoir de très nombreux sons. Ils sont également très sensibles à l'intonation*. Par la suite, ils vont en *oublier* certains, et se montrer plus sensibles aux sons de leur langue maternelle. On considère que, vers 8-12 mois, le bébé a perdu une grande partie de sa capacité de perception initiale. On appelle cette phase l'« apprentissage par oubli ».

▶ Pour ce qui est de la production, le premier stade chez l'enfant en est représenté par le *babillage* dans lequel l'enfant murmure et chante des sons. Le bébé produit d'abord des sons vocaliques (/a/), puis des redoublements syllabiques (/dadada/). Toutefois, cette étape ne semble pas être absolument nécessaire. Des enfants qui, pour une raison physiologique, ne sont pas passés par elle ont pu par la suite acquérir normalement le langage. C'est pourquoi on considère que cette étape est une étape prélinguistique.

B L'acquisition de la compétence linguistique

▶ Dans le phénomène de l'acquisition, on peut tout d'abord étudier ce qui relève de la compétence linguistique. La première étape *linguistique*, qui intervient généralement un peu après un an, est celle où l'enfant produit ses premiers « mots »*. Phonologiquement, ces premiers mots sont souvent monosyllabiques et comportent une séquence consonne-voyelle. Au niveau sémantique, ils sont souvent l'équivalent d'une phrase entière dans le langage adulte. À ce stade, on considère généralement que les enfants peuvent comprendre bien plus qu'ils ne peuvent produire. C'est pourquoi il est difficile d'apprécier avec exactitude leur compétence linguistique.

▶ Vers 18-20 mois, il se produit à la fois une « explosion du vocabulaire » et un début d'organisation syntaxique au moyen de combinaisons de deux mots (« parti papa »). L'enfant teste également les mots qu'il emploie, soit en les généralisant outre mesure (en appelant tous les hommes « papa », par exemple), soit en les particularisant (en appelant « chaussures » seulement les chaussures de sa mère).

▶ Entre 2 ans et 4-5 ans, l'enfant met en place l'essentiel des structures syntaxiques et morphologiques de sa langue. Ici encore, l'enfant procède en testant jusqu'où s'exercent les règles. Ainsi, il pourra essayer de construire tous les participes passés en -u (« j'ai peindu »).

2 THÉORIES GÉNÉRALES DE L'ACQUISITION

A Existe-t-il des lois générales ?

▶ À partir de l'observation concrète de l'acquisition du langage chez un enfant, on peut être tenté d'essayer de formuler des lois générales. Y a-t-il un fonctionnement universel de l'acquisition ? On peut se poser la question, par exemple, de savoir si les enfants acquièrent le langage par imitation ou si, au contraire, ils le réinventent de l'intérieur ; quel rôle joue dans ce processus la conscience de la faute* ; quels sont les facteurs biologiques qui entrent en jeu.

▶ Selon certains théoriciens, les enfants se montreraient par exemple particulièrement sensibles à la *fin* des mots. Des études concordantes à partir de langues très diverses ont montré qu'en cas de mots longs à apprendre ils avaient tendance à ne retenir que les syllabes finales (« lipe » pour « tulipe », par exemple). Dans les langues où l'expression du lieu est placée à la fin de la phrase (hongrois), cette expression est acquise plus rapidement que dans les langues où elle est placée en début de phrase (serbo-croate).

B Diversité des paramètres

▶ Acquiert-on véritablement sa langue ? Il paraît clair que, même si certaines bases de la compétence linguistique se stabilisent à un âge donné, l'acquisition du langage est un phénomène qui continue d'accompagner notre vie d'adulte, et ce, jusqu'au moment de notre mort, date à laquelle personne n'est jamais en mesure de dire qu'il maîtrise en totalité sa langue. Aussi, l'acquisition n'est pas seulement un phénomène linguistique : elle a partie liée avec notre apprentissage général des données de la vie.

▶ Sous l'influence de la grammaire générative, les théories de l'acquisition ont accordé beaucoup d'importance à l'acquisition de la compétence linguistique proprement dite. Aujourd'hui, de nombreuses recherches, inspirées notamment par les travaux du psychologue suisse Piaget, s'attachent à montrer que, chez l'enfant, l'acquisition du langage ne peut bien souvent pas être analysée séparément de sa perception du monde et de sa pratique générale de la communication. Elles relèvent le rôle de l'affectivité, celui des phénomènes culturels, sociologiques, celui des contextes de communication, l'existence possible de styles individuels, l'influence même que les caractéristiques linguistiques des langues acquises ont sur la manière dont on les acquiert.

Si l'apprentissage de l'écriture* est un véritable apprentissage, au sens où des millions d'hommes peuvent parvenir à maturité sans savoir lire ni écrire, l'acquisition du langage chez un enfant ressemble à un phénomène naturel : l'enfant se met spontanément à parler comme il se met spontanément à marcher. Ce constat amène à supposer qu'il existe en l'homme une certaine forme d'aptitude innée au langage et à la communication, mais que cette aptitude entre ensuite en interaction avec les conditions sociales dans lesquelles l'enfant vit.

LA PATHOLOGIE DU LANGAGE

Chacun de nous a fait un jour l'expérience qu'un mot lui reste « sur le bout de la langue ». Mais il existe des troubles du langage autrement plus graves. La pathologie du langage est l'étude de ces troubles. À l'origine, elle se confond avec la neuro-linguistique*, et se concentre majoritairement sur les aphasies.

1 L'ÉTUDE DES APHASIES

A L'aphasie de Broca

▶ L'aphasie est le trouble le plus spectaculaire du langage. Le mot vient du grec et signifie « absence de parole ». L'aphasie est un trouble profond qui survient chez un individu qui possédait jusqu'alors toutes ses facultés de langage. Il revient à Paul Broca (1824-1880) d'avoir donné une première explication à l'aphasie. Celle-ci n'est pas, comme on le pensait alors, en relation avec un déficit intellectuel, mais elle est liée à une affection physiologique d'une partie très spécifique du cerveau. Broca est le premier à faire l'hypothèse d'une localisation dans le cerveau des facultés linguistiques, localisation qu'étudie depuis la neurolinguistique*.

▶ On dénomme ainsi *aphasie de Broca* l'aphasie acquise qui suit une lésion locale du cerveau, dans l'aire dite *de Broca*. Les patients souffrant d'aphasie de Broca parlent très peu, peuvent même rester muets pendant plusieurs jours. Ils peuvent produire du langage, mais avec beaucoup d'efforts, des temps de recherche assez longs, et beaucoup de problèmes d'ordre des mots. Leur faculté de compréhension, apparemment, reste assez bonne.

B L'aphasie de Wernicke

▶ En 1873, Carl Wernicke (1848-1905) présenta une étude sur des cas assez différents d'aphasie. Les patients de Wernicke parlaient de façon relativement aisée et pertinente, mais étaient quasi impossibles à comprendre à cause de très nombreuses erreurs de type phonologique* ou lexical*. En fait, cette aphasie a été rattachée à un trouble de l'*association* entre perceptions sensorielles et faculté de production du langage, autrement dit, à une lésion de fibres associant deux aires, l'aire de Broca et l'aire de Wernicke.

▶ Depuis, l'approche des aphasies a évolué, notamment à partir de la collaboration, dans les années 60, du linguiste Roman Jakobson et du neuropsychologue russe Alexandr Romanovitch Luria. Du point de vue clinique, de nombreuses sortes d'aphasies ont été identifiées et classées.

2 HYPOTHÈSES SUR LE FONCTIONNEMENT DU LANGAGE

A Caractères des troubles du langage

▶ La pathologie du langage se concentre sur les troubles du *langage*. Ceux-ci doivent être distingués des troubles de la parole, tels que le bégaiement, par exemple, qui sont des dysfonctionnements des organes d'émission, ou des troubles généraux du comportement, qu'étudie la psychiatrie.

▶ Les troubles du langage sont la plupart du temps sélectifs : ils concernent un domaine bien précis de la production de langage. Dans beaucoup de cas, il s'agit de *paraphasie*, autrement dit, de substitution de formes. Les patients produisent une autre forme que celle qu'ils désiraient produire. Il peut s'agir d'une paraphasie phonologique (le patient dit « cotlico » au lieu de « coquelicot ») ou de paraphasie lexicale (le patient dit « hôpital » au lieu de « hôtel »). Il peut y avoir aussi des troubles de la syntaxe* (*agrammatisme*), de la prosodie* (les patients articulent syllabe par syllabe), du débit, de la lecture (*dyslexie*), de l'écriture (*agraphie*), etc. On peut également observer des stéréotypies : le retour constant d'un même mot dans le discours par exemple. Baudelaire, atteint d'aphasie à la fin de sa vie, répétait tout le temps : « crénom ».

B Les enseignements de la pathologie du langage

▶ Outre la preuve d'une localisation cérébrale de la fonction du langage, la pathologie du langage apporte des informations décisives sur un certain nombre de phénomènes linguistiques. Tout d'abord, elle confirme l'hypothèse d'une différence entre compétence* et performance. Des malades peuvent présenter des troubles un jour donné et non le lendemain, ce qui montre que ces troubles relèvent de la performance, et n'affectent pas le savoir linguistique profond. Par ailleurs, la pathologie du langage montre qu'il existe des niveaux relativement indépendants et dissociés dans notre capacité à produire du langage : niveaux phonologique, lexical, syntaxique, sémantique. Bien souvent, les troubles n'affectent pas les capacités cognitives* du patient : on connaît le cas d'un musicien frappé d'aphasie à l'âge de 77 ans à la suite d'un infarctus et qui a gardé intactes ses compétences musicales.

▶ Aujourd'hui, l'étude des aphasies essaie de prendre en compte le maximum de facteurs. L'accent est mis sur le rapport entre les lésions localisées, les troubles du comportement, de la mémoire, de l'attention, etc. Des facteurs de type psychologique, sociologique, affectif, sont pris en compte. On a montré, par exemple, que certains éléments de langage soit très employés, soit dotés d'une forte valeur émotionnelle, résistaient mieux à la maladie que la faculté de construire une proposition. Récemment, on a attiré l'attention sur le fait que les symptômes aphasiques pouvaient varier d'une langue à l'autre.

Le langage a ceci de fascinant qu'il peut être acquis, mais aussi perdu. La pathologie du langage est née au XIXᵉ siècle avec l'étude clinique des aphasies. Sans abandonner cette perspective, elle diversifie aujourd'hui ses méthodes et travaille en étroite collaboration avec la psycholinguistique.*

LA DIDACTIQUE DES LANGUES

Nous avons vu avec l'acquisition* du langage comment les linguistes pensaient qu'un enfant acquiert sa langue maternelle. Mais qu'en est-il d'une seconde langue ? Le processus d'acquisition est-il le même ? Y a-t-il des moyens d'intervenir dans ce processus, des méthodes pour l'accélérer ou le rendre plus performant ?

1 ACQUISITION ET APPRENTISSAGE D'UNE SECONDE LANGUE

A Un processus différent ?

▶ Alors que l'acquisition du langage fait l'objet depuis longtemps de nombreuses études, l'acquisition d'une *seconde* langue, par un enfant ou par un adulte, n'est étudiée que depuis peu.

▶ Certains théoriciens, sous l'influence de Noam Chomsky, ont proposé de faire une distinction entre l'*acquisition*, processus par lequel un enfant acquerrait sa langue maternelle, et l'*apprentissage*, processus par lequel un enfant ou un adulte apprendrait une seconde langue. Dans le premier cas, on pose que l'acquisition se fait en grande partie de manière inconsciente, et dans l'ignorance qu'il existe des règles de la langue. Dans le second cas, il s'agit d'un apprentissage conscient, où la perception des règles joue un grand rôle. La personne placée dans une situation d'apprentissage sera appelée *apprenant*. Beaucoup de spécialistes estiment que l'acquisition de la langue maternelle par l'enfant est un processus qui s'effectue dans une période critique, que ce processus coïncide avec l'acquisition d'universaux du langage* et d'une aptitude à la communication*. On suppose également que les conditions qui président à la réalisation de ce processus ne se présentent qu'une seule fois dans la vie de l'individu. Cela expliquerait peut-être pourquoi nous avons tant de difficultés, parvenus à l'âge adulte, à faire l'apprentissage d'une langue étrangère.

B Des points communs ?

▶ Cette théorie, qui suppose une coupure radicale entre acquisition de la langue maternelle et apprentissage d'une seconde langue, fait l'objet depuis une décennie, environ, de critiques de plusieurs ordres. Si la recherche dans ce domaine est très hétérogène, elle s'accorde néanmoins à mettre en évidence la diversité des facteurs à l'œuvre dans l'acquisition de quelque langue que ce soit.

▶ D'un point de vue psycholinguistique*, l'acquisition des langues paraît être un processus soumis à des lois précises, déterminé dans son rythme et son degré d'aboutissement par des facteurs extérieurs, tels que l'affectivité ou l'environnement social. Apprend-on de la même manière lorsque l'apprentissage est spontané ou lorsqu'il est influencé par une intervention méthodique et réfléchie comme l'enseignement ? Le contexte dans lequel nous sommes placés pour pratiquer la langue joue-t-il un rôle quelconque ? Les leçons que l'on peut retirer des expériences menées restent encore aujourd'hui très fragmentaires, mais elles ont permis à la didactique d'élaborer plusieurs méthodes.

2 LA DIDACTIQUE ET SES MÉTHODES

A Une acquisition guidée

▶ La didactique mise sur l'hypothèse qu'il est possible d'intervenir de façon significative dans le processus « naturel » qu'est l'acquisition d'une langue, particulièrement d'une langue étrangère.

▶ On peut acquérir une langue étrangère dans des conditions et à des âges très différents. En sachant déjà parfaitement sa langue, par exemple, ou en étant encore en train de l'acquérir. On peut faire l'acquisition d'une langue étrangère « sur le tas », comme on dit, c'est-à-dire de façon non guidée ou, au contraire, en étant plus ou moins guidé. La didactique se veut dans un premier temps une réflexion théorique sur tous les modes d'acquisition guidée d'une langue.

B Quelques exemples de méthodes

▶ La méthode la plus traditionnelle d'apprentissage des langues étrangères s'inspire de l'enseignement du grec et du latin, c'est-à-dire de langues mortes : il s'agit de combiner l'apprentissage d'un lexique* (au moyen de dictionnaires) et d'une grammaire de manière à traduire une langue dans une autre. La méthode « directe » abandonne toute forme de mémorisation et de traduction. Cette méthode procède par immersion totale de l'apprenant dans la seconde langue, sans aucune intervention de la langue maternelle. L'objectif est de placer l'apprenant dans les conditions où il se trouverait s'il se rendait dans le pays, et de motiver le désir d'apprendre cette seconde langue comme s'il s'agissait d'une langue maternelle. La didactique s'efforce alors de reproduire artificiellement, au moyen de jeux de rôle, par exemple, les conditions d'une acquisition non guidée de la langue. Les méthodes audio-orale et audio-visuelle, développées dans les années 50, mettent l'accent sur la nécessité d'une connaissance active de la langue. La méthode « communicative » se fonde sur les compétences communicatives de l'apprenant : il s'agit d'abord de reconstituer des situations concrètes de communication.

▶ La tendance la plus récente, dite tendance « éclectique », estime qu'aucune méthode, si elle est très spécifique, n'est satisfaisante à elle seule. Cette tendance s'inscrit dans un mouvement de relativisation des théories des périodes précédentes. Elle préconise plutôt un mélange des méthodes, ainsi qu'une prise en compte aussi précise que possible des particularités de l'apprenant, tant au niveau de sa manière de communiquer que de son éventuelle insécurité face à une langue et à une culture différentes.

Sous l'influence des théories de l'acquisition, la didactique des langues s'est constituée dans les années 60 et 70 comme discipline en proposant des modèles très globaux de l'apprentissage d'une langue étrangère. Aujourd'hui, il semble qu'elle se dirige dans des voies plus empiriques et moins théoriques.

LA LINGUISTIQUE COGNITIVE

Les sciences cognitives, sciences très récentes, ont comme objectif une étude scientifique des processus de pensée (le mot cognition vient du latin, et signifie « connaissance »). Il s'agit de décrire, de modéliser, la façon dont nous pensons, dont nous percevons, dont nous nous créons des représentations. Quel rôle peut y jouer la linguistique ? Les travaux que l'on peut rassembler sous le nom de « linguistique cognitive » ne sont pas toujours faciles à relier, mais ils présentent tous le point commun de vouloir considérer le langage du point de vue mental.

1 LES HYPOTHÈSES DE LA LINGUISTIQUE COGNITIVE

A Le langage et l'esprit

▶ La linguistique cognitive postule qu'il existe un certain *fonctionnement de l'esprit*, et que le langage doit être d'abord décrit en liaison avec ce fonctionnement. Cette idée fondait déjà la démarche antique, particulièrement celle d'Aristote et celle de la logique*. Mais la linguistique cognitive se détourne des hypothèses communément admises par la logique, qui analyse le langage en fonction de ses rapports de vérité ou de ses relations avec le réel.

▶ Elle suppose que notre faculté de produire et de recevoir des énoncés doit d'abord être considérée en liaison avec d'autres capacités, comme la perception visuelle ou le contrôle moteur. On notera que certaines théories linguistiques supposaient déjà des processus mentaux antérieurs à la production d'un énoncé, telle la théorie de Gustave Guillaume* ou la grammaire générative* de Noam Chomsky.

B Les méthodes de la linguistique cognitive

▶ Sur quoi se fonder pour analyser les processus de pensée ? On peut tout d'abord se fonder sur la psychologie. Ainsi, la linguistique cognitive s'inspire dans un premier temps de certaines théories psychologiques des années 30 qui considéraient le comportement et les capacités humaines de façon globale.

▶ On peut également se fonder sur les neurosciences, et sur la description anatomique du cerveau. Dans ses derniers développements, la linguistique cognitive s'efforce de travailler plus étroitement avec la neurolinguistique*. Enfin, on peut se fonder sur le travail très abstrait de modélisation qui est effectué en logique et en intelligence artificielle (voir traitement automatique du langage*).

2 LES GRANDS COURANTS DE LA LINGUISTIQUE COGNITIVE

A Un modèle cognitif : l'hypothèse modulaire

▶ Du point de vue de l'explication générale des processus mentaux, la linguistique cognitive dispose de deux hypothèses. Selon la première hypothèse, le cerveau fonctionnerait essentiellement au moyen de noyaux d'information indépendants les uns des autres, et qui conceptualiseraient les informations qui leur sont acheminées. Selon la seconde hypothèse, le fonctionnement du cerveau serait au contraire de type interactif : chaque information serait traitée par le cerveau au moyen de réseaux interconnectés et fonctionnant en parallèle. L'hypothèse modulaire, par exemple, se rattache au premier de ces types. Selon la thèse de Jerry A. Fodor, développée dans son ouvrage *La Modularité de l'esprit* (paru en anglais en 1983 et traduit en 1986), les processus mentaux sont décomposables en unités de traitement et de représentation, ou *modules*. Ces différents modules sont censés correspondre à des structures cérébrales différentes, et définir des opérations distinctes.

▶ On peut essayer d'aborder l'hypothèse modulaire au moyen d'un cas concret : la dyslexie, par exemple. Pourquoi certains lecteurs sont-ils dyslexiques, autrement dit, inversent-ils l'ordre de lecture de certains phonèmes* ? Selon l'hypothèse modulaire, ce phénomène serait expliqué par le fait qu'il existe deux modules distincts : l'un nous permettant de reconstituer mentalement une chaîne de phonèmes à partir de ce que nous voyons écrit et un autre nous permettant d'associer directement ce que nous lisons à un mot stocké dans notre lexique mental. Le fait que ces deux modules soient distincts expliquerait les cas de décalage observables dans le résultat produit.

B Applications à la sémantique* et à la grammaire

▶ Les hypothèses des sciences cognitives ont donné lieu depuis une quinzaine d'années à de nouveaux types de travaux qui abordent les domaines traditionnels de la sémantique et de la grammaire avec des outils tout différents. Pour les représentants de la nouvelle *sémantique cognitive*, par exemple, les informations qui proviennent du langage, de nos sens, ou de nos capacités motrices, font l'objet d'un traitement global par le cerveau. C'est pourquoi on doit pouvoir utiliser des concepts qui s'appliquent à ces trois domaines. Il n'y a pas de concept « purement » linguistique ; il n'y a pas non plus de « vérité » ou de « référence* » des mots : il n'y a que des représentations mentales qui leur sont attachées. Même à un nom propre comme « Platon », peuvent être associées des représentations très différentes, comme celle d'un livre, par exemple, dans : « Platon est sur l'étagère de gauche ».

▶ Pour le linguiste américain Ronald W. Langacker, il est possible d'appliquer des principes similaires à l'étude de la grammaire, domaine étudié jusqu'alors de façon très formelle. Pour Langacker, la grammaire n'est pas qu'une question de forme : elle consiste surtout à structurer au moyen de symboles des contenus très généraux qui ont une origine psychologique. C'est pourquoi il refuse de dissocier le plan de la grammaire du plan sémantique. Syntaxe*, morphologie*, lexique*, sont différentes expressions d'une même structure symbolique : on ne doit pas les séparer. La grammaire cognitive de Langacker utilise une terminologie radicalement nouvelle, recourant beaucoup à l'image. Les concepts s'efforcent d'être très globaux, et s'inspirent de ce qu'on appelle le prototype* : il ne parle pas de « noms », par exemple, mais d'« entités » (*things*, en anglais).

Dans les années 60 et 70, la linguistique obéissait à une inspiration très formelle. L'étude du langage évitait de recourir à tout ce qui pouvait faire penser à de la « psychologie ». La linguistique cognitive, en liaison avec la philosophie, les neurosciences et l'intelligence artificielle, revendique au contraire une prise en compte des phénomènes mentaux. Elle préfère relier l'activité du langage au monde mental plutôt que de vouloir en faire une expression de la vérité ou de la réalité.

LE TRAITEMENT AUTOMATIQUE DU LANGAGE

Depuis les tentatives de construction de machines à parler au XVIIIe siècle, le rêve de voir un jour une machine partager la compétence humaine pour le langage s'est précisé grâce à l'apparition de l'informatique. Aujourd'hui, celle-ci est utilisée dans de nombreux domaines et permet de poser plusieurs problèmes linguistiques spécifiques.

1 RECEVOIR, TRAITER UN MATÉRIAU LINGUISTIQUE

A La traduction automatique

▶ Les premiers essais d'élaboration de machines à traduire automatiquement les langues naturelles remontent à la Seconde Guerre mondiale, lorsque des savants américains ont cherché à utiliser des ordinateurs pour déchiffrer des messages codés de l'armée japonaise. Depuis, ces techniques, qui reposent sur l'assimilation des langues naturelles à des codes, se sont développées principalement aux États-Unis et en Union soviétique, particulièrement au moment de la « guerre froide ». La technique la plus rudimentaire consiste à mettre en mémoire en machine deux répertoires de mots, celui de la langue de départ, qu'on appelle « source » et celui de la langue d'arrivée, qu'on appelle « cible », puis d'installer des sytèmes de correspondance entre eux.

▶ Néanmoins des problèmes demeurent : tout d'abord, ceux posés par les différences d'ordre morphologique* et syntaxique* entre les langues ; ensuite, ceux, de nature sémantique*, posés par l'ambiguïté* du lexique. Aujourd'hui, on considère que, si certaines phrases simples peuvent être traduites automatiquement d'une langue à une autre, l'intervention de l'homme reste nécessaire dans la presque totalité des cas.

B Le traitement de corpus

▶ Il est un domaine où l'ordinateur peut être d'une grande utilité, c'est celui de la recherche appliquée aux textes, particulièrement la recherche statistique.

▶ Aujourd'hui, les ordinateurs sont utilisés pour effectuer des recherches de lexicométrie (recherche de mots et mesure de leur fréquence), ou d'unités spécifiques (morphèmes, combinaisons syntaxiques, distributions de sons) dans des ensembles de textes qui peuvent être très vastes. Un ensemble de textes compilés par ordinateur dans ce but s'appelle un corpus. L'analyse statistique d'un corpus permet de vérifier certaines hypothèses portant sur tel ou tel phénomène linguistique, ou de mettre d'autres phénomènes en lumière, qui pouvaient passer aisément inaperçus. Le résultat produit s'appelle un concordancier.

2 PRODUIRE, COMMUNIQUER

A La communication entre l'homme et l'ordinateur

▶ La communication entre l'homme et l'ordinateur, telle que celle-ci est montrée dans le film *2001, L'Odyssée de l'espace* de Stanley Kubrick, par exemple, ne peut être atteinte que si l'ordinateur est programmé pour recevoir et produire du langage humain. Dans l'ordinateur, néanmoins, à la différence de l'homme, les deux opérations de la réception et de la production nécessitent la mise en œuvre de programmes différents. Recevoir implique d'abord de reconnaître les formes du langage (sons, mots, phrases), puis de les comprendre, c'est-à-dire de les interpréter. Produire implique de décider quand parler et quoi dire (ce qu'on appelle *génération du langage*), puis de créer de manière synthétique les formes réelles de ce langage. Certains programmes ne sont au point que dans l'analyse du discours, d'autres que dans sa génération… Les scanners, par exemple, sont programmés pour reconnaître des formes dans un texte écrit. Toutefois, la recherche hésite aujourd'hui quant à la direction à suivre. Deux solutions se présentent en effet, et qui ne sont pas nécessairement compatibles : soit on apprend à l'ordinateur à modéliser le langage humain, soit on développe un langage spécifique à l'ordinateur, indépendamment de la manière dont nous autres hommes parlons et comprenons.

▶ Nous savons que l'acte de comprendre est un acte relatif. Nul d'entre nous ne « comprend » à 100 % ce qui lui est dit. Pour l'ordinateur, la grande difficulté est tout d'abord de reconnaître des unités dans ce qu'il perçoit comme un tissu continu. Certains systèmes de reconnaissance s'attachent au mot, d'autres au phonème. Ce qu'on appelle analyse (*parsing*, en anglais) s'attache au repérage des structures syntaxiques, tandis que d'autres processeurs sont spécialisés dans l'identification des noyaux sémantiques (noyau « aimer », par exemple). Les grammaires réalisées dans le cadre de l'analyse ne s'apparentent pas aux grammaires par lesquelles nous cherchons à rendre compte de la structure des langues naturelles. La raison en est que la machine ne fonctionne pas à partir des mêmes compétences que l'homme.

B Vers une « machine à parler » ?

▶ L'étape de la production commence par une synthèse de la parole. Mais comment produire artificiellement quelque chose qui ressemble à la parole humaine ? Dans un premier temps, on pourra réduire à un nombre limité les sons produits par le locuteur* d'une langue ; ensuite, on mélangera en quantités adéquates les différentes composantes sonores nécessaires pour que l'effet d'une parole humaine soit produit : la fréquence vocale, tout d'abord, ou hauteur de la voix, à quoi l'on pourra ajouter l'intonation et la prosodie*, les résonances nasales nécessaires à la réalisation de certaines voyelles, les frottements, les aspirations, etc. Pour cela, on s'aidera des acquis de la phonétique* expérimentale.

▶ L'introduction de programmes d'intelligence artificielle peut s'avérer nécessaire lorsque la machine ne dispose pas de moyens de faire certains choix. Qu'est-ce que l'intelligence artificielle ? Il s'agit de certains programmes par lesquels, à partir des connaissances qui sont en stock dans la machine, la machine peut déduire des connaissances inédites ou faire des choix en combinant des connaissances. Ainsi, un programme pourra enseigner à la machine à distinguer entre les formes *son* et *sont*, qui pourraient être confondues, en s'aidant du repérage de la forme qui suit (si la forme qui suit est un nom au singulier, il y a de grandes chances que la forme correcte soit *son*).

Le traitement automatique des langues est une discipline d'avenir, dont l'utilité pratique apparaît clairement. En outre, le dialogue entre l'informatique et la linguistique nous aide à accomplir des progrès théoriques appréciables. L'intelligence artificielle trouvera dans les problématiques linguistiques le plus grand réservoir possible d'intelligence naturelle. À l'inverse, en permettant de poser les problèmes de manière très concrète, les technologies de traitement automatique des langues permettent à la linguistique de vérifier expérimentalement ses hypothèses.

L'ANALYSE DU DISCOURS

L'expression « analyse du discours » recouvre plusieurs méthodes d'approche du discours* : elle peut soit s'intéresser à la grammaire du discours, considérant celui-ci comme un objet grammatical au même titre que la phrase : on l'inscrira alors dans la grammaire de texte*; elle peut aussi s'intéresser aux conditions de production d'un texte et aux marques que celles-ci laissent transparaître dans l'énoncé : c'est la position de l'école française d'analyse du discours.

1 L'ÉCOLE FRANÇAISE D'ANALYSE DU DISCOURS

A La constitution d'une école

▶ L'école française d'analyse du discours s'est constituée à la croisée de trois chemins : 1°) la tradition philologique*, qui associe étude des textes et histoire ; 2°) la pratique scolaire de l'« explication de texte » ; 3°) la conjoncture intellectuelle des années 60, influencée par le structuralisme*, qui réunit des linguistes, des historiens, des psychologues, bientôt rejoints par des sociologues, afin de réfléchir, la plupart du temps dans une perspective marxiste, sur les discours écrits et leurs conditions de production.

▶ D'emblée, l'analyse de discours apparaît comme interdisciplinaire et se situe dans le domaine des sciences humaines et sociales. De ce fait, elle donnera lieu à des études diverses, selon que l'optique sera plus historique, psychologique, sociologique ou linguistique.

B L'objet de l'analyse

▶ L'analyse du discours s'est longtemps définie comme l'étude linguistique des conditions de production d'un énoncé*. Cependant, elle n'étudie pas tous les énoncés. Elle s'intéresse en particulier à des textes qui sont produits dans le cadre d'institutions contraignant fortement l'énonciation* et dans lesquels on voit se concentrer des enjeux historiques, sociaux... En effet, pour les tenants de ce type d'analyse, le sujet de l'énonciation est inscrit dans des stratégies de dialogue, d'interlocution, dans des positions sociales et des contextes* historiques. La définition de leur objet d'étude tient compte de ces considérations. Cette définition s'appuie sur le concept de *formation discursive*, développé par le philosophe Michel Foucault. Qu'entend-on par *formation discursive*? L'école française d'analyse du discours considère qu'il s'agit de ce que l'on peut ou doit dire, dans la mesure où le contenu du message est contraint tant par la forme du discours (exposé, pamphlet, sermon...) que par la position du sujet, ou encore par le contexte.

▶ L'analyse du discours considère que le sujet dispose d'une certaine liberté mais est aussi conditionné, contraint, par la position qu'il occupe dans une conjoncture socio-historique donnée. Au total, sa liberté est fortement limitée. Aussi les textes étudiés par l'analyse du discours sont-il des textes où les énonciateurs apparaissent échangeables. Ce sont dès lors des textes doctrinaires, comme les discours socialistes ou communistes sur le Programme commun en 1981.

2 OBJETS ET MÉTHODES

A La première génération

▶ L'analyse du discours n'est pas un domaine de la linguistique comme un autre : elle ne se limite pas à un objet, comme le phonème pour la phonologie. Elle traverse les différents domaines et nécessite une maîtrise globale de la linguistique. Les phénomènes qu'elle étudie se trouvent à tous les niveaux, lexicologie*, syntaxe*, sémantique*, pragmatique*... Le domaine d'étude de l'analyse du discours est donc très vaste.

▶ Un des préalables à l'analyse du discours est l'élaboration de classifications. La fonction du discours peut servir de critère : discours juridique, politique... Sa forme, également : discours narratif, didactique, polémique... Ensuite, pour construire l'objet d'étude, il s'agit de croiser ces classifications, de les situer dans l'espace et le temps et de les associer à des conditions de production particulières : on peut dès lors étudier le discours politique polémique à telle époque, à tel endroit. L'analyse du discours peut aussi partir des *formations discursives* et proposer d'autres études : la presse féminine/féministe, les manifestes communistes... C'est à ces études que se consacre la première génération de l'analyse du discours des années 60-70. En matière de lexique, par exemple, ces études ont surtout porté sur le vocabulaire, qui apparaissait comme l'accès évident au contenu idéologique.

B La seconde génération

▶ La seconde génération d'analyse du discours est influencée par le développement des théories de l'énonciation* et de la pragmatique*. Dans cette perspective, on considère que l'énonciation peut en partie être analysée dès la langue. L'énonciation n'est plus considérée comme une dimension ajoutée tardivement à la structure linguistique, après la construction de l'énoncé* : elle conditionne fortement l'organisation de la langue. À la lumière de ces changements de perspectives, la seconde génération d'analyse du discours se choisit d'autres objets d'étude.

▶ Elle insistera moins sur l'homogénéité du discours (comme le faisait la première génération) que sur la présence implicite ou polémique d'une autre voix dans le discours, d'un Autre. Selon Dominique Maingueneau, un des premiers théoriciens de l'analyse du discours, toute argumentation fait en effet référence à un Autre avec lequel s'instaure un dialogue. Cet Autre conditionne la production du discours, y installe une certaine hétérogénéité. Ce sont les marques de cette présence, de cette hétérogénéité, qui sont alors étudiées : les indices de polyphonie*, de discours rapporté... Maingueneau (1984) étudie par exemple les textes dévots du XVIIe siècle, répartis en textes d'humanistes dévots et de jansénistes, et montre comment la polémique permet d'organiser et de donner une cohérence interne, voire une identité, à chacun de ces groupes.

▶ La seconde génération d'analyse du discours s'occupe également des mots qui, dès la langue, structurent le discours, soit parce qu'ils marquent les rapports entre interlocuteurs, soit parce qu'ils organisent l'énoncé en une argumentation censée influencer le destinataire. À partir notamment des travaux pragmatiques de Oswald Ducrot et Jean-Claude Anscombre sur l'argumentation (1983) et les articulations du discours (1980), de nombreuses études sont proposées sur des mots, tels *d'ailleurs, finalement, mais, donc, alors*...

L'analyse du discours est aujourd'hui confrontée à un défi de taille : concilier, d'une part, ceux qui veulent retourner à une linguistique du discours, plus formelle et, d'autre part, ceux pour qui le langage est traversé d'enjeux subjectifs et sociaux.

ANALYSE CONVERSATIONNELLE

La grammaire* étudie traditionnellement la langue écrite. Avec le développement de la linguistique de l'énonciation* et de la pragmatique*, qui réintroduisent le sujet et le contexte* de l'énonciation, vont apparaître des études de l'échange oral, par exemple, la conversation de tous les jours. À côté des grands textes littéraires, qui furent la source de bien des réflexions linguistiques, la conversation de tous les jours acquiert enfin le statut d'objet d'étude linguistique.

1 L'ÉCOLE ANGLO-SAXONNE D'ANALYSE DU DISCOURS

A École française et école anglo-saxonne

▶ Quelles sont les différences d'approches entre ces deux écoles d'analyse du discours* ? L'école française étudie des discours écrits, doctrinaires, produits dans un cadre institutionnel. Le but de cette analyse est l'explication de la forme et de la construction de l'objet-texte, à travers ses conditions de production. D'origine linguistique, elle utilise la méthode structuraliste* appliquée en sciences sociales et humaines.

▶ L'école anglo-saxonne, quant à elle, étudie les conversations orales ordinaires. Son but est de décrire l'usage de la communication en tant que telle. Cette école s'est surtout développée à partir d'un courant de la sociologie appelée *ethnométhodologie*, dont le fondateur, à la fin des années 60, est Harold Garfinkel. Elle utilise des outils issus de la psychologie et de la sociologie pour observer l'interaction verbale* des participants. Selon Garfinkel, les participants à la conversation interagissent, c'est-à-dire qu'ils coordonnent d'une certaine manière leurs actions. Ils essayent de se communiquer l'un l'autre le sens de leurs actions ainsi que la compréhension qu'ils ont du processus dans lequel ils sont inscrits. Pour ce faire, ils doivent maîtriser un certain nombre de règles, de *méthodes*, qui leur permettent de déterminer dans quel type d'interaction ils sont engagés et d'agir en conséquence.

B Les principes

▶ C'est Harvey Sacks qui fonde, au début des années 70, l'analyse du discours conversationnel entre deux ou plusieurs participants. Selon lui, l'interaction verbale fonctionne dans un certain ordre et possède une structure complexe constituée de séquences. Ces séquences s'organisent en fonction des tours de parole. L'analyse de conversation va se pencher sur cette organisation : elle va étudier le fonctionnement des prises de parole, les séquences d'actions, l'organisation thématique, à partir de la retranscription de conversations attestées.

2 QUELQUES EXEMPLES D'ANALYSES CONVERSATIONNELLES

A L'analyse de séquences de conversation

▶ Dans l'optique pragmatique* de Herbert Paul Grice, la conversation est vue comme une activité réglée, notamment par la maxime de pertinence*. Cette maxime veut que la prise de parole, ainsi que son contenu, intervienne dans la suite logique des échanges précédents. Or ce principe, s'il peut fonctionner lorsque l'on examine la succession de deux répliques, ne peut expliquer l'organisation globale d'une conversation, dont l'orientation peut changer à tout moment. Son application reste ponctuelle.

▶ Dans l'optique de la théorie des actes de langage*, l'analyse de la conversation revient à étudier ce que l'on fait en disant quelque chose. On y étudie la conversation comme l'enchaînement d'actes de langage types. Ainsi, un acte de langage d'un certain type peut attendre en réponse un acte de langage particulier. Par exemple, une question (*Ça va ?*) appelle normalement une réponse (*Oui / Non*), une salutation suscite un retour de salutation. Dans ce cas, les actes de langages successifs sont intégrés par paires dans la conversation, on parle de *paires adjacentes*. Le premier énoncé agit de telle sorte que le destinataire réagisse. La réponse du destinataire sera examinée afin de déterminer si elle est appropriée ou non à l'attente. L'analyse a montré l'importance de l'organisation de ces paires adjacentes dans la structuration et le processus de la conversation. De même, la place des actes de langage dans la conversation a fait l'objet d'études. Ainsi, l'énoncé « Salut » aura une valeur différente selon qu'il initie la conversation, qu'il réponde à une salutation initiale, qu'il annonce la clôture de la conversation ou qu'il réponde à cette annonce de clôture. Cependant, s'il existe des régularités, on ne peut parler que d'organisation préférentielle, pas de loi. On ne peut prédire avec certitude que tel acte de langage entraînera tel autre à sa suite.

▶ L'analyse de conversation a également étudié la manière dont s'organisent les tours de parole : comment un participant prend-il la parole ? Comment sélectionne-t-il l'interlocuteur à qui il va la céder ? Quels rôles jouent les blancs, les silences ou encore les chevauchements dans les échanges ? Quelle est la part du non-verbal*, du visuel, du gestuel, dans l'interaction des participants ?

B La structuration de la conversation

▶ À côté des études qui portent plutôt sur les séquences de l'interaction verbale, certaines analyses visent à décrire la structuration globale de la conversation. Ainsi, l'école de Genève, sous l'impulsion d'Eddy Roulet, propose une vision hiérarchique de la conversation. Selon Roulet, les unités linguistiques n'ont pas de signification en elles-mêmes, mais seulement par les activités qu'elles permettent d'accomplir. Le traitement de l'énoncé par l'interlocuteur est donc primordial. En fait, l'interprétation de la première intervention est donnée par l'intervention de l'interlocuteur. Le pouvoir d'interprétation est donc transféré au deuxième locuteur.

▶ La conversation de base est décrite comme un échange de trois interventions successives. L'interaction naît en fait d'une question ou d'un problème à résoudre. La première intervention est initiative ; la deuxième, réactive ; la troisième est évaluative. Si l'évaluation est favorable, s'il y a accord entre les participants, l'échange est clôturé et un autre peut commencer. Les conversations plus complexes fonctionnent sur la base de ces règles répétées un nombre indéfini de fois, ainsi que sur une négociation entre les participants.

L'analyse de la conversation est le lieu de convergence de plusieurs disciplines : anthropologie, psychologie, sociologie et linguistique. Elle est le signe de l'ouverture de la linguistique aux objets d'études qui ne se laissent pas totalement enfermer dans un cadre figé.

Comment décrire l'usage particulier que nous faisons du langage dans la littérature ? La stylistique est une discipline récente. Elle s'est construite au XIXe siècle en tirant certains enseignements de la rhétorique* vers la littérature. Petit à petit, elle s'est spécialisée pour devenir une analyse linguistique du discours littéraire et de ses moyens d'expression.

1 QUE PEUT-ON ENTENDRE PAR « STYLE » ?

A Style et individu

▶ De la façon la plus ordinaire, on peut considérer que le style est la marque de la personnalité d'un locuteur* dans le discours qu'il produit, qu'il s'agisse d'un discours oral ou d'un discours écrit. De la même façon que nous avons tous une manière particulière de marcher, de nous habiller, nous avons tous une manière différente de parler. Ainsi, on pourra d'abord dire que chaque individu a un style linguistique. Cette caractérisation pourra être interprétée soit comme une donnée naturelle, soit comme le résultat d'un choix ou d'un engagement réfléchi. On parlera alors d'une attitude du locuteur envers son discours. Il est reconnu que cette attitude dépend fortement du contexte* dans lequel nous parlons ou nous écrivons, ainsi que de l'interlocuteur auquel nous avons affaire. En socio-linguistique, on analyse comment le repérage d'un « style » chez l'interlocuteur est essentiel pour que la communication soit réussie.

▶ Dans le domaine littéraire, ainsi, on pourra vouloir s'intéresser au « style » d'écriture de tel ou tel auteur pris individuellement. On parle du « style de Proust », du « style de Balzac », etc. Ce style pourra être compris comme la somme de toutes les petites particularités qui rendent le langage de ces écrivains différent de celui des autres écrivains. Il pourra être aussi compris comme un style d'époque, comme on parle de « style Louis XV » en art.

B Style, langue et littérature

▶ On oppose souvent deux concepts : le concept de « style » et le concept de « langue »*. Dans le vaste système* que forme la langue, le style commencerait à partir du moment où l'écrivain ferait le choix de certaines formes d'expression plutôt que d'autres, et les organiserait de manière cohérente et esthétique. Le résultat manifesterait alors un certain *écart* par rapport à notre usage habituel du système de la langue. On peut également dire qu'il répond à un certain désir de *stylisation*, autrement dit, d'emploi réfléchi de formes marquées par un certain registre ou un certain contexte d'emploi.

▶ Roman Jakobson, par ailleurs, estime qu'il y a style lorsqu'un énoncé* est produit pour lui-même, et non pas pour transmettre un message. Le style est alors à rattacher à ce qu'il appelle la fonction* poétique du langage. Il met davantage l'accent sur le signifiant, c'est-à-dire sur la forme, que le langage ordinaire ; on pourra dire aussi qu'il exploite davantage la connotation*.

A La stylistique comme discipline

▶ Historiquement, l'étude de la littérature s'est faite dans trois disciplines : la grammaire, la rhétorique et la poétique. La grammaire analysait le texte pour ainsi dire mot à mot, la rhétorique étudiait ses procédés d'animation, de construction et d'éloquence, et la poétique définissait ses enjeux dans le système de la littérature. Pour l'école de Prague*, et ce, dans la tradition d'Aristote, l'analyse linguistique de la littérature porte le nom de *poétique*.

▶ Comment définir alors la stylistique ? Celle-ci, née au XIXᵉ siècle, est d'inspiration plus rhétorique que la poétique. Elle se veut une lecture grammaticale attentive d'un texte littéraire, mais aussi un commentaire général de toutes ses caractéristiques de forme. Si, à l'origine, elle s'inspirait de la psychologie ou de l'histoire littéraire, elle a tendu, au fil du XXᵉ siècle, à se faire plus objective, plus scientifique, notamment grâce à l'apport de la linguistique.

B L'objet de la stylistique

▶ Aujourd'hui, comme étude concrète d'un texte littéraire, la stylistique utilise les matériaux que lui fournit la linguistique : linguistique historique*, lexicologie*, syntaxe*, etc. Si elle a parfois des difficultés à définir exactement ce que c'est que le « style », elle peut se fixer comme objectif de décrire ces matériaux dans le cadre de l'écriture d'un texte littéraire.

▶ Sur le plan de l'énonciation*, par exemple, elle pourra étudier la relation que le texte instaure entre le locuteur, le récepteur et le référent. Pour Charles Bally, l'un de ses fondateurs, elle est une « linguistique de la parole ». Elle devra bien entendu prendre en compte le genre du texte défini par la poétique (un texte aura une stylistique bien différente s'il relève du théâtre, de la poésie, du roman, etc). Sur le plan de l'énoncé, elle pourra s'intéresser aux particularités lexicales*, sémantiques* ou de registres* d'un texte. Elle étudiera enfin la syntaxe, plus spécifiquement, les modes d'écriture et d'enchaînement des phrases, la ponctuation, l'organisation textuelle, ainsi que les figures dites parfois « de style » et parfois « de rhétorique », comme la métaphore ou la métonymie, auxquelles peut recourir un texte. Ce dernier point est clairement emprunté à la rhétorique.

On désigne aujourd'hui par stylistique la branche de la linguistique qui s'intéresse à la littérature. Elle s'est dans ce domaine tant soit peu dissociée de la poétique, laquelle s'est rapprochée de la théorie littéraire générale. La stylistique n'a pourtant pas le monopole du concept de « style » : on ne doit pas oublier l'usage important qui en est fait en linguistique, et particulièrement en sociolinguistique.

LA SÉMIOLOGIE

La sémiologie est une discipline récente, quoique utilisant des intuitions et des concepts fort anciens. Elle s'est développée simultanément en Europe, aux États-Unis et en Union soviétique au XXᵉ siècle.

1 UNE « SCIENCE DES SIGNES »

A « Sémiotique » ou « sémiologie » ?

▶ Deux termes sont en concurrence pour désigner une discipline qui a connu dans les années 60 et 70 une grande diffusion : les termes « sémiotique » et « sémiologie ». Les deux termes viennent du grec *semeion*, qui signifie « signe ». Le terme français « sémiotique » peut être considéré comme une traduction de l'anglais *Semiotics*. Ce dernier a été employé pour la première fois au XVIIIᵉ siècle par le philosophe anglais John Locke, et donnera lieu à cette discipline, développée notamment par Charles Sanders Pierce (1839-1914) et Charles Morris. Le terme « sémiologie » a été forgé par Ferdinand de Saussure*, et il est revendiqué en France par le mouvement structuraliste. On peut citer Claude Lévi-Strauss dans le domaine de l'ethnologie et Roland Barthes ou Julia Kristeva dans le domaine de l'analyse de la littérature. La sémiologie d'inspiration française se caractérise par sa tonalité plus linguistique. Une distinction entre « sémiotique » et « sémiologie » a été proposée, mais elle ne s'est pas vraiment imposée.

▶ De façon générale, la sémiologie (nous utiliserons désormais cet unique terme) est l'étude de tout système de signification en tant que langage. Ainsi, les rapports sociaux, les arts, les religions, les codes vestimentaires, qui ne sont pas des systèmes verbaux, peuvent être étudiés comme des systèmes* de signes*, autrement dit, comme des langages. Pour Saussure, la sémiologie est « la science qui étudie la vie des signes au sein de la société sociale ». On peut retrouver en eux ce qui caractérise toute langue : une dimension syntaxique* (rapport formel des signes entre eux), une dimension sémantique* (rapport entre les signes et ce qu'ils désignent), une dimension pragmatique* (rapport entre les signes et leur utilisateur dans la communication).

▶ De façon plus spécifique, on pourra considérer que la sémiologie est une analyse théorique de tout ce qui est codes, grammaires, systèmes, conventions, ainsi que de tout ce qui relève de la transmission de l'information. La sémiologie classera par exemple les différents types de signes selon leurs fonctionnements. Elle pourra s'intéresser à ce qui distingue l'emploi des signes par les animaux et par les hommes, essayer de montrer quel est le lien entre la communication animale et le développement du langage humain.

B Concepts et domaines d'application de la sémiologie

▶ La sémiologie se fonde sur trois concepts fondamentaux : le concept de code, le concept de signe et le concept de système. Pour la sémiologie, tout langage*, au sens large, est un code qui repose sur l'organisation en système d'un ensemble de signes. Il est clair que la sémiologie est en grande partie une science de l'interprétation. Selon Morris, par exemple, « une chose n'est un signe que parce qu'elle est interprétée comme le signe de quelque chose par un interprète ». La sémiologie n'est donc pas un réservoir de connaissances : elle est plutôt un regard, une interprétation perpétuelle.

▶ On peut appliquer cette théorie à de nombreuses activités humaines. Prenons le cas de l'art, par exemple. Le peintre Henri Matisse note que, dans la création artistique, on invente des signes qui n'ont de valeur que dans le moment où on les crée et que dans le cadre de l'œuvre précise où ils doivent trouver place. Hors de ce moment et de ce cadre, ils n'ont aucune valeur. C'est pourquoi la peinture, la musique, le cinéma, peuvent être analysés comme des systèmes de signes. De même, il existe une sémiologie de la culture.

2 SÉMIOLOGIE ET LINGUISTIQUE

A Des rapports privilégiés

▶ La sémiologie et la linguistique ont des rapports privilégiés. La linguistique peut facilement être envisagée de façon sémiologique, si l'on considère les langues comme des systèmes de signes. Elle sera alors une branche de la sémiologie, celle qui étudie les langages verbaux. Pour Saussure, « les signes entièrement arbitraires réalisent mieux que les autres l'idéal du procédé sémiologique ; c'est pourquoi la langue, le plus complexe et le plus répandu des systèmes d'expression, est aussi le plus caractéristique de tous ; en ce sens la linguistique peut devenir le patron général de toute sémiologie, bien que la langue ne soit qu'un système particulier ».

▶ Historiquement, la sémiologie s'est développée en étroite collaboration avec la linguistique. Elle a emprunté des concepts à la phonologie*, elle s'est inspirée des travaux de Roman Jakobson* et de Louis Trolle Hjelmslev*.

B L'importance de la « langue »

▶ De nombreux sémiologues ont considéré que la langue était le plus important des systèmes de signes. Barthes, par exemple, proposait d'inclure la sémiologie dans la linguistique. Pour lui, les signes non linguistiques sont en fait fortement déterminés par le langage. C'est pourquoi, dans les années 60, la linguistique a été considérée comme la discipline de base des sciences humaines, celle au moyen de laquelle on pouvait analyser tout langage, quel qu'il soit.

▶ La sémiologie a ainsi exercé une influence décisive dans certains domaines traditionnellement inclus dans la linguistique : l'analyse formelle du texte littéraire, par exemple. Elle a également contribué à attirer l'attention sur des domaines un peu marginaux de la linguistique : l'analyse de la communication non verbale* (langage des gestes), par exemple.

Le rôle de la sémiologie a été capital dans le développement de la linguistique après 1945. Sous l'influence du « patron » que pouvait constituer la linguistique, la sémiologie s'est considérablement étendue, au point d'englober presque toutes les sciences humaines. La linguistique, de son côté, a diversifié son approche du langage et de la langue.

QU'EST-CE QUE LE LANGAGE ?

Est-il possible de répondre à une question aussi vaste et aussi complexe que : qu'est-ce que le langage ? Certains estiment que cela n'est pas nécessaire pour commencer à faire œuvre de linguiste. Néanmoins, un synonyme qu'on propose souvent au terme linguistique est : science du langage.

1 QU'EST-CE QU'UN LANGAGE ?

A Le point de vue technique

▶ Tout d'abord, comment définir ce qu'est *un* langage ? Il y a de nombreux points de vue possibles. Le premier, adopté par les théories de la communication*, dira par exemple qu'il y a langage chaque fois qu'il y a système de signes* destiné à transmettre une information. Dans de nombreuses disciplines scientifiques, comme les mathématiques ou l'informatique, le mot *langage* reçoit un sens technique bien précis. L'algol, le cobol, le fortran, par exemple, sont des ensembles de signes, ou des codes, destinés à donner des instructions à des ordinateurs.

▶ De ce point de vue, et par opposition à ces langages artificiels ou formalisés, les langues du monde seront appelées des *langages naturels*. Tous utilisent une sémantique* et une syntaxe* (qu'on considère comme des universaux du langage*) : ils donnent un sens aux signes qu'ils utilisent, et ils les articulent entre eux.

B *Un* langage ou *le langage* ?

▶ Indépendamment de ces définitions techniques, et qu'on peut utiliser dans des contextes bien précis, les philosophes ont souvent été tentés de donner une signification plus large au mot *langage*. Ils lui ont par exemple donné le sens de « faculté de produire un langage », « faculté d'expression ». La plupart des religions lui ont donné une origine mythique. De plus, on a souvent attribué au langage, outre la fonction de communiquer, celle d'exprimer les pensées de celui qui l'utilise.

▶ Si l'on rattache le langage à l'expression de la pensée, on est amené à poser la question de l'*intentionnalité* du langage. Même s'il est possible de lire dans la forme des nuages l'annonce d'une évolution météorologique pour les jours prochains, on ne pourra pas dire qu'il y a langage. Il n'y a pas *communication* entre les nuages et le météorologue. Il ne s'agit alors que d'un *indice*, et non pas d'un *signe**. Cette problématique était très importante dans l'Antiquité, et elle l'est dès qu'on cherche à interpréter comme langage des signes auxquels on n'est pas en mesure d'attribuer d'intention. C'est une question centrale dans l'analyse des langages que pratique la sémiologie*.

2 LE LANGAGE VERBAL HUMAIN

A Le problème du langage animal

▶ Concrètement, *le langage* n'existe nulle part. C'est pourquoi la plupart des théories linguistiques s'appuient sur cette constatation première simple : l'homme parle. Est-ce à dire qu'il parle comme l'oiseau chante ? La question du langage animal a beaucoup fasciné dans l'histoire, et continue d'être beaucoup débattue. Au XVIIᵉ siècle, René Descartes disait que, du fait que les animaux ne parvenaient pas à assembler des mots différents de manière à témoigner d'une pensée, le langage était le propre de l'homme. Aujourd'hui, nous connaissons mieux les langages animaux. Nous savons, par exemple, que les abeilles sont capables de transmettre à leurs congénères des informations très précises sur la situation géographique des fleurs. Du point de vue de la communication, par conséquent, elles possèdent indiscutablement un langage.

▶ Généralement, cependant, on estime que le langage animal est limité. Si une espèce animale sait un langage, elle ne sait que celui-là : elle est incapable d'en apprendre un autre, comme elle est incapable d'innover à l'intérieur de son propre langage. Malgré toutes les expériences menées jusqu'à ce jour, la conception que l'on se fait aujourd'hui du langage verbal humain s'appuie sur des caractères que l'homme ne partage pas avec les animaux.

B Langage et parole

▶ Qu'appellera-t-on *langage* chez l'homme, par conséquent ? Il est indiscutable que le langage est un fait chez l'homme. C'est d'abord une performance qui met en œuvre certains organes du corps. Ce fait a clairement une origine animale. Il s'agit aussi d'une faculté qui, dans certains de ses aspects, est peut-être propre à l'homme, mais qui a des fondements biologiques. La neurolinguistique* montre que cette faculté dépend de la mise en activité de certaines zones du cerveau, tout comme les autres facultés, la faculté motrice, par exemple. Cette faculté s'acquiert (voir acquisition*) ; elle peut aussi subir des pathologies*.

▶ Cette analyse faite, on pourra s'interroger sur ce qui fait la spécificité du langage humain, par rapport au langage animal, d'une part, et par rapport aux langages artificiels, d'autre part. On pourra noter, par exemple, que le langage humain articule des unités successives, qu'il s'agisse de phonèmes*, de mots*, de phrases*, ce qui ne semble pas être le cas des langages animaux... On pourra aussi noter que certaines de ces unités renvoient à des contenus descriptibles en dehors du code qui les véhicule (au moyen d'un autre code, d'une autre langue, par exemple).

Le langage verbal humain – qu'on appellera désormais le langage – peut être abordé de deux manières : à partir de l'idée que l'on peut se faire abstraitement de ce qu'est un langage, et à partir de ce constat qu'existe chez l'homme l'utilisation de certains organes pour produire de la parole. À partir de là, répondre à la question : qu'est-ce que le langage ? c'est, d'une certaine manière, répondre à la question : y a-t-il des universaux du langage ?*

LA LANGUE

Quel est l'objet de la linguistique ? On peut dire, tout d'abord, que la linguistique étudie tout ce qui a trait au langage ; on peut dire, également, qu'elle étudie les langues. Chez le linguiste suisse Saussure*, apparaît le concept de « langue » (au singulier). Ce concept prend son sens au sein de l'opposition langue/parole. Sous son influence, la linguistique structurale se définira comme objet l'étude de la langue (au singulier).

1 QU'EST-CE QU'UNE LANGUE ?

A La notion de langue en linguistique : une exploitation multiple

Le mot *langue* a de nombreux emplois en linguistique. Entre autres :

▶ Dans son sens courant, la *langue* est un langage commun à un groupe social, à une communauté linguistique. C'est le moyen de mise en œuvre du *langage**, cette faculté d'expression et de communication verbales entre les hommes. La distinction langue/langage semble une particularité française. Dans la linguistique anglo-saxonne, un seul mot, *language*, recouvre les deux notions.

▶ On distingue les langues naturelles, parlées par l'homme, des langues artificielles (qui sont de pures constructions logiques) ou encore des langages de programmation, qui sont des langages de machine plus ou moins élaborés (fortran, cobol, C++ ou visualbasic) représentant des instructions de programme sous une forme binaire, seule forme compréhensible pour une machine.

▶ La linguistique s'intéresse surtout aux langues naturelles. On définit celles-ci comme des systèmes* de signes vocaux doublement articulés – unités distinctives, les phonèmes*, et unités significatives, les morphèmes* (voir Martinet*); cela, afin de les opposer à d'autres systèmes de communication humains (comme la musique) ou animaux (le langage des abeilles).

B La langue comme objet de la linguistique

▶ Pour que l'on puisse parler de science, il faut pouvoir délimiter un objet d'étude. Le langage*, selon Ferdinand de Saussure, est « multiforme et hétéroclite ». Aussi distingue-t-il, à l'intérieur du langage, d'un côté, l'ensemble des phénomènes liés de près ou de loin à son utilisation, qu'il regroupera sous le nom de *parole**, et, de l'autre, l'objet du linguiste, c'est-à-dire l'aspect de ces phénomènes sur lequel le linguiste doit se pencher : Saussure l'appelle *la langue*.

▶ En tant qu'objet d'étude du linguiste, la langue doit être « un tout en soi », elle est « un principe de classification » : elle doit constituer un système qui permette de mieux comprendre et de mieux organiser les phénomènes liés à la parole, qui constituent en fait la matière de la linguistique. La tâche du linguiste consistera donc à élaborer un modèle qui rende compte du système général de la langue.

2 L'OPPOSITION LANGUE/PAROLE EN LINGUISTIQUE STRUCTURALE

A La langue chez Saussure

▶ Il existe une opposition entre « la langue » au singulier et « les langues » au pluriel. Dans la première phase de son existence (XIXᵉ siècle), la linguistique a toujours été intéressée par la pluralité des langues. Un linguiste connaissait parfaitement plusieurs langues et pouvait les décrire. Au XXᵉ siècle, on a vu l'apparition d'une linguistique monolingue : le linguiste s'intéresse avant tout à sa langue maternelle.

▶ Selon Saussure, la langue est un code, c'est-à-dire un ensemble de règles* qui s'imposent à l'ensemble de ses usagers. Ce code existe en dehors d'eux : les usagers n'ont aucune prise directe sur lui. Les règles du code concernent les correspondances qui s'établissent entre les composantes du signe* linguistique : son *signifiant*, ou image acoustique, et son *signifié*, ou concept.

▶ La langue, chez Saussure, est un système de signes ; c'est un trésor qui contient l'ensemble des signes isolés. Tout au plus ces signes sont-ils classés. L'organisation des signes en séquences telles que des phrases* est du ressort de l'exploitation individuelle de la langue, c'est-à-dire de la parole.

▶ La langue est vue comme un phénomène social, comme un fait collectif : c'est en fait un produit social de la faculté de langage et un ensemble de conventions que le corps social adopte pour permettre l'exercice de cette faculté par les individus. La parole, quant à elle, est individuelle.

B La langue dans d'autres linguistiques structurales

▶ Les linguistes structuralistes qui ont suivi Saussure se sont souvent positionnés par rapport à l'opposition langue/parole. Ainsi, le linguiste danois Louis Hjelmslev* a estimé que l'étude de la langue, chez Saussure, était trop empreinte de psychologisme et de sociologie. Sa vision de la langue, qu'il rebaptise *schéma*, est exempte de ces considérations. Gustave Guillaume*, quant à lui, insiste sur le caractère de « puissance » de la langue et sur le caractère d'« effet » de la parole, qu'il renomme *discours*. Quels que soient les aménagements apportés, ces linguistes reconnaissent la fonction méthodologique de cette opposition. En opposant langue et parole, on arrive mieux, selon eux, à rendre compte des phénomènes complexes du langage.

▶ La linguistique générative*, quant à elle, considère que la langue n'est pas un concept linguistique : ses frontières ne peuvent pas être arrêtées par les outils de la linguistique. Selon Noam Chomsky*, « *La langue n'existe pas* » : la langue n'est visible que de l'extérieur, c'est-à-dire au moyen des outils de la géographie, de l'histoire, de la politique, de la culture. Qu'est-ce que la langue française ?, par exemple. On ne peut répondre à cette question qu'en disant qu'à un certain moment de son histoire elle n'est pas l'italien, ni le franco-provençal, etc.

Le concept de langue, au centre de la linguistique structurale, est concurrencé par celui de parole ou de discours. Après avoir privilégié l'étude de la langue, la linguistique se tourne vers une étude qui tient compte du sujet de l'énonciation ainsi que de la situation de communication.

PAROLE ET DISCOURS

Pour décrire les phénomènes linguistiques, le français dispose de plusieurs mots : langage*, langue*, parole, discours. Il est clair qu'aucun de ces mots n'a de sens fixe en soi : chaque école linguistique leur donne un sens différent. C'est d'ailleurs l'une des difficultés principales auxquelles se heurte la linguistique que d'avoir sans cesse à repenser et à redéfinir ces termes très généraux. « Parole » et « discours », par exemple, sont-ils équivalents ? Parent pauvre de l'opposition langue/parole chez Saussure, en particulier, et dans la linguistique structurale*, en général, la parole n'a guère fait l'objet d'une étude poussée. Reprise sous l'appellation de « discours », cette notion est aujourd'hui au centre des développements de la linguistique.

1 DE LA PAROLE AU DISCOURS

A La parole et la langue

▶ Dans l'opposition fondamentale langue/parole décrite par Ferdinand de Saussure*, la parole apparaît comme un fait individuel, alors que la langue serait de l'ordre du social. La parole peut être définie comme l'exploitation individuelle et concrète de la langue par un ou des individus, à un moment et en un lieu donnés. Dans la mesure où l'exploitation individuelle de la langue est par essence momentanée et instable, elle ne peut constituer l'objet d'une science, car, selon le principe qui remonte à Aristote, il ne peut y avoir de science que du général.

▶ On notera, cependant, que le caractère individuel de la parole n'est pas admis par tous les linguistes. En effet, affirmer cette propriété revient à dire que la parole, en tant qu'activité individuelle, n'est pas régie par des normes sociales, que les conditions d'emploi du langage ne sont pas réglées par des habitudes ou des conventions : cette thèse est contestée par la socio- et l'ethno-linguistique*.

B Qu'est-ce que le discours ?

▶ Le linguiste français Gustave Guillaume*, lorsqu'il traite de l'opposition entre langue et parole, remplace ce dernier terme par celui de *discours*. Selon lui, le terme *parole* semble ne référer qu'à l'usage oral et non à l'écrit. Ce changement de terminologie va s'imposer en linguistique. Dans le cadre de l'opposition langue/discours, le terme *discours* a le même sens que celui de *parole* : il renvoie à l'usage effectif du langage tel qu'il se réalise dans une situation énonciative.

▶ Il existe une interaction entre langue et discours. En effet, la langue, contrairement au discours, n'offre pas de visibilité directe : on ne peut avoir accès à la langue qu'à travers ses manifestations concrètes en discours. L'observation de ces manifestations est par ailleurs le seul fondement de l'existence de la langue. Dès lors, la langue ne peut être décrite qu'à partir de ces manifestations de discours. Inversement, le discours n'est possible que parce que le système de la langue le produit. Cette interaction montre bien également qu'une évolution au niveau du discours peut entraîner à terme un changement dans le système de la langue.

2 LES LINGUISTIQUES DU DISCOURS

A La stylistique et la linguistique de l'énonciation

▶ Les linguistiques de la parole ou du discours n'ont été reconnues que récemment. L'intérêt quasi exclusif que manifestait la linguistique structurale* pour la langue a retardé l'étude des manifestations concrètes du langage. De même, la prise en considération du locuteur* comme sujet, du référent* ou de la situation de communication ne s'est faite que tardivement.

▶ On peut considérer que la phonétique* fait partie des linguistiques de la parole. Cependant, l'étude des sons a progressivement quitté le domaine de la linguistique pour intégrer celui de la physique acoustique.

▶ La stylistique*, telle que la concevait le linguiste suisse Charles Bally, devait être la linguistique de la parole, celle qui allait étudier les productions individuelles du langage. Aujourd'hui, la stylistique linguistique se cherche une place à côté d'une stylistique plutôt littéraire.

▶ La linguistique de l'énonciation*, qui doit beaucoup au Russe Mikhaïl Bakhtine* et au linguiste français Émile Benveniste, a réintégré le sujet. Selon Benveniste, le discours implique d'abord la participation du sujet à son langage à travers la parole de l'individu. Le message transmis est unique, marqué par la présence de ce sujet. Benveniste oppose par ailleurs *discours* et *histoire*, dans la mesure où le récit historique exclut toute subjectivité. Dans la lignée des études de Benveniste sur l'énonciation, s'est développée une école française d'analyse du discours*, qui étudie surtout des productions discursives contraintes par des conditions de type idéologique.

B La pragmatique et l'analyse de conversation

▶ La prise en considération du contexte* extralinguistique a permis le développement de la pragmatique* linguistique. Pour cette discipline, le langage n'a pas pour seule fonction de décrire le monde : il agit sur lui. Cette conception du langage repose sur la notion anglo-saxonne de *speech* (« discours »), que l'on ne considère pas comme un tout achevé, mais comme une séquence (ou une suite de séquences) qui dépend fortement du contexte et de la participation du locuteur à une situation d'interlocution. C'est à partir de cette conception du discours que les Américains John Langshaw Austin et John Rogers Searle vont développer leur théorie des *speech acts* (« actes de langage »*). L'étude en interaction verbale* des actes de langage figure dès lors au sommaire de la pragmatique.

▶ L'étude des éléments de signification* dont la situation de communication est responsable devient, quant à elle, le pendant pragmatique d'une étude du sens, pratiquée par la sémantique* à partir de la phrase* hors énoncé*.

▶ Les actes de langage, le respect des règles de conversation, la prise en compte des messages implicites* ainsi que la considération de la pertinence des interventions sont à la base d'un courant d'analyse de conversation*. Les conversations ordinaires entrent enfin dans le domaine de la linguistique.

La linguistique contemporaine manifeste beaucoup plus d'intérêt que naguère pour l'étude des productions langagières. Conversations et textes de tous ordres sont passés du statut de phénomènes instables et éphémères à celui d'objets d'étude. La linguistique, ce faisant, réintègre le sujet socialisé qu'une certaine conception de la langue avait exclu.

LES DIFFÉRENTS TYPES DE LANGUES

Lorsque l'on compare les langues*, on se rend compte que, si elles diffèrent les unes des autres, elles semblent parfois proches par certains traits. La linguistique a essayé de mettre en évidence les parentés de fonctionnement des langues. Des classifications de langues en différents types, ou typologies linguistiques, *ont été proposées dès le* xixe *siècle, dans le cadre d'études de grammaire historique et comparée*.*

1 UNE VOLONTÉ DE CLASSIFIER LES LANGUES

A L'objet de la classification

▶ La grammaire historique et comparée du xixe siècle s'est efforcée de rechercher des filiations entre les langues. La classification des langues en différents types, ou *typologie linguistique,* y trouve son origine. Elle va néanmoins de plus en plus se tourner vers une étude comparative des états synchroniques* de langues. On oppose aujourd'hui la perspective génétique et la perspective typologique. En effet, le classement typologique procède en fonction des mécanismes linguistiques ; certains d'entre eux peuvent être comparables dans des langues sans parenté génétique. Cela a amené la typologie linguistique à prendre ses distances par rapport à l'étude de la filiation de langues.

▶ La typologie linguistique se donne pour objet de décrire l'ensemble des phénomènes qui constituent une langue et de comparer ensuite les langues entre elles. Les critères à partir desquels cette comparaison s'effectue furent tour à tour morphologiques, notionnels et syntaxiques. Les critères phonétiques ont été peu utilisés. Le but de la typologie est de délimiter des sous-ensembles linguistiques différents, à l'intérieur desquels on trouve des langues structurellement proches.

B Une première grande typologie

▶ La première grande typologie est proposée par des auteurs comme August Schleicher ou Wilhelm von Humboldt (voir la linguistique au xixe siècle*). Elle repose sur un critère morphosyntaxique, la nature et la composition du mot. Selon cette typologie, on dénombre quatre types de langues :

– Dans certaines langues, comme le chinois, le mot a une seule forme et ne peut être modifié, que ce soit par flexion ou par dérivation (voir morphologie*). Les relations grammaticales, les catégories comme le pluriel, se marquent soit par l'ordre des mots, soit par l'adjonction d'un mot supplémentaire. On appelle ces langues des *langues isolantes.*

– Dans d'autres langues, toutes les relations grammaticales se marquent par l'adjonction de suffixes au morphème* lexical de base. À chaque suffixe correspond une relation grammaticale (genre, nombre, cas…). C'est le cas notamment du turc. À partir de *ev* (maison), on forme *evler* (les maisons), *evlerim* (mes maisons), *evlerimde* (dans mes maisons). On appelle ces langues des *langues agglutinantes.*

- Dans certaines langues, comme le latin, les terminaisons ou désinences expriment plusieurs relations grammaticales, porteuses d'informations grammaticales et sémantiques : la désinence *-arum* peut ainsi exprimer le génitif, le féminin et le pluriel du mot rosarum ; de plus, elle assigne le mot auquel elle est accolée à la classe du nom, de l'adjectif ou du pronom, mais en tout cas pas à celle du verbe. Dans ces langues, tous les mots sont pourvus de désinences et l'ordre des mots est relativement libre. On appelle ces langues des *langues flexionnelles.*

- Dans d'autres langues, enfin, les relations grammaticales peuvent être exprimées en ajoutant des éléments à un radical unique ou en lui faisant subir des transformations, sans qu'aucune partie de la phrase ne puisse changer de place. Le linguiste danois Hjelmslev* donne l'exemple du groenlandais, dans une phrase comme *kavfiliorniarumagaluarpunga*, qui, en un seul mot, signifie *Je voudrais faire du café.* On appelle ces langues des *langues polysynthétiques.*

▸ En fait, aucune langue ne se laisse réduire totalement à un type. Certaines langues, comme le français, procèdent au moins de deux types : agglutinante si l'on prend en compte la successivité des suffixes et des marques du pluriel, par exemple (*habit-ation-s*) ; flexionnelle, si l'on observe les désinences verbales (*-ent* est le signe du temps, du mode, de la personne).

2 D'AUTRES PRINCIPES DE TYPOLOGIE

A Une typologie notionnelle

▸ Le linguiste américain Edward Sapir propose un autre critère : la nature des concepts exprimés par la langue. Sapir part du principe qu'on ne peut définir des parties du discours universelles (nom, adjectif, verbe...) par leurs propriétés sémantiques. En effet un verbe comme *courir* ne peut se définir par le fait qu'il exprime une action : le nom *course* exprime également une action.

▸ Sapir propose dès lors de classer les langues selon le rôle qu'y jouent les unités de sens, selon le type de découpage de la réalité que ces unités dessinent. Il distingue quatre catégories. Les langues seront classées selon qu'elles expriment l'une ou l'autre de ces catégories notionnelles. Certaines n'en expriment aucune, d'autres les expriment toutes.

B Une typologie selon l'ordre des constituants

▸ Un autre linguiste américain, Joseph H. Greenberg a proposé une typologie plutôt syntaxique, selon l'ordre des constituants principaux de la phrase assertive : S (ujet), V (erbe), O (bjet).

▸ La structure de surface des langues présente ces constituants dans un ordre qui est caractéristique, selon Greenberg. Cet ordre peut être S-V-O : c'est le cas majoritairement du français, même si, au cours de son histoire cette structure n'a pas toujours été constante. On peut trouver l'ordre S-O-V : c'est le cas du latin, par exemple. L'ordre V-S-O s'observe quant à lui de plus en plus en espagnol ou en portugais d'Amérique.

La typologie apporte moins à la linguistique par les classifications qu'elle propose que par les questions théoriques et méthodologiques qu'elle suscite. Elle permet d'avancer des hypothèses sur le comportement linguistique, sur les phénomènes qui constituent une langue et sur les universaux du langage.*

FICHE 38 — EXISTE-T-IL DES UNIVERSAUX DU LANGAGE ?

Que dirait-on d'un linguiste qui, ayant décrit une langue*, la représenterait de telle manière qu'on n'y reconnaisse absolument rien, que tout nous semble bizarre, extravagant, impossible à comprendre ? On dirait soit qu'il a mal fait son travail, soit qu'il ne s'agit pas d'une langue humaine ! En réalité, je sais bien qu'il me suffit d'aller dans un pays très éloigné du mien pour m'apercevoir que n'importe quel habitant de ce pays, dans une langue totalement différente, s'exprime d'une manière qui me paraît tout à fait semblable à la mienne, et qu'il me semble que je pourrais apprendre. Cela signifie-t-il qu'il y aurait des aspects universels dans le langage ?

1 LA QUESTION DES UNIVERSAUX

A Origine de la question

▶ Aux XVIIᵉ et XVIIIᵉ siècles, des philosophes et des grammairiens se sont demandé s'il n'y avait pas, entre toutes les langues qu'on connaissait, des principes communs. Cette supposition a donné lieu à ce qu'on appelle la *grammaire générale**. Grosso modo, la grammaire générale était fondée sur l'idée qu'il devait y avoir, malgré la différence des langues, des points communs, puisque toutes les langues avaient comme objectif de représenter la pensée, et que les schémas de pensée étaient les mêmes partout.

▶ Pour autant, cette idée n'a jamais totalement convaincu. Il y a toujours eu des penseurs, particulièrement au XXᵉ siècle, pour estimer qu'à chaque langue correspondait un modèle de pensée, un monde de représentation et d'organisation différents. Ayant enquêté sur des langues amérindiennes dans les années 50, le linguiste américain Edward Sapir en est venu à faire une hypothèse très relativisante concernant la relation entre langage et pensée. La question que nous sommes en train de nous poser, par exemple, celle de savoir s'il y a des universaux du langage, ne peut pas se poser dans toutes les langues. Dans certaines langues, il est impossible de trouver un équivalent à ce que nous appelons *langage*; dans d'autres, ce que nous comprenons par *universalité* n'a pas de sens, etc.

B Une question théorique, mais aussi pratique

▶ D'une certaine manière, le problème central de la linguistique est en effet d'expliquer comment, d'un côté, les langues sont variées, chacune différente, chacune singulière, et comment, de l'autre côté, elles supportent toutes la traduction. On remarque également que l'apprentissage d'une langue étrangère est toujours possible. Ainsi, dans leurs descriptions des langues, les linguistes ont toujours été guidés par le désir de rapprocher les langues, et on le comprend. Souvent, leur tâche était au départ motivée par la perspective de l'apprentissage de ces langues. La discipline de la linguistique s'est donc construite en s'appuyant sur des concepts qui avaient une prétention universelle.

▶ Aujourd'hui, la question des universaux du langage pose certes un problème philosophique de type général, mais elle a aussi un aspect pratique dans de nombreux domaines de la linguistique : le traitement automatique des langues*, par exemple, l'acquisition*, la neurolinguistique*, la pathologie du langage*, la didactique des langues étrangères*, la linguistique cognitive*, etc.

2 LES RÉPONSES DE LA LINGUISTIQUE

A Les grandes catégories du langage

▶ La linguistique générale, théorisant les acquis de chacun des domaines dont elle se compose, estime que tout langage verbal humain (et il y a langage verbal partout où il y a des hommes) fait s'articuler : une phonologie*, un lexique*, une sémantique*, une morphologie*, une syntaxe*.

▶ Ainsi, on pourra dire que, dans chaque langue, la compétence* minimale requise est de : disposer d'un inventaire de sons, en connaître le système ; disposer d'un lexique ; savoir que certaines séquences de sons ont une signification, ou renvoient à un concept donné ; savoir que certaines phrases sont possibles et certaines phrases impossibles. L'idée d'un caractère universel de la compétence fonde la démarche du linguiste américain Noam Chomsky, le créateur de la grammaire générative*.

▶ Un certain nombre d'autres faits très généraux semblent pouvoir être affirmés de toutes les langues connues au monde : toutes les langues changent avec le temps ; toutes les langues font usage de signes* pour la plupart arbitraires ; toutes les langues sont susceptibles d'intégrer de nouveaux mots ; toutes les langues utilisent des unités segmentées ; enfin, il semble peu probable que les différences que nous enregistrons entre les langues du monde soient dues à des facteurs biologiques.

B Les types d'universaux possibles

▶ Les universaux que nous venons de décrire sont de type très général. Ils ne peuvent satisfaire complètement le linguiste. C'est pourquoi les différents domaines de la linguistique sont aujourd'hui à la recherche d'universaux un peu plus particuliers. En sémantique et en linguistique cognitive, par exemple, on remarque que, bien évidemment, le sens qui est donné aux unités varie selon les langues. Cependant, on fait le pari qu'une analyse plus poussée des processus de signification ferait apparaître des éléments sémantiques minimaux qui, eux seraient universels, l'opposition masculin/féminin, par exemple, ou animé/inanimé.

▶ C'est sur la formalisation d'éléments de ce type que travaillent les programmes actuels de traitement automatique des langues. En syntaxe, l'hypothèse de la grammaire générative est qu'il existe des processus universels de transformation des phrases qui peuvent faire légitimement, comme c'était l'idée des grammairiens du XVIIIᵉ siècle, postuler l'existence d'une grammaire générale, ou d'un fonctionnement universel des règles de grammaire.

La recherche des universaux du langage est une question obsédante pour la linguistique. Si celle-ci veut se définir comme science, elle se doit en effet de travailler dans le sens du général. Par ailleurs, à l'instar d'autres sciences humaines, elle est sans cesse confrontée à l'étonnante diversité de tout ce qui a trait à l'homme. La recherche des universaux du langage a donc tendance à se faire aujourd'hui plus prudente que par le passé, mais sa démarche s'affine aussi sans cesse.

SYNCHRONIE ET DIACHRONIE

L'opposition synchronie/diachronie est une des trois oppositions mises en évidence par Ferdinand de Saussure*. Selon lui, la langue, comporte des éléments de stabilité et des éléments d'instabilité. Cela le pousse à envisager deux manières d'analyser la langue. Une manière qui tienne compte de la stabilité du système* à un moment donné : l'approche synchronique ; et une manière qui tienne compte des facteurs d'instabilité, de l'évolution et de l'histoire : l'approche diachronique.

1 LA CONSTRUCTION D'UNE OPPOSITION

A La définition des démarches

▶ À partir de la métaphore du jeu d'échecs, Saussure faisait remarquer le fait suivant : si un joueur commence une partie et s'interrompt après un moment pour céder la place à un nouveau joueur, celui-ci n'aura aucun mal à reprendre la partie, pour autant qu'il connaisse les règles du jeu. Il n'a pas besoin de connaître les coups antérieurs : il peut d'un seul regard embrasser et comprendre la situation. Selon Saussure, le linguiste procède de même.

▶ Saussure distingue deux approches linguistiques :
  – Une première approche s'occupe des relations entre les termes qui coexistent à l'intérieur d'un système*. Selon cette optique, le système est observé à un point déterminé. Ce point n'est pas forcément contemporain, il peut être choisi à un moment de l'histoire qui n'est pas le présent. Cette approche nécessite donc d'isoler dans l'histoire des états de langue qui vont servir d'objet d'étude. C'est l'approche *synchronique*.
  – Une seconde approche étudie des éléments isolés dans leur passage d'un état de langue à un autre : telle ou telle préposition, par exemple ; ces éléments se substituent les uns aux autres sans qu'il soit question de former un système. C'est l'approche *diachronique*. Il suffit qu'un élément change pour qu'il y ait une répercussion plus ou moins importante sur le système.

B Avant et après Saussure

▶ Avant Saussure, les linguistes n'étaient pas intéressés par l'approche synchronique. Pour la grammaire historique et comparée, seule la diachronie a un statut scientifique. La dérivation d'un mot* (voir morphologie*) n'est par exemple envisagée que dans la mesure où, historiquement, on peut identifier un mot source à une époque donnée et un dérivé à une époque postérieure : par exemple, le mot source *solution* donne tardivement, au début du XXᵉ siècle, le dérivé *solutionner*. Il importe peu que l'on puisse dériver un nom agent (*laboureur*) d'un verbe d'action (*labourer*), et que cela participe d'un système de dérivation observable en synchronie (*manger/mangeur* ; *dormir/dormeur*....).

▶ L'attitude de Saussure est radicalement inverse. Selon lui, le déplacement d'un élément du système, qui relève de la diachronie, n'appartient pas à l'équilibre de la langue ; il n'appartient ni à l'état de langue antérieur, ni à l'état de langue postérieur. Ce n'est qu'un événement. Seuls sont importants pour Saussure les états de langue. Ce n'est pas seulement par souci de rupture avec les pratiques antérieures qu'il privilégie la démarche synchronique, c'est également parce que, selon lui, pour la plupart des locuteurs, seul l'aspect synchronique correspond à la réalité. Après Saussure, les linguistes ont été tentés par l'abandon de la démarche diachronique.

2 PARADOXES ET RÉCONCILIATION

A Les paradoxes d'une opposition

▶ Une opposition tranchée entre synchronie et diachronie soulève quelques problèmes. Déjà, les linguistes de l'école de Prague* considéraient qu'il était impossible d'étudier la langue en synchronie en excluant tout à fait la diachronie et, inversement, d'étudier la langue en diachronie en excluant la synchronie.

▶ Cela étant, rien n'est plus difficile que de découper l'histoire d'une langue, par essence mouvante et continue, en états de langue successifs. Chaque état de langue porte la trace des états antérieurs et l'annonce des états postérieurs. La synchronie apparaît donc plutôt comme une construction de l'esprit.

▶ Si Saussure disqualifie l'approche diachronique, c'est parce que les seuls changements linguistiques qu'il peut envisager sont les changements phonétiques qu'étudient les néogrammairiens (voir XIXᵉ siècle*) : c'est-à-dire des changements qui n'affectent que le mot et n'interviennent que de manière aléatoire. Ce sont, par exemple, des lois phonétiques qui sont censées prévoir l'évolution de tel ou tel son en fonction de sa position dans le mot. Ces changements ne concernent pas le système morpho-syntaxique, par exemple. En fait, Saussure envisage seulement la diachronie à l'échelle du signe* ; il ne conçoit pas une diachronie qui étudie l'évolution des systèmes. Dès lors, cette démarche ne lui semble pas primordiale.

B La réconciliation des démarches

▶ Certains linguistes ont proposé une réconciliation des méthodes. Gustave Guillaume*, par exemple, est le linguiste français qui a le plus théorisé la complémentarité des deux démarches. Il propose une étude de l'histoire des systèmes synchroniques successifs et suggère ainsi ce que Saussure n'envisage pas : une diachronie de synchronies.

▶ Le linguiste français André Martinet* propose d'étudier l'évolution diachronique du système phonologique (voir phonologie*). Il envisage un changement phonologique à l'intérieur du système des phonèmes et prend en considération tous les changements successifs et les réaménagements que ce changement initial a provoqués dans le système. Ainsi, il explique la disparition de l'opposition entre les phonèmes /ɛ̃/ et /œ̃/ par le fait qu'elle ne différenciait que très peu de paires de mots : *brun* et *brin*.

La démarche synchronique et la démarche diachronique ont été opposées de manière tranchée, sans doute en partie pour rompre avec les pratiques antérieures de la grammaire historique et comparée. Aujourd'hui, plus que l'opposition, c'est la complémentarité des deux démarches qui est mise en évidence.

LE SYSTÈME

La notion de système prend toute son importance à la suite du Cours de linguistique générale *(1916) du Suisse Ferdinand de Saussure*. Elle constitue le principe de base du courant qui sera appelé plus tard le « structuralisme ». Elle permet en fait de construire la langue* comme un objet d'étude de la linguistique.*

1 LE SYSTÈME EN LINGUISTIQUE

A De la nomenclature au système

▶ La notion de système appliquée à la langue s'oppose à une conception ancienne du langage* considéré comme une liste de mots, une nomenclature. Une manière simple d'envisager le langage est de s'imaginer que chaque mot correspond à une étiquette qui renvoie à un objet du monde. Le langage apparaît dès lors comme une liste de signes, sans lien les uns avec les autres, mais reliés aux objets du monde qu'ils désignent. Ainsi, le mot *table* renvoie-t-il simplement à l'objet *table*, sans qu'il soit fait référence d'aucune manière aux autres pièces de mobilier, par exemple. Connaître une langue revient à connaître l'ensemble de ces étiquettes. L'organisation de la langue est alors le simple reflet de l'organisation des objets.

▶ Une autre manière de considérer le langage est de l'envisager comme un tout organisé, comme un système. Pour faire comprendre ce qu'est un système, Saussure, et la plupart des linguistes après lui, utilise l'image du jeu et plus particulièrement celle du jeu d'échecs.

B Le système comme jeu

▶ Le plateau du jeu d'échecs est le théâtre de la partie, il est également son enclos. Tout ce qui se trouve sur ce plateau a son importance ; tout ce qui se trouve hors du plateau n'est pas pris en compte, n'existe pas. Les règles* du jeu qui prévalent sur l'échiquier ne sont pas les mêmes que celles qui prévalent hors du plateau. Les pièces du jeu, si elles ne prennent pas place sur le plateau, ne sont d'aucune importance. De même, le contexte dans lequel le jeu se déroule ainsi que les joueurs qui y prennent part sont négligeables et n'entrent pas en ligne de compte.

▶ Seules comptent les pièces qui occupent une place sur l'échiquier. Ces pièces, quelle que soit leur matière (bois, ébène, ivoire…), ont certes une signification* propre (la tour n'a ni la même signification, ni le même rôle, que le fou, le cheval, la dame ou le pion) ; cependant, ce qui importe, c'est la signification de chaque pièce mise en relation avec la place qu'elle occupe sur l'échiquier par rapport aux autres pièces. Le cheval, par exemple, ne sera pas pris en compte de la même manière s'il se trouve en position de prendre la dame de l'adversaire ou s'il est en passe d'être pris par elle. Pourtant, ni sa matière, ni sa signification de cheval, ne sont différentes. Chaque déplacement de pièce sur l'échiquier aura dès lors des répercussions sur l'ensemble des autres pièces présentes. Après chaque déplacement, donc, le jeu a une configuration différente dans son ensemble.

2 LES CARACTÉRISTIQUES DU SYSTÈME

A Le système comme tout autonome

▶ Tout comme le jeu d'échecs, le langage est un système en marge du réel. Il se définit par le fait qu'il est autonome par rapport au monde. En effet, le monde extérieur (le contexte*, les joueurs) n'intervient pas dans sa constitution. Selon Saussure, le langage est un système de signes*. Ces signes n'ont pas pour fonction de renvoyer à un objet du monde, mais de mettre en relation un signifiant (une image acoustique) et un signifié (un concept). Ce sont ces relations signifiant/signifié internes au système qui doivent être étudiées, et non le rapport du langage au réel.

▶ De ce fait, le structuralisme, qui se développera à partir de la notion de système, évacuera de ses centres d'intérêt la dimension référentielle* du langage ainsi que la dimension subjective issue de la prise en compte du locuteur*.

B La valeur

▶ On l'a vu, les pièces du jeu d'échecs, si elles ont une signification propre, ont surtout une importance par la position qu'elles occupent sur l'échiquier et les relations qu'elles entretiennent avec les autres pièces. Cette constatation introduit une caractéristique fondamentale de la notion de système : le concept de *valeur**, que Saussure différencie de celui de *signification*.

▶ Le concept de valeur se décompose en deux facteurs :
  – La possibilité d'échanger ce dont on examine la valeur contre un objet de nature différente. Saussure prend l'exemple d'une pièce de 5 francs que l'on peut échanger contre du pain, par exemple. De même, le mot peut être échangé contre une idée, un concept.
  – La possibilité de comparer ce dont on examine la valeur avec une valeur similaire du même système : une pièce de 1 franc avec une monnaie étrangère, 1 dollar par exemple. De même, le mot peut être comparé avec un autre mot.

▶ La valeur ne peut être fixée si l'on s'en tient à la première des deux composantes : on n'obtient là que la signification du terme. Le mot français *mouton*, par exemple, a la même signification que le mot anglais *sheep*. Cependant, ces deux mots n'ont pas la même valeur. En effet, pour désigner l'animal de boucherie que l'on sert à table, l'anglais dispose d'un mot spécial, *mutton*, alors que le français n'a que *mouton*. Ainsi, on peut déduire une différence de valeur entre *mouton* et *sheep* de ce que *sheep* dispose, à côté de lui dans son système, d'un second terme par rapport auquel il se situe.

▶ La notion de valeur montre bien que les éléments n'ont de véritable existence que dans la mesure où ils s'inscrivent dans un système. À l'intérieur de ce système, ces éléments se définissent par mise en relation et par opposition avec les autres éléments. On parle alors de la *définition différentielle* des éléments du système. De ces considérations, on conclut généralement que les éléments ne préexistent pas au système, et que c'est le système qui prévaut et les constitue comme éléments.

La notion de système telle que l'a mise en évidence Saussure permet de construire l'objet de la linguistique : l'étude du système de la langue. Le rejet du contexte ou du sujet de l'énonciation marquera pendant longtemps une linguistique qui ne veut considérer que la structure interne du langage.

PARADIGME ET SYNTAGME

Le système* de la langue apparaît depuis Ferdinand de Saussure* comme un réseau de relations réciproques entre éléments ou signes*. Ces relations sont de deux types : syntagmatique et paradigmatique, selon que les signes en relation sont présents conjointement dans la chaîne parlée ou que seul l'un d'entre eux apparaît. Ces types de relations conditionnent de nombreux phénomènes linguistiques.

1 LE SYNTAGME

A La définition du syntagme, selon Saussure

▸ Le syntagme tel que le définit Saussure ne correspond pas au syntagme* de la syntaxe actuelle. Il s'agit simplement de la combinaison, sur la chaîne parlée, de deux ou plusieurs unités consécutives : ainsi *repartir, avec vous, un grand voyage, L'avion est plein, Si le verre est vide, il faut le remplir*, sont des syntagmes, dont la taille peut varier du mot composé de deux morphèmes* à la phrase*.

▸ Les mots* ou unités sont enchaînés les uns aux autres dans le discours* et entretiennent des rapports sur la base du caractère linéaire de la langue*. En effet, il est impossible de prononcer deux unités à la fois. Aussi est-ce dans la successivité des unités que vont s'observer les rapports entre éléments présents. On parle de rapports *in praesentia*, observables sur l'axe syntagmatique.

B L'axe syntagmatique

▸ L'étude des unités linguistiques du point de vue de leur succession dans la chaîne parlée, sur l'axe syntagmatique, est appelée *la syntagmatique*. Les éléments présents et les rapports qui s'instaurent entre eux sont étudiés notamment du point de vue de leur combinaison et de leur disposition.

▸ La combinaison est une procédure utilisée par les distributionnalistes* pour sous-classifier les mots. À l'intérieur de la classe des déterminants, on étudie les compatibilités entre unités sur l'axe syntagmatique. Deux unités peuvent-elles être présentes conjointement dans la même succession ? Ainsi, on observe que les déterminants sont compatibles avec l'adjectif qualificatif dans *la belle fleur*, mais qu'ils sont normalement incompatibles entre eux (*la cette fleur), même s'il existe certaines compatibilités (*mes deux fleurs ; ces quelques fleurs*). Après passage du test de la combinaison, on obtient des sous-classes d'unités compatibles ou non.

▸ La disposition, également utilisée chez les distributionnalistes, permet d'étudier la place des unités les unes par rapport aux autres. Ainsi, l'adjectif qualificatif en français peut se placer devant ou derrière le nom qu'il caractérise, parfois avec des changements sémantiques non négligeables. *Un grand homme* (fameux) n'est pas *un homme grand* (de grande taille) ; *une ancienne ferme* (ce n'est plus une ferme) n'est pas *une ferme ancienne* (c'est une ferme construite de longue date).

▶ De telles caractéristiques varient bien sûr d'une langue à une autre. L'anglais, par exemple, ne postpose pas l'adjectif. L'étude de ces phénomènes permet donc de caractériser les langues les unes par rapport aux autres, voire d'établir des typologies*, comme celle fondée sur l'ordre des constituants sujet, verbe et objet dans la phrase.

2 LE PARADIGME

A Une définition

▶ Le mot *paradigme* vient du mot grec *paradeigma*, qui signifie « modèle », « exemple ». Traditionnellement, on entend par paradigme le tableau des différentes formes qu'un mot peut prendre pour exprimer ses relations avec le reste de la phrase. On parle ainsi du paradigme de la conjugaison, qui correspond au tableau des formes conjuguées des verbes, ou de la déclinaison, en latin ou en allemand, par exemple.

▶ Dans un sens plus récent, le paradigme désigne l'ensemble des unités qui peuvent commuter avec une unité linguistique donnée, c'est-à-dire qui peuvent apparaître dans le même contexte* qu'elle. Cela renvoie à la procédure distributionnaliste de la commutation, utilisée pour déterminer des classes de mots. Appartiennent à la même classe de mots les unités qui peuvent se retrouver dans les mêmes contextes. Les classes de mots comme le nom, l'adverbe… apparaissent dès lors comme des paradigmes.

B L'axe paradigmatique

▶ Les signes linguistiques entretiennent donc des rapports associatifs, plus ou moins larges, à l'intérieur de paradigmes formels, sur un axe dit *paradigmatique*. Ces rapports paradigmatiques s'observent entre unités qui peuvent figurer dans le même contexte et qui, au moins dans ce contexte, s'excluent mutuellement. Saussure parlait de rapports *in absentia*. Les unités qui appartiennent à un même paradigme sont donc en opposition paradigmatique. Il en va ainsi dans l'énoncé *un vêtement en…* Toutes les matières textiles se retrouvent en opposition à l'intérieur du même paradigme : soie, coton, nylon…

▶ Saussure explique les différents types de rapports associatifs à l'aide de l'exemple du mot *enseignement*. Ce mot peut entretenir des rapports de quatre types sur l'axe paradigmatique :
  a. des rapports étroits (fondés sur le signifiant et le signifié) avec *enseigner* et son paradigme verbal ;
  b. des rapports moins étroits (fondés sur le seul signifié) avec *éducation* ;
  c. des rapports larges (fondés sur le signifiant et le signifié du suffixe *-ment* : « qui a rapport avec l'action de ») avec armement ;
  d. des rapports très larges (fondés sur le seul signifiant de la « rime ») avec *clément*.

Les axes syntagmatique et paradigmatique, ainsi que les rapports qui s'y dessinent, sont à la base de l'étude du système d'une langue. Ils permettent de rendre compte des réseaux de relations que les signes linguistiques tissent entre eux.*

COMPÉTENCE ET PERFORMANCE

Les concepts de compétence et de performance sont fondamentaux en linguistique. Introduits par le linguiste américain Noam Chomsky*, ils sont la base de la linguistique générative.

1 COMPÉTENCE/PERFORMANCE ET LANGUE/PAROLE

A La compétence

▶ La compétence désigne la connaissance implicite qu'un sujet parlant possède sur sa langue. Cette connaissance implique la faculté de comprendre et de produire, à partir d'un nombre fini de règles*, l'ensemble infini des phrases grammaticales d'une langue (cet ensemble comprenant des phrases que le locuteur n'a jamais entendues). Cette connaissance implique également la capacité de distinguer les énoncés* bien formés de ceux qui ne le sont pas, les phrases* ambiguës ou les phrases inacceptables. Ainsi, pour les énoncés suivants :

1. Le chat est sur le paillasson.
2. Pierre ne bat pas Marie dans le jardin.
3. D'incolores idées vertes dorment furieusement (exemple célèbre de Chomsky).
4. Moi vouloir toi.

▶ Le locuteur* percevra (1) comme une phrase bien formée, (2) comme une phrase ambiguë (on ne sait pas, hors contexte, sur quoi porte la négation), (3) comme une phrase grammaticale, bien formée, mais incompréhensible, et (4) comme une phrase mal formée mais compréhensible.

B La performance

▶ Le concept de performance, assez proche du concept saussurien de parole, désigne la mise en œuvre effective de la compétence linguistique dans des actes de parole*, qui sont chaque fois différents.

▶ La linguistique a cherché à élaborer des modèles explicatifs de la performance. Comment les énoncés sont-ils produits par l'énonciateur ? Comment sont-ils reçus, interprétés et compris par le récepteur ? Pour répondre à ces questions, une série de données sont à rechercher dans d'autres domaines que la linguistique (acoustique, physiologie, connaissances relatives à la mémoire, attention…), mais, surtout, il faut avoir une connaissance du système de la compétence. C'est pourquoi l'étude de la compétence, l'étude grammaticale, est considérée comme prioritaire par rapport à l'étude de la performance.

2 LA CRÉATIVITÉ DU LANGAGE

A Un pouvoir illimité

Lorsqu'il nous présente la compétence comme la faculté d'engendrer, à partir d'un nombre fini de règles, un nombre infini de phrases grammaticales,

Chomsky insiste sur le pouvoir créateur du langage. Il distingue deux types de créativité :

▶ Une créativité qui est gouvernée par les règles : cette créativité relève de la compétence. Dans la mesure où les règles de la compétence peuvent être répétées un nombre indéfini de fois (on parle du caractère récursif des règles), des énoncés plus ou moins inédits peuvent être engendrés par le sujet parlant. Des énoncés qu'il n'a jamais entendus mais qu'il crée sur la base des règles de la compétence, à partir d'énoncés déjà produits. Ainsi, l'énoncé *Maman conduit la voiture* peut être produit à partir des énoncés *Papa conduit la voiture* et *Maman fait la cuisine*. Le sujet parlant peut donc exprimer un nombre illimité de pensées nouvelles adaptées à des situations inédites.

▶ Une créativité qui change les règles : cette créativité relève de la performance. L'usage individuel du langage peut connaître des écarts par rapport aux règles de la compétence. Ces écarts, s'ils se répètent, peuvent à la longue influencer le système et déterminer une évolution de celui-ci. L'exemple le plus souvent observé est la création de mots nouveaux par analogie. Ainsi, les mots *solutionner* ou *urger*, ont été créés en utilisant des règles, ici de morphologie lexicale*, qui ne s'appliquaient pas normalement à cet endroit. Pour *solutionner*, il y avait *résoudre* ; pour *urger*, le besoin d'expressivité a conduit à créer de nouveaux mots.

B Les limites de la performance

▶ Parmi l'infinité des phrases possibles, un certain nombre ne seront jamais dites, quand bien même elles seraient grammaticales et formées rigoureusement à partir des règles de la grammaire. Elles risquent d'être considérées comme incompréhensibles, voire inacceptables.

▶ Le degré d'acceptabilité d'une phrase n'est pas seulement fonction du fait que la phrase a un sens, mais dépend également d'autres facteurs, qui constituent les circonstances de la performance : énoncé écrit ou oral*, débit de parole, bruits extérieurs, attention et intérêt de l'auditeur, capacité de mémorisation... L'acceptabilité peut donc également être une question de performance.

▶ Une phrase grammaticale et acceptable au niveau de la compétence pourra néanmoins être jugée difficilement acceptable au niveau de la performance si elle est trop longue, si elle monopolise de trop gros efforts de mémorisation. Cela rejoint un phénomène que l'on peut observer en arithmétique. Ce n'est pas parce que l'on connaît les mécanismes et les règles de la multiplication, et qu'on sait calculer mentalement des opérations du type 8 x 3, que l'on sait résoudre de la même manière, sans recours à un papier, l'opération 678 x 349. La performance s'avère donc plus limitée que ne le laisse supposer l'application récursive des règles de compétence.

La conception du langage de Chomsky a bénéficié des apports des recherches sur son acquisition. Les concepts de compétence et de performance en sont l'illustration. Ils inscrivent le langage dans une dynamique créatrice plus que ne le faisaient les concepts de langue et de parole. Aussi ont-ils connu un succès important.

L'USAGE ET LA NORME

Lorsqu'on cherche à se représenter une langue donnée, on est souvent confronté à ce dilemme : est-ce que je dois représenter la langue telle qu'elle est parlée ou est-ce que je dois la représenter telle qu'elle devrait être parlée si elle était bien parlée ? Cette question est fondamentale dans les premières grammaires qui ont été réalisées sur la plupart des langues. Aujourd'hui, la linguistique cherche à séparer la description scientifique d'une langue des préoccupations concernant sa norme. Cet objectif pose un problème de fond : où passe la frontière entre l'usage et la norme ?

1 L'USAGE ET LA NORME : UNE PROBLÉMATIQUE SOCIOCULTURELLE

A Aux origines de la notion de norme

▸ Dans l'histoire, la conscience de ce qu'est une langue est étroitement liée au développement de l'idée de norme. En France, au XVIe siècle, il était bien difficile de dire ce qu'était *le français*. Quand les grammairiens ont commencé à s'intéresser à la manière dont parlaient les gens dans le royaume, ils n'ont trouvé qu'une marqueterie de dialectes, de patois, de technolectes, de sociolectes, toutes variétés qu'étudie aujourd'hui la sociolinguistique*. L'idée qu'il existait une langue française s'est donc essentiellement construite au moyen de la notion de norme. Dans ses *Remarques sur la langue françoise*, parues en 1647, Vaugelas propose d'aligner tout ce qui pourra être dit en matière de grammaire sur une variété de français parlé par, dit-il, « la plus saine partie de la cour », à quoi il faudrait ajouter les œuvres de quelques grands écrivains choisis. C'est ce qu'il appelle le « bon usage ». On remarque qu'il s'agit d'une conception très restrictive de l'usage, et, à vrai dire, elle a été interprétée dans l'histoire de manière de plus en plus « puriste », pour se transformer, surtout après les premiers travaux de l'Académie française, en une norme très stricte.

▸ L'exemple français n'est pas isolé, même si on remarque que, dans cette tradition culturelle, la notion de norme a joué un rôle particulièrement fort. La sociolinguistique constate que, dans la plupart des langues existantes, des différences apparaissent plus ou moins rapidement entre diverses variétés de langue. La sociolinguistique ne parlera pas alors de norme, mais de « variété légitime », ou de « langue standard », ou de « langue officielle ». La langue standard se définit par un certain nombre de prescriptions en matière de phonologie*, de lexique*, de syntaxe* et de style. Elle est souvent associée à un usage écrit*.

B Anomalie et analogie

▸ La longue discussion qui a eu lieu au cours des siècles entre les grammairiens autour des notions de norme et d'usage s'est souvent doublée d'une interrogation sur le rôle de l'*analogie* dans le langage. Déjà au XVIIe siècle, un partage se faisait entre les grammairiens qui estimaient que le langage avait une tendance spontanée à l'*analogie*, à la régularité, à la symétrie (comme le montre, par exemple, l'alignement des conjugaisons) et les grammairiens qui pensaient au contraire que le langage était entièrement gouverné par l'usage, lequel se moquait de la grammaire, et introduisait sans arrêt toutes sortes de fautes* et d'irrégularités.

▶ Paradoxalement, Vaugelas était un grammairien qui privilégiait plutôt l'*usage*. Au début du XXe siècle, Ferdinand de Saussure est au contraire du côté de l'analogie.

2 L'USAGE ET LA NORME DANS LA THÉORISATION LINGUISTIQUE

A Entre grammaire et linguistique

▶ Dans l'histoire de la linguistique, l'opposition norme/usage a pu servir à distinguer la grammaire*, dans sa version la plus traditionnelle, de la moderne linguistique*. La grammaire s'appuierait essentiellement sur la défense d'une norme, autrement dit, elle serait de nature *prescriptive*, alors que la linguistique aurait l'ambition d'être seulement *descriptive*.

▶ La linguistique descriptive a cependant voulu réutiliser les concepts de norme et d'usage dans un sens différent. On les trouvera développés essentiellement dans les années 50 par le linguiste danois Louis Trolle Hjelmslev* et le linguiste roumain Eugenio Coseriu. Chez l'un comme chez l'autre, les concepts d'usage et de norme sont destinés à préciser ce que l'on entend par système*. Chez Hjelmslev, par exemple, la norme désigne l'ensemble des traits distinctifs du système d'une langue. Par exemple, le phonème*/R/comprend un certain nombre de traits qui sont suffisants pour qu'on le distingue des autres phonèmes de la langue, /l/, par exemple. L'usage regroupera toutes les réalisations possibles (plus ou moins vibrées, etc.), de ce phonème. Pour Coseriu, la norme rassemble l'ensemble des contraintes qui sont imposées par la société dans notre usage de la langue. Pour reprendre l'exemple du phonème /R/, il existe des réalisations de ce /R/ qui, même si elles n'aident pas à différencier ce phonème des autres phonèmes, sont néanmoins plus ou moins imposées par la société. Si je prononce tous mes /R/ à la russe, par exemple, on comprendra qu'il s'agit de /R/. Je m'écarterai tout de même un peu de la norme.

B Une ambiguïté difficile à dépasser

▶ Dans la construction de la description linguistique, l'idée de norme est fondamentale. Aussi, même si la linguistique se veut aujourd'hui débarrassée de toute visée prescriptive, on peut se demander si l'idée de norme ne se retrouve pas de manière détournée dans bien des domaines ou des écoles qui constituent aujourd'hui cette discipline.

▶ Ce reproche a, par exemple, été adressé à la grammaire générative*, qui s'appuie sur la conception d'un certain nombre de phrases « impossibles ». En pragmatique* également, la description ne peut s'empêcher de postuler l'existence d'une version « idéale » de l'échange.

Le couple norme/usage accompagne étrangement l'histoire de la linguistique. À chaque époque, il repose un problème différent. Aujourd'hui, la description linguistique a pour ambition de dépasser toute référence à la norme. Mais à la vérité, la difficulté est que, si les linguistes prenaient en compte absolument toutes les particularités de l'usage, ils verraient bientôt leur discipline se dissoudre, tant l'établissement de généralités deviendrait problématique.*

FICHE 44 — LA VARIATION

Le concept de variation est l'un des concepts majeurs de la sociolinguistique*. Il s'oppose à la vision structurale des langues qui estime qu'il n'y a qu'une manière de dire ce que l'on veut dire. On parlera de variation dès qu'on observe des écarts, aussi minimes soient-ils, entre des manières comparables de s'exprimer.

1 UN CONCEPT RÉCENT

A Origine du concept

▶ On considère que la notion de « variation » trouve sa source dans un article commun de Uriel Weinreich, Marvin Herzog, William Labov (tous trois de l'université de Columbia, aux États-Unis) sur « les fondements empiriques d'une théorie du changement linguistique », paru en 1966. Les auteurs, dont la formation linguistique avait été marquée par le structuralisme, se posaient la question de savoir pourquoi les théories linguistiques se représentaient les langues de façon aussi homogène.

▶ L'accent avait surtout été mis sur les structures et le système*, de sorte que l'on pouvait se demander, comme le font les auteurs, comment les gens pouvaient continuer à parler pendant que la langue se transformait, c'est-à-dire pendant ses périodes de moindre systématicité. À cette question, les réponses que l'on donnait traditionnellement étaient d'ordre non linguistique, l'évolution sociale, par exemple. L'idée nouvelle des auteurs de l'article était de s'interroger sur les phénomènes purement linguistiques à l'œuvre dans le changement d'un état de langue donné.

B Variation et changement linguistique

▶ Si les langues sont en effet des systèmes aussi structurés, comment se fait-il qu'elles changent ? Pour Labov, qui développera cette idée à partir d'enquêtes menées dans certains quartiers de New York, on ne peut pas s'expliquer le changement linguistique si l'on ne pose pas qu'à tout moment donné de l'histoire d'une langue il existe des phénomènes de variation. Ainsi, Labov considère que le processus du changement linguistique peut s'analyser en trois étapes : « À l'origine, le changement se réduit à une variation parmi des milliers d'autres, dans le discours de quelques personnes. Puis il se propage, et se voit adopté par tant de locuteurs qu'il s'oppose désormais de front à l'ancienne forme. Enfin il s'accomplit, et atteint à la régularité par l'élimination des formes rivales. »

▶ L'hypothèse de la régularité revient donc, et s'impose contre l'avis de ceux qui ne voyaient d'abord dans la variation qu'un détail stylistique, ou de registre de langue*. C'est pourquoi Labov s'est proposé de se consacrer, contre les théories qui privilégiaient ce qui ne change pas, à une linguistique des traits variables de la langue. La méthode adoptée, pour débusquer, si l'on peut dire, les phénomènes de variation, sera de rendre aussi petit que possible l'intervalle entre les deux états étudiés, intervalle géographique (entre deux quartiers, par exemple, voire deux rues), ou intervalle temporel (ce que Labov appelle des

« micro-diachronies »*). L'une des enquêtes les plus célèbres de Labov porte par exemple sur les prononciations du [r] dans certains quartiers de New York.

2 LA VARIATION EN LINGUISTIQUE

A Domaines d'application du concept

▶ Les premières grandes enquêtes menées sur la variation, telles celle menée sur l'île de Martha's Vineyard en 1961-1962 et celle menée à New York en 1963-1964, ont porté sur des réalisations phonétiques. Un lien inattendu apparaît parfois avec le sémantisme des mots. Labov cite le cas d'une personne interviewée qui, s'interrogeant sur les deux prononciations socialement marquées de *vase*, n'a pas hésité à proposer une différence sémantique entre les deux prononciations, faisant des [veiziz] des petits vases et des [va : ziz] des grands vases. De là, on peut rapidement s'apercevoir que la notion de variation s'applique aussi au lexique*. Les mots *voiture* et *automobile*, par exemple, sont-ils en variation, dans la mesure où ils renvoient au même référent* ? Le cas de la syntaxe est un peu plus délicat. On peut considérer que, dans certains cas, le locuteur dispose de plusieurs tournures syntaxiques pour dire la même chose, des ordres différents des mots, par exemple.

▶ Le concept de variation a rencontré depuis les travaux de Labov un grand succès. Il est aujourd'hui utilisé de manière très large, et des distinctions ont été proposées. Ainsi, la variation dans le temps est appelée *variation diachronique*, la variation dans l'espace est nommée *variation diatopique*, la variation liée aux registres* est appelée *variation diastratique*.

B Variation et structure linguistique

▶ La notion de variation pose un problème dans l'analyse de la structure des langues. Comment peut-on parler de structure s'il existe, dans chaque état synchronique* d'une langue, des situations de variation ? Il est parfois difficile, dans les phénomènes de variation, de faire la différence entre ce qui reste à l'intérieur du système central et ce qui tend à glisser vers un autre système, un système dialectal, par exemple.

▶ Cela montre à quel point le concept de langue* est fragile. Les phénomènes de bilinguisme et de diglossie* ne sont, après tout, que des cas de variation entre langues.

Le concept de variation, d'existence récente en linguistique, nous fait comprendre à quel point toute langue, quelle qu'elle soit, est un ensemble hétérogène et sans cesse en mouvement.

BILINGUISME ET DIGLOSSIE

Certes, la linguistique s'intéresse majoritairement à la pratique que nous avons de notre langue maternelle. Mais, en fait, pour la plupart d'entre nous, nous avons des connaissances dans plusieurs langues, soit que nous en maîtrisions deux ou plusieurs à égalité, soit que nous vivions dans des conditions sociales ou politiques nécessitant la connaissance de plus d'une langue.

1 LE BILINGUISME : UNE DOUBLE COMPÉTENCE ?

A Qu'appelle-t-on bilinguisme ?

▶ On considère qu'il y a bilinguisme (ou, plus généralement, *multilinguisme*), lorsqu'une personne est capable d'user de deux (ou de plusieurs) systèmes linguistiques de manière égale, et sans qu'un système soit valorisé par rapport à l'autre. Ce peut être le cas d'un enfant dont les parents sont de langues différentes, français et allemand par exemple. Par ailleurs, les langues acquises doivent l'être par le processus d'acquisition* d'une langue maternelle. Ainsi, une personne susceptible de parler plus ou moins bien diverses langues acquises de façons variées sera qualifiée de *polyglotte*, et non de mutilingue.

▶ Dans la réalité, les frontières sont plus souvent floues. On a pu essayer de reconstituer la représentation linguistique interne qui est celle des bilingues et proposer des distinctions. Soit le référent* chaise, par exemple. On pourra considérer que, pour une première catégorie de bilingues, lui est associé un concept unique, dont il existe deux réalisations phonologiques différentes, [ʃɛz] en français et [ʃtu : l] en allemand, par exemple. Pour une deuxième catégorie de bilingues, coexistent deux concepts « chaise » et « Stuhl », auxquels sont associés deux mondes de signification légèrement différents. Dans ce dernier cas, les deux langues à la disposition du locuteur ne seraient pas vraiment en option, mais s'inséreraient subtilement l'une dans l'autre.

B Les questions soulevées par le bilinguisme

▶ Le bilinguisme soulève de nombreuses questions dans le domaine de l'acquisition* du langage ainsi que dans les études portant sur la compétence* linguistique. On peut se demander par exemple quel est le lien entre le bilinguisme et les facultés intellectuelles. Les enfants placés en situation de bilinguisme mettent-ils plus de temps à acquérir le langage, voire à se développer intellectuellement ? Certains ont parlé de handicap, d'autres, au contraire, d'avantage.

▶ On s'est également demandé quelle influence le bilinguisme avait sur la maîtrise des langues impliquées : y a-t-il une modification dans la connaissance profonde des règles grammaticales, du système phonologique, etc. ? Enfin, quel rapport le bilingue entretient-il avec les langues qu'il pratique ? Y a-t-il pour lui une langue qui est dominante ? En fait-il un emploi spécifique ? Beaucoup de ces questions n'ont toujours pas aujourd'hui de réponse claire.

2 LA DIGLOSSIE : UN BILINGUISME SOCIAL

A Langues en contraste

▶ On considère que des individus ou des populations sont placés en position de diglossie lorsqu'ils sont amenés, pour des raisons sociopolitiques, à pratiquer deux langues différentes placées dans une position hiérarchique. L'usage de ces langues est parfois réservé à des circonstances très particulières : un cercle social, un métier, le domaine privé, etc. En fait, l'étude de la diglossie dépend fortement de l'analyse de la *politique linguistique* des pays concernés. Encouragent-ils une langue nationale ? Combien de langues tolèrent-ils dans les documents administratifs ?

▶ On peut distinguer les cas de diglossie à l'intérieur d'une même langue, et les cas de diglossie entre plusieurs langues. Dans le premier cas, une différence nette s'établit entre une forme « officielle » de la langue, qu'on appelle parfois *variété haute*, qui a souvent un usage écrit et des formes dont l'usage est la plupart du temps réservé à l'oral, et qu'on appelle *variétés basses*. En Grèce antique, il existait par exemple une variété particulière de grec, appelée le *démotique*, dont l'usage était réservé à la vie de tous les jours, et qui ne s'écrivait pas. On parlera de langue vernaculaire lorsqu'une langue, pour des raisons politiques et culturelles assez spécifiques, se trouve placée dans une situation de faible statut. Son usage est souvent oral, et elle se trouve exclue de certains domaines de l'activité. Le breton ou le basque en France, par exemple, sont des langues vernaculaires.

B Les interférences entre systèmes

▶ Toute situation de bilinguisme ou de diglossie entraîne quasi automatiquement des interférences d'un système linguistique sur l'autre. Ces interférences peuvent se produire dans la prononciation, dans le lexique ou dans la grammaire.

▶ Il est clair qu'en fait les langues évoluent en grande partie à l'aide du bilinguisme et de la diglossie plus ou moins partielle de certains de leurs locuteurs. Ainsi, le français du Québec comporte un grand nombre d'« anglicismes » qui peuvent se présenter soit comme des formes rendues phonologiquement françaises de mots anglais (*char*, pour *voiture*, par exemple, sur le modèle de l'anglais *car*), soit comme des calques de mots ou de structures syntaxiques (*magasinage*, par exemple, pour *shopping*).

Si l'étude du bilinguisme met en jeu des questions touchant l'acquisition* du langage, celle de la diglossie relève plutôt de la sociolinguistique*. La diglossie comporte des enjeux culturels et politiques qui sont absents du bilinguisme. Les situations de bilinguisme et de diglossie nous rappellent que la linguistique ne saurait se contenter de prendre en compte le rapport entre un locuteur et sa langue maternelle.

QU'EST-CE QU'UN REGISTRE DE LANGUE ?

Quand on parle d'une langue, comme le français, on parle d'une langue standard, de référence, comme s'il existait un seul français. Cependant, certains facteurs sont susceptibles de diversifier la conception que l'on a de cette langue. Parmi ceux-ci, on peut citer les registres.

1 REGISTRES ET SITUATIONS DE COMMUNICATION

A Registres, niveaux...

▶ Le type de langue que l'on utilise à un même moment et dans un même lieu peut varier en fonction des situations de parole. Ces différents types de langue sont appelés des *registres de langue*. Il n'est pas facile de tracer des frontières nettes entre les registres de langue ; le passage de l'un à l'autre se fait sans rupture tangible. Cependant, on en reconnaît en général quatre en français : le registre soutenu, le moyen ou non marqué, le populaire et le vulgaire.

▶ Le linguiste Olivier Soutet donne un bon exemple du passage d'un registre à l'autre :

1. L'adjudant, très attaché à la discipline, ne voulait pas que les soldats fussent ivres (soutenu).
2. L'adjudant, sévère, ne voulait pas que les soldats soient ivres (moyen).
3. Le juteux, plutôt réglo question discipline, voulait pas que les bidasses soyent saouls (populaire).
4. C'te vache de juteux, i voulait pas qu'les bidasses s'pètent la gueule (vulgaire).

Ce n'est pas le contenu sémantique qui change entre (1) et (4), mais la formulation, qui nous donne des indications sur celui qui parle. Ce changement de formulation affecte le vocabulaire (*adjudant/juteux*), la morphologie* (*ne... pas/pas*), la syntaxe* (la concordance des temps : subjonctif imparfait en (1), présent en (2), (3) et (4) et la prononciation (*ct'e ; soient/soyent*).

B Les facteurs de diversification

▶ Le milieu socio-économique et le parcours intellectuel du locuteur* exercent une influence certaine sur son parler : un garagiste ne parlera normalement pas la même langue qu'un académicien ou une princesse. Le registre employé peut, dès lors, donner des indications sur l'origine sociale du locuteur. Cependant, en interaction*, le locuteur, quelle que soit son origine sociale, peut être amené à choisir, parmi les différents registres, celui qui lui paraît le plus approprié pour atteindre ses objectifs dans l'échange. Il peut dès lors puiser dans l'éventail des ressources mises à sa disposition. Par exemple, avec ses collègues, un employé utilisera sans doute le tutoiement ; avec son employeur, le vouvoiement.

▶ De même, le contexte* dans lequel l'échange prend place détermine le type de registre utilisé : on parlera différemment selon que l'on se trouve sur son lieu de travail, en famille ou encore dans une séance académique.

A D'autres facteurs de diversification

D'autres facteurs peuvent intervenir dans la sélection des registres de langue. Parmi ceux-ci, on retiendra :

▶ L'âge du locuteur. On ne parle pas de la même façon à 20, 40 ou 60 ans ; deux individus d'âge différent ne parlent pas exactement la même langue.

▶ Le support de la communication. Selon que la communication est orale ou écrite, des différences de registres peuvent être perçues (voir oral et écrit*). Cependant, même si l'écrit a plus souvent recours à un style non marqué ou soutenu, et l'oral, à un style plus populaire, on ne peut affirmer l'existence d'un lien strict entre registre et support de communication. En effet, certains textes oraux sont d'un langage éminemment soutenu (on cite comme exemple les *Oraisons funèbres* de Bossuet), et certains textes écrits reproduisent le registre populaire, voire vulgaire (les *San Antonio*, par exemple).

B Le français standard

▶ Lorsque l'on parle d'une langue, même si l'on reconnaît sa diversité, on envisage une seule variété, sélectionnée parmi d'autres pour être la plus représentative. Il s'agit de la langue de référence ou langue standard. Cette langue standard est en fait un objet construit par quelques-uns à partir des différents registres.

▶ Pour le français, dans la construction mentale, culturelle, plus ou moins inconsciente qui en est faite, la langue standard a d'abord été envisagée sous un angle normatif. On parlait, avec une pointe de dédain, de niveaux de langue, comme si l'un d'entre eux était supérieur aux autres. Sous l'influence des défenseurs de la norme, on rejetait presque systématiquement les néologismes, ainsi que le recours aux emprunts comme les anglicismes. On privilégiait de la même manière le français parisien de la moyenne bourgeoisie ou des univer-sitaires. Cette conception de la langue renvoyait de préférence à une langue écrite, plutôt soutenue.

▶ L'attitude à l'égard des registres de langue a changé, notamment grâce aux apports de la sociolinguistique*, comme les concepts de *sociolectes* et de *variations**. Aujourd'hui, avec la reconnaissance de la diversité des usages de la langue, le sentiment de hiérarchie s'est estompé. La langue standard n'est plus une langue meilleure que les autres ; elle est un point de référence par rapport auquel l'usage de chacun peut être situé.

Cela fait partie de la compétence linguistique de savoir reconnaître très précisément les registres de langue et de pouvoir y avoir recours de la manière la plus appropriée qui soit à la situation de communication. On constate, au demeurant, que peu de locuteurs reconnaissent leur variété de langue dans une langue standard. Il importe donc que tous les registres différents d'une langue soient reconnus comme autant de témoins de sa richesse plutôt que comme des versions imparfaites à corriger.

LA RÈGLE

La règle est souvent vue comme une formule qui indique ce qui doit être fait dans un cas déterminé. Elle apparaît comme une loi à laquelle il faut se soumettre. En grammaire*, et particulièrement en grammaire française, la notion de règle occupe une place importante : elle fixe et impose la norme*, surtout en matière de grammaire d'accord. Cependant, la règle n'est pas qu'un instrument de la norme. Elle peut également être un outil qui permet de créer des phrases, comme en grammaire générative*.

1 DE LA RÈGLE À LA NORME

A Régularité ou anarchie

▶ Il existe un très ancien débat pour savoir si la langue* est régie par des principes d'organisation systématique ou si les assemblages d'éléments de cette langue, mots* ou énoncés*, ne sont pas plutôt le fruit d'un certain hasard. Ce débat, que l'on retrouve à toutes les époques, remonte au IIᵉ siècle av. J.-C. L'école dite d'Alexandrie, après les conquêtes d'Alexandre le Grand, se trouve face à un territoire immense à l'intérieur duquel se parlent diverses variétés de grec. Les grammairiens de cette école ressentent la nécessité de standardiser la langue, d'élaborer un modèle commun. Pour cela, ils choisissent le retour aux sources : le grec standard sera le grec d'Homère. Pour pouvoir juger de la correction de la langue utilisée, ils élaborent des tableaux de régularités qui sont censés être applicables en toutes circonstances (tableaux de cas, de conjugaison…). Le principe qui dirige ces tableaux est celui de l'analogie observée dans les formes. On parle de l'*école d'analogie* ou de l'*hypothèse analogiste*. Selon les analogistes, l'ensemble des faits observés dans la langue peut être réduit à un nombre limité de mécanismes réguliers. Avec l'élaboration de cette hypothèse, naît l'idée de norme, qu'implique le respect des références. Par là même, apparaît l'idée de faute*, laquelle vise à l'élimination des faits qui ne se laissent pas réduire aux mécanismes décrits.

▶ À cette vision s'oppose celle de l'école stoïcienne, qui, soucieuse de respecter l'usage*, la langue telle qu'on la parle, refuse la vision simplificatrice des règles analogistes. Cette école privilégie le fait déviant, et conclut à l'inexistence de norme. On appelle ce courant l'*école anomaliste*, mot issu du grec signifiant « sans règle ». À côté de cette vision tranchée, anarchique, du langage, on en trouve une plus nuancée, qui consiste à reconnaître l'existence d'une norme mais également la possibilité qu'elle ne soit pas suivie. L'anomalie consiste alors en un écart par rapport à la norme, écart qui donnera naissance à l'énoncé des listes d'exceptions dans l'établissement des règles.

B La règle en grammaire normative française

▶ La grammaire traditionnelle française a hérité sa façon de concevoir les règles de ces deux visions.

▶ Dans ses *Remarques sur la langue françoise* (1647), Claude Favre de Vaugelas se propose de décrire l'usage de la langue. Cependant, très vite, il s'érige en arbitre de ce qu'il convient de dire et d'écrire. Son ouvrage est souvent considéré comme l'acte de naissance du *bon usage*. *Les Remarques* de Vaugelas ne reposent pas sur des critères linguistiques, mais sur l'observation de « *la façon de parler de la plus saine partie de la Cour conformément à la façon d'écrire de la plus saine partie des auteurs du temps* ». Les règles qui en découlent sont donc fondées sur des critères subjectifs, esthétiques et sociaux (aristocratiques).

▶ En France, au début du XIXᵉ siècle, la majorité de la population ne parlait pas le français, mais différents dialectes (voir dialectologie*). Il fallut apprendre le français à ceux qui ne le parlaient pas. Cela s'est fait notamment à l'aide d'un enseignement normatif et répétitif centré sur l'orthographe : il fallait étudier, répéter et appliquer des règles de grammaire qui commandaient tel accord du verbe, tel accord du participe passé… Ce sont ces règles qui dirigent aujourd'hui encore notre usage de la langue.

▶ Ces règles ne permettent pas de construire, de produire ou de créer des phrases. Pour la plupart, elles consistent à dire quel type d'accord est attendu (accord du verbe avec le sujet…). Elles ne visent ni à décrire, ni à expliquer l'usage : elle disent l'usage tel qu'il doit être.

▶ Elles se présentent sous forme d'énoncés généraux, censés recouvrir tous les cas visés par la règle : *Le pluriel se marque par l'adjonction d'un - s à la fin d'un mot.* Cependant, comme l'usage ne se laisse pas réduire facilement, ces règles sont suivies d'exceptions : le pluriel en -*x*, par exemple (*choux, bijoux…*), en -*aux* (*travaux…*). En fait, la grammaire traditionnelle énonce des règles qui ne sont générales qu'en apparence : elle cherche surtout à lister l'ensemble des exceptions, qui, comme chacun sait, sont censées confirmer la règle. C'est ainsi que ses règles sont surtout des règles particulières, qui, à y regarder de plus près, sont susceptibles d'engendrer des phrases agrammaticales. Ainsi, le verbe *coûter* est considéré comme transitif dans la phrase *Les efforts que ce travail m'a coûtés* : on accorde le participe passé, preuve que *coûter* peut avoir un complément d'objet direct. Or, si l'on veut mettre cette phrase à la voix passive, en appliquant la règle proposée par la grammaire traditionnelle, on obtient une phrase agrammaticale : * *Des efforts m'ont été coûtés par ce travail.*

▶ On notera qu'une règle est au départ issue de l'observation des faits. L'observateur découpe une portion de réalité du langage, la regarde d'une certaine manière et la décrit. Le découpage, le regard et la description dépendent clairement de l'observateur. Aussi, on pourrait imaginer que les mêmes phénomènes soient décrits de manière différente, à partir d'un point de vue différent. En matière de grammaire normative, cela apparaît peu car les grammaires recopient les règles traditionnelles. Ces règles normatives renferment donc une part d'arbitraire, mais aussi, paradoxalement, de stabilité. Il convient dès lors de réévaluer avec prudence leur portée.

2 LES RÈGLES EN GRAMMAIRE GÉNÉRATIVE ET TRANSFORMATIONNELLE

A Les règles de réécriture

▶ En linguistique, toute règle n'a pas nécessairement une valeur normative. En grammaire générative*, par exemple, la règle ne commande pas un usage. Elle permet, à partir d'instructions claires, de construire l'ensemble infini des phrases grammaticales d'une langue. Pour ce faire, selon la version standard, il existe deux types de règles : des règles de réécriture, que l'on trouve déjà en grammaire distributionnelle*, et des règles de transformation.

▶ Les règles de réécriture sont des règles de grammaire qui fonctionnent comme des instructions. Elles sont utilisées pour indiquer qu'un élément, ou une suite d'éléments, peut être converti en un autre élément, ou une autre suite d'éléments. On représente ce type de règle de la manière suivante :

$$X \rightarrow Y$$

où X est converti en Y, la flèche signifiant « est à réécrire ». Cette règle signifie donc que X doit être réécrit comme Y ou sous la forme de Y. Un ensemble fini de règles de réécriture est appelé *système d'écriture*. La grammaire distributionnelle*, qui analyse les phrases en constituants immédiats, est un système de réécriture. En effet, elle procède par conversion successive des éléments ou suites d'éléments de la phrase en d'autres éléments. Ainsi, si l'on prend une phrase P, elle peut être réécrite en des éléments qui vont être réécrits à leur tour :

Règle 1 : P → SN + SV, où P est la phrase, SN, le syntagme nominal sujet et SV, le syntagme verbal prédicat.

Règle 2 : SN → dét. + (adj) + N, où dét. est le déterminant, adj., l'adjectif épithète et N, le nom.

Règle 3 : SV → V (SN), où V est le verbe. La mise entre parenthèse du SN signifie que le verbe n'a pas toujours de complément.

Règle 4 : Dét. → le, une, la...

Règle 5 : N → chat, souris, pomme...

Règle 6 : Adj → petit, grosse...

Règle 7 : V → dort, mange, regarde...

À l'aide de ces règles, on peut déjà construire un certain nombre de phrases : *Le chat dort, le chat mange la souris, la souris regarde le chat, la petite souris mange une grosse pomme...*

B Les règles de transformation

▶ La description structurale d'une phrase à l'aide des règles de réécriture aboutit à une représentation de la phrase en arbre du type :

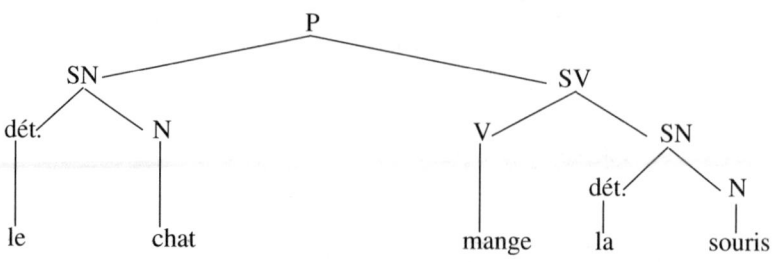

Cette phrase peut être transformée, à l'aide de règles particulières dites *de transformation*, en d'autres phrases de sens et de structure proches. À partir de cette phrase, on obtient finalement une *structure de surface*, au terme des transformations successives, et après l'application de règles phonologiques qui habillent cette structure avec les sons qui correspondent. Ces transformations agissent de différentes manières sur la structure de base. Elles sont symbolisées par une double flèche. Par exemple :

– par expansion : une proposition subordonnée, comme *que Pierre viendra*, dans la phrase *Je pense que Pierre viendra*, est une expansion d'un syntagme nominal de la structure de base *Je pense quelque chose* ;

– par suppression : l'effacement de certains éléments répétés est le résultat d'une transformation par suppression (*Jean fait ses valises et Jean part en vacances ⇒ Jean fait ses valises et part en vacances*) ;

– par addition : dans la transformation passive, on observe par exemple l'ajout de l'auxiliaire *être* et de la préposition *par* pour introduire le complément d'agent (*Le chat mange la souris ⇒ La souris est mangée par le chat*).

▶ De la sorte, avec un nombre fini de règles, de réécriture et de transformation, il est possible de construire l'ensemble infini des phrases grammaticales de la langue.

▶ On remarquera une différence fondamentale entre les règles de grammaire normative et les règles de grammaire générative. Ces dernières ne prétendent pas canaliser l'usage dans un cadre précis. Au contraire, elles permettent une certaine créativité dans la production de phrases (voir compétence et performance*), sans qu'aucun jugement normatif n'intervienne.

De la grammaire à la linguistique, la notion de règle a perdu son caractère normatif. Il n'est plus question de loi qui impose un usage, mais de formule, d'opération ou de procédé qui permet de décrire ou de créer des phrases. La règle en linguistique se rapproche dès lors de règles mathématiques comme la « règle de trois », règles qui permettent de résoudre des problèmes.

LA FAUTE

Sous ses dehors de péché grave – le terme faute est emprunté au vocabulaire religieux qui renvoie au péché originel –, la faute d'orthographe ou de grammaire continue d'effrayer. Sanctionnée, comme doit l'être toute transgression de règle*, elle doit néanmoins être relativisée. Il convient de s'interroger sur la notion de faute. Elle a surtout un sens en grammaire normative : en a-t-elle un en linguistique ?

1 LA FAUTE EN GRAMMAIRE

A Qu'est-ce qu'une faute ?

▶ Le terme *faute* renvoie d'abord au manquement à une règle morale, à une mauvaise action (*commettre une faute*). Par extension, il désigne un manquement à une règle, à un principe, notamment de grammaire.

▶ D'un point de vue normatif, est considéré comme *faute* tout ce qui ne se conforme pas à la norme*. Cependant, la norme repose bien souvent sur des critères plus sociaux que linguistiques. Quand, en 1647, Claude Favre de Vaugelas écrit ses *Remarques sur la langue françoise*, il fonde la norme sur « *la façon de parler de la plus saine partie de la Cour conformément à la façon d'écrire de la plus saine partie des auteurs du temps* ». Lorsque l'Académie française publie, en 1694, la première édition de son dictionnaire, elle suit la prise de position de Mézeray : celui-ci privilégie une orthographe volontiers étymologisante et compliquée « *qui distingue les gens de lettres d'avec les ignorans et les simples femmes* ». En fait, la faute n'a souvent été jugée faute contre toute la langue que dans le but d'isoler l'usage* de certains groupes sociaux du risque de contamination avec les autres.

B Les différents types de fautes

▶ On distingue traditionnellement, à côté des fautes d'orthographe d'usage (oubli des doubles consonnes, de l'accent circonflexe ou du trait d'union…), des fautes qui concernent plutôt le système de la langue.

▶ Certaines fautes consistent à construire des mots ou à les transformer sous l'influence d'une autre langue. Ainsi, *résolver* pour *résoudre* est un calque de l'anglais. De même, la traduction littérale d'expressions propres à une langue (les expressions dites *idiomatiques*) est souvent à l'origine de fautes : *Sky, my husband !* pour *Ciel, mon mari !* Participent au même groupe les fautes commises au niveau de la forme des mots (*vous disez, il courira, des canals…*) ou encore l'usage inapproprié d'un terme (*apporter ses enfants* au lieu de les *amener*), appelé *impropriété*. Toutes ces fautes concernent le lexique* ou la morphologie lexicale*. On les appelle *barbarismes*, mot qui, étymologiquement, signifie faute de langue commise par un étranger.

▶ On peut également relever les fautes de syntaxe. On range parmi ces fautes les fautes de pluriel (mauvais pluriel des noms en - ou, par exemple : *des pous*), les mauvais accords en genre, les fautes d'emplois des modes, temps ou auxiliaires (l'emploi du subjonctif derrière *après que* : *Après qu'il soit parti…* ; ou encore le fameux *Si j'aurais su, j'aurais pas venu*). Ces fautes contre la syntaxe sont appelées des *solécismes*.

2 LE POINT DE VUE LINGUISTIQUE

A Grammaticalité et acceptabilité

▶ L'attitude du linguiste est censée être exempte de jugement normatif (voir linguistique et grammaire*) : il n'a pas à se prononcer sur ce qu'il faut dire ou ne pas dire, lorsqu'il se propose de décrire une langue. Cependant, toute forme de jugement n'est pas nécessairement exclue de l'activité linguistique. Pour la grammaire générative*, par exemple, la dimension du jugement est importante. Tout locuteur, en fonction de la compétence linguistique* qu'il possède, est capable de donner une appréciation intuitive quant à la bonne ou mauvaise formation d'une phrase. Cette appréciation prend la forme d'un jugement linguistique, non normatif, sur la grammaticalité de la phrase. Une phrase comme *Moi vouloir toi* peut être interprétable aisément, mais elle n'est pas construite selon les règles de la grammaire. Elle est donc agrammaticale.

▶ De même, une phrase grammaticale peut être jugée asémantique ou sémantiquement mal formée. C'est l'exemple célèbre de Noam Chomsky* *D'incolores idées vertes dorment furieusement*. Cette phrase n'est pas formée conformément aux règles de la compétence selon lesquelles *dormir* requiert un sujet animé (or *idée* n'est pas un animé). On parle alors d'*inacceptabilité* de la phrase.

▶ On peut se demander si de tels jugements, de grammaticalité, d'acceptabilité, ne réintroduisent pas un facteur normatif dans l'analyse linguistique. D'autant que, souvent, une phrase jugée agrammaticale ou inacceptable peut s'avérer tout à fait grammaticale ou acceptable dans un contexte bien précis.

B La faute comme facteur d'évolution

▶ Certains linguistes voient dans la faute une réponse à certaines exigences de la langue, le signe d'un besoin, qui annonce les évolutions de cette langue. C'est notamment le cas de Henri Frei, qui rédigea une *Grammaire des fautes* (1929) dans laquelle il classe les fautes en fonction des besoins qu'elles permettent de satisfaire (voir Martinet et le fonctionnalisme*).

▶ Pour comprendre en quoi une faute peut être un révélateur plus qu'une déviance, prenons le cas du subjonctif employé derrière la conjonction *après que*. La règle exige l'indicatif derrière cette conjonction : en bonne grammaire, il faudrait dire *Je rentrerai après qu'il est parti*. Or la plupart des locuteurs emploient le subjonctif. Et comment pourrait-on affirmer que tous ces locuteurs commettent là une faute ? En fait, l'emploi du subjonctif s'explique par l'évolution des temps du passé de l'indicatif. Derrière *après que*, la langue veut en fait une forme composée, comme l'indicatif passé composé. Cependant, le passé composé est de plus en plus utilisé pour exprimer les valeurs du passé simple. Dès lors, ce temps composé, qui a assimilé les valeurs du temps simple, ne convient plus pour exprimer la valeur qu'exige *après que* et qui ne se trouve que dans les temps composés. C'est pourquoi le français est allé retrouver cette valeur dans les temps composés du subjonctif. Ainsi, la faute révèle en fait l'évolution du système*. Ce point de vue rejoint celui exprimé par des sociolinguistes tel William Labov : la faute est le véritable moteur de l'évolution d'une langue.

D'un point de vue linguistique, la faute ne peut être regardée comme un phénomène à éradiquer. Le débat sur la régularité du langage n'est guère tranché. Les situations en marge ne peuvent dès lors être systématiquement stigmatisées. Elles sont peut-être comme le signe d'une évolution en train de se faire.

LE SIGNE

Par l'idée de signe, on peut essayer de rendre compte de la relation entre les systèmes d'expression quels qu'ils soient et la réalité du monde. La définition du terme comme concept est cependant moins aisée que ne le laisse paraître son emploi dans le langage courant. Aujourd'hui, le concept fait l'objet d'une utilisation dans deux grands domaines, la sémiotique et la linguistique.

1 LE SIGNE EN SÉMIOTIQUE

A Une relation à trois termes

▶ Selon le philosophe et logicien américain Charles Sanders Peirce (1839-1914), la science du signe étudie une relation à trois termes entre le signe, l'objet représenté – auquel le signe se substitue – et l'effet que le signe produit.

▶ Dans la mesure où un signe pourrait, par exemple, représenter plusieurs objets ou encore produire plusieurs effets, cette science comporte donc une part d'interprétation.

B Signes : symboles, icônes, indices

Dans l'ensemble des signes, on peut distinguer les symboles, les icônes et les indices :

▶ Sera considéré comme *symbole* le signe qui renvoie à son objet par une convention : le feu vert est signe que le passage est libre ; ce signe ne renvoie à la liberté de passage que par convention ; il sera considéré comme un symbole. Les mots d'une langue peuvent également être considérés comme des symboles.

▶ Sera considéré comme *icône* le signe qui procède par la mise en exergue de propriétés identiques à celles de l'objet représenté : une tache bleue pour la couleur bleue.

▶ Sera considéré comme *indice* un signe qui signifie du fait de sa proximité ou de son analogie avec l'objet représenté : le symptôme pour la maladie.

2 LE SIGNE LINGUISTIQUE

A Le signe selon Saussure

▶ Le signe linguistique doit sa première formalisation à Ferdinand de Saussure*. Celui-ci propose une définition du signe comme résultat de la combinaison de deux éléments appelés respectivement *signifiant* et *signifié* :

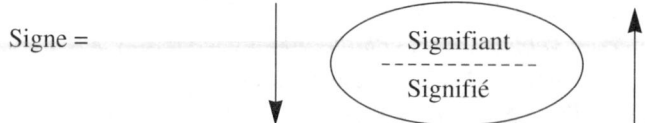

Signe =

Signifiant

Signifié

▶ Le signifiant est l'image acoustique du mot ou du morphème ; il est une suite de phonèmes* et non de sons (ex. : /arbrə/). Le signifié est le concept associé (ex. : le concept *arbre*, qu'on opposera au référent* ARBRE, objet du monde réel). Produit de l'association d'une image acoustique et d'un concept, le signe linguistique est donc une représentation mentale, une entité psychique et non physique.

▶ Le signe linguistique a trois propriétés essentielles :
– Il présente deux faces indissociables. Pour représenter ce caractère, Saussure utilise la métaphore de la feuille de papier : on ne peut en découper le recto sans en même temps en découper le verso.
– Il est arbitraire. La relation entre le signifiant et le signifié est de type conventionnel. Elle n'est motivée par aucune relation nécessaire de cause à effet. Elle possède cependant un caractère contraignant. À partir du moment où l'on s'est entendu pour appeler un chat *un chat*, on est contraint d'utiliser ce mot pour se faire comprendre. Il n'est pas possible de le remplacer, de sa propre initiative, par le mot *poisson*, sous peine de contresens flagrants. Même dans le cas de certaines onomatopées, censées reproduire des bruits de la réalité, la diversité tant historique que géographique des signes utilisés témoigne de cet arbitraire. Le *cocorico* gaulois se mue en *kikiriki* chez les Italiens.
– Il est linéaire. Le signifiant, dans la mesure où il s'inscrit dans le temps, présente un caractère linéaire. Ses éléments se présentent successivement. À la différence d'autres signes sémiotiques, comme un panneau du code de la route, dont les différents symboles constitutifs peuvent être lus indépendamment d'un ordre prescrit.

B Exploitation ultérieure de la notion

▶ Certaines grandes divisions de la linguistique paraissent être expliquées par le concept de signe. Ainsi, la relation entre les signes et ce qu'ils signifient peut être qualifiée de *sémantique** ; la relation des signes entre eux peut être qualifiée de *syntaxique** ; et la relation entre les signes et leurs utilisateurs peut être qualifiée de *pragmatique**.

▶ Le structuralisme des années 50-60 a cherché à approfondir les correspondances possibles entre l'idée saussurienne de signe linguistique et le concept sémiotique général de signe. Si une langue peut être comprise comme un système sémiotique de signes, on notera cependant que, à la différence des codes* comme l'algèbre ou la musique, les langues naturelles ne présentent pas de relations biunivoques entre signifiant et signifié : à un signifiant ne correspond pas nécessairement un et un seul signifié, et, inversement, à un signifié ne correspond pas nécessairement un et un seul signifiant.

L'utilisation linguistique du concept de signe est étroitement dépendante de celle du concept saussurien de langue. Dans la mesure où cette conception de la langue est peu exploitée dans les théories linguistiques contemporaines, le concept de signe, même linguistique, est surtout utilisé aujourd'hui dans son acception sémiotique.*

SENS, SIGNIFICATION ET VALEUR

Les termes « sens » et « signification » sont très présents dans le langage courant. On cherche la signification des mots dans le dictionnaire, on s'interroge sur le sens de la vie, on s'énerve quand « ça n'a pas de sens ! ». En linguistique, l'utilisation de ces termes n'est pas très fixée. Ils appartiennent, avec le terme « valeur », aux champs de la sémantique* et de la pragmatique*.

1 SENS DES UNITÉS ET UNITÉ DE SENS

A Qu'est-ce que le sens ?

▶ Poser la question du sens en linguistique revient à poser la question du sens des unités du langage, du mot* ou de la phrase*. C'est en premier lieu la sémantique qui s'est chargée de cette étude.

▶ Pour étudier le sens du mot, la sémantique procède en distinguant les différents traits sémantiques minimaux qui le composent. Ces éléments sont appelés des *sèmes*. Ainsi, le sens du nom *homme* peut être décrit en deux sèmes, par exemple : le sème « animal » et le sème « doué de raison ».

▶ La sémantique structurale étudie le sens à l'intérieur du système* des signes de la langue. Elle ne prend pas en considération le rapport au référent*, à l'objet du monde auquel le signe renvoie. Lorsqu'elle étudie le sens du signe *homme*, elle le fait par rapport aux autres signes qui composent la langue (*femme, animal…*) et non par rapport à l'objet *homme*. On parle, dans ce cadre, d'autonomie du sens, et du système, par rapport au monde représenté.

▶ Pour que l'on puisse étudier le sens de la phrase, il faut que les unités de sens qui la composent puissent être comprises et qu'elles soient agencées de manière intelligible. Si la phrase a recours à des termes très rares ou très spécialisés (comme les termes scientifiques), le sens sera difficile à construire. De même, l'agencement d'unités intelligibles peut se révéler incompréhensible, comme dans l'exemple de Lucien Tesnière* *Le silence vertébral indispose la voile licite*. La phrase doit également se conformer à un certain nombre de règles* de construction morphologiques* et syntaxiques* (formation des unités, accord, ordre des mots…) et s'inscrire dans son contexte linguistique en en respectant la cohésion*, la logique. L'étude du sens de la phrase, pour être complète, doit aussi prendre en compte les éléments implicites* du sens, par exemple, ce qu'elle présuppose (*Pierre a cessé de fumer* présuppose que *Pierre fumait*).

B La polysémie et la synonymie

▶ L'étude du sens des unités lexicales réserve parfois quelques surprises. Le signe* saussurien associe en théorie un signifiant et un signifié. Cependant, il n'est pas rare de rencontrer des mots qui ont plusieurs sens, et, donc, des signifiants qui se voient associer plusieurs signifiés. C'est le cas, par exemple du nom *table* : les différents emplois du mot (table de cuisine, table de multiplication, table de la loi) révèlent autant de sens. La polysémie peut être à l'origine de l'ambiguïté*, lorsque le contexte* ne permet pas de trancher entre les différents sens.

▶ Enfin, un signifié peut être pris en charge par deux signifiants différents. On parle alors de *synonymie*. Les verbes *mourir* et *décéder*, par exemple, ont le même signifié. Cependant, il semble qu'il n'y ait jamais de synonymie parfaite. Les conditions d'emploi des termes synonymiques dépendent souvent des circonstances de communication, du registre de langue* utilisé, des connotations* véhiculées... Ainsi, si le verbe *mourir* est assez neutre, le verbe *décéder* est plutôt d'usage administratif. À l'échelle de la phrase, la synonymie est appelée paraphrase*.

2 LES VARIATIONS DE SENS

A Sens et signification : de la phrase à l'énoncé

▶ On peut envisager le sens hors contexte, dans la phrase avant qu'elle ne soit employée : la phrase *Je te verrai demain* signifie « le locuteur dit à son interlocuteur qu'il le verra le lendemain ». C'est la sémantique* qui prend en charge l'étude du sens hors contexte.

▶ Ce sens peut aussi être envisagé en énoncé*, c'est-à-dire en contexte, lorsque la phrase est effectivement prononcée dans des circonstances particulières : l'énoncé, à chaque occurrence, signifiera quelque chose de différent, en fonction de la personne du locuteur, de celle de l'interlocuteur, de leur relation, du moment de la prise de parole... Lorsque le sens est appréhendé en contexte, on parle de *signification*. C'est la pragmatique* qui prend en charge l'étude de la signification en contexte.

▶ Cette opposition entre *sens* et *signification* est généralement prise en compte par les linguistes. Cependant, la terminologie n'est pas fixée de la même manière pour tous. Il arrive que les emplois des deux termes soient présentés de manière inverse.

B Sens, signification et valeur : de l'élément au système

▶ Le sens ou la signification d'un signe ne peuvent être complets si l'on n'envisage pas le réseau de relations dans lequel ce signe est inscrit. Dans le système* de la langue, chaque signe est en relation avec les autres signes comme, dans le jeu d'échecs, chaque pièce est en relation avec les autres pièces. La valeur de chaque signe, comme celle des pièces du jeu d'échecs, dépend de sa position dans le système par rapport aux autres signes.

▶ Prenons l'exemple du sous-système des noms appellatifs qui regroupe, au singulier, *Madame*, *Mademoiselle* et *Monsieur*. On ne peut pas dire que la valeur de *Monsieur* puisse être comparable à celle de *Madame*, dans la mesure où il n'existe pas au masculin un terme équivalent à *Mademoiselle* (terme qui devrait être *Mondamoiseau*). L'opposition marié/non marié marquée au féminin par le couple *Madame/Mademoiselle* ne se retrouve pas au masculin.

L'étude du sens n'est pas du seul domaine de la linguistique de la langue. À côté des éléments de sens sémantiques, qui concernent la phrase hors contexte, il convient d'ajouter les éléments de sens pragmatiques, qui sont ajoutés par le contexte. De la sorte, le couple sens/signification reproduit les oppositions langue/discours, phrase/énoncé et sémantique/pragmatique.

LA RÉFÉRENCE

Quel rapport le langage a-t-il avec le réel ? Est-il le reflet du monde ou n'en est-il qu'une reconstruction ? Une des fonctions du langage*, la fonction dénotative, consiste à décrire le monde, à le représenter. Les signes* linguistiques renvoient à quelque chose d'autre qu'eux-mêmes. Il reste à préciser les rapports entre le signe et cet objet du monde extérieur au langage que l'on appelle « référent ».

1 LE LANGAGE DIT-IL LE MONDE OU LE RECRÉE-T-IL ?

A Le langage dit le monde

▸ La question du rapport de la langue au monde est posée en philosophie depuis l'Antiquité*, notamment, chez Héraclite et dans la théorie platonicienne de la connaissance. Selon cette théorie, le langage est le reflet fidèle du monde et non une construction de l'esprit. Quand nous parlons, nos mots renvoient fidèlement aux choses qu'ils désignent et, qui plus est, l'organisation de nos phrases renvoie tout aussi fidèlement à l'organisation du réel.

▸ Dans cette optique, quand je dis *Le chat est sur le paillasson*, je renvoie directement aux objets réels *chat* et *paillasson*. L'organisation de la pensée et celle des signifiés reproduisent l'organisation du réel. Cette conception du rapport langue/réalité est appelée *réaliste*. On la retrouve, entre autres, chez les grammairiens modistes du Moyen Âge* et dans la grammaire de Port-Royal. Elle fut également défendue par le logicien allemand Gottlob Frege (1848-1925).

B Le langage recrée le monde

▸ La conception réaliste du rapport langage/monde se heurte à une objection majeure. Comment se fait-il que deux expressions différentes puissent renvoyer au même référent ? Pourquoi les expressions *soleil* et *astre du jour*, qui n'ont pas le même signifié, ont-elles le même référent ? Selon la conception réaliste, à une expression devrait toujours correspondre un et un seul référent, et, inversement, à un référent devrait toujours correspondre une et une seule expression. Pourquoi, par ailleurs, peut-on dire *Le paillasson est sous le chat* pour rendre compte de la même situation que celle évoquée par *Le chat est sur le paillasson* ?

▸ Une autre conception du rapport langage/monde invite à considérer le signe non pas comme le reflet exact du référent, mais comme un reflet parmi d'autres, issu de la reconstruction du réel qu'opère l'esprit. Cette conception, appelée *nominaliste*, est représentée au Moyen Âge par le penseur Guillaume d'Occam. Elle fut défendue également par les philosophes empiristes anglais, au premier rang desquels on trouve John Locke (1632-1704).

▸ Selon cette conception, le langage permet de rendre compte de la perception que l'on a de la réalité. Ainsi, en français, on peut parler du *soleil couchant* ou du *soleil levant*, parce que c'est la perception que l'on a de la course de cet astre. L'astronome sait bien, quant à lui, que le soleil ne se lève ni ne se couche jamais. De la sorte, le langage ne crée pas le réel, mais l'organise, le structure. Cette conception du langage comme filtre de la réalité a notamment été développée par le linguiste danois Louis Hjelmslev*.

2 LES MARQUES LINGUISTIQUES DE LA RÉFÉRENCE

A Y a-t-il des mots plus référentiels que d'autres ?

▶ En linguistique, la référence est la relation qui unit le signe*, association d'un signifiant et d'un signifié, et l'objet du monde auquel ce signe renvoie. Cet objet du monde, réel (un chat, par exemple) ou fictif (une licorne, par exemple), est appelé *référent*.

▶ Dans la langue, il y a des signes qui *a priori* sont destinés à renvoyer au référent : en français, les noms, les verbes, les adjectifs et certains adverbes. En effet, les expressions *table, marcher, beau* présupposent l'existence de quelque chose : « des tables », « l'action de marcher » ou « la propriété d'être beau ». Pour désigner ces signes linguistiques, on parle de *dénominations*.

▶ S'ils ont tous le statut de *dénominations*, ces signes n'ont pas tous la même capacité de renvoyer à un référent. Les noms ont une capacité référentielle plus grande que les verbes ou les adjectifs. En effet, quand je dis *table*, on peut dire que je renvoie directement au référent « table ». En revanche, quand je dis *beau*, je ne renvoie pas directement à un référent « beau » ; je suis obligé de faire intervenir un autre référent, à savoir « l'objet qui est beau ».

B Référence et interprétation

▶ L'interprétation d'un énoncé* peut faire appel aux circonstances extralinguistiques de la communication. Le recours au référent peut s'avérer nécessaire dans certains cas.

▶ Dans la phrase *Je te verrai demain*, l'interprétation ne sera pas complète si l'on n'identifie pas le référent des pronoms *Je* et *te* et si l'on ne sait pas quand cette phrase a été prononcée (pour savoir quand est *demain*). La situation de communication fournit ces indications référentielles. Parfois, cependant, la situation ne suffit pas : si je dis *Je veux ce livre* en entrant dans une librairie, le démonstratif *ce* devra être appuyé par un geste désignant le livre en question si je veux que le libraire me le donne. La signification de *ce* n'est pas suffisamment complète pour que le référent soit identifié.

▶ Dans certains cas, le référent d'un pronom n'est pas à chercher à l'extérieur du texte, mais dans le texte lui-même. Dans la phrase *Quand **la concierge** n'est pas dans sa loge, **elle** est dans l'escalier*, le pronom *elle* renvoie au syntagme *la concierge* qui le précède dans le texte : on parle alors d'*anaphore*. Si le pronom précède le syntagme représenté, comme dans *Quand **elle** n'est pas dans sa loge, **la concierge** est dans l'escalier*, on parle de *cataphore*.

La question de la référence, initialement, est plutôt une question de philosophie du langage. La linguistique structurale, par exemple, a toujours refusé d'étudier le rapport entre signe linguistique et référent : celui-ci ne faisait pas partie du système de la langue, seul objet de son étude. La linguistique du discours a réintroduit le contexte extralinguistique : la question du référent est dès lors réapparue dans la discipline.*

COHÉSION ET COHÉRENCE

De même qu'un mot* n'est pas une suite aléatoire de phonèmes* et qu'un syntagme* ou une phrase* n'est pas une suite aléatoire de mots, un texte* ne peut être une suite aléatoire de phrases. Quels sont donc les critères qui font qu'une suite de phrases puisse constituer un texte ? Parmi ceux-ci, on trouve la cohésion et la cohérence.

1 LA COHÉSION

A Qu'est-ce que la cohésion ?

▶ Les phrases ne doivent pas seulement respecter des règles* de bonne formation grammaticale ou sémantique, elles ne doivent pas seulement être *grammaticales* ou *acceptables*, elles doivent encore s'inscrire de la manière la plus harmonieuse possible dans le contexte* où elles apparaissent. La notion de *cohésion* peut être définie comme la propriété d'un ensemble dont toutes les parties sont intimement unies. Appliquée au texte, la cohésion détermine si une phrase bien formée est appropriée au contexte. Un texte respectera les condition de la cohésion si toutes les phrases qui le composent sont chaque fois acceptées comme des suites possibles du contexte précédent.

▶ Le linguiste français Robert Martin illustre cette notion à l'aide de l'exemple suivant : « Il fallut du temps à Maigret pour mettre la main sur l'assassin du ministre. Il a cru tout d'abord… Puis il a cherché du côté de… Après bien des péripéties, il a enfin trouvé la trace de ce criminel abominable. »

▶ Si l'on veut continuer cet extrait, on devra préférer une phrase du type *Finalement, il l'a arrêté à Lyon* à une autre du type *Finalement, il a été arrêté à Lyon*. En effet, les pronoms ont toujours renvoyé à Maigret dans ce texte. Un brusque changement de référent* devrait être signalé autrement, par l'utilisation du démonstratif, par exemple (*Finalement, celui-ci a été arrêté à Lyon*). La cohésion du texte sera donc mieux assurée par la première des deux propositions.

B Le champ d'application de la cohésion

▶ Lorsque l'on étudie la cohésion d'un texte, on s'attache surtout aux mécanismes strictement linguistiques qui régissent les relations entre syntagmes dans la phrase ou encore entre phrases dans le texte.

▶ La reprise de certains syntagmes par des noms ou des pronoms (par exemple, le mécanisme que l'on appelle *anaphore*), la concordance des temps des verbes, les connecteurs utilisés dans l'enchaînement entre deux phrases et les paraphrases* sont autant de mécanismes verbaux qui relèvent de la cohésion.

▶ Le texte doit par ailleurs former une unité (chaque élément nouveau doit se rattacher suffisamment à ce qui précède et conserver suffisamment du sémantisme de ce qui précède), tout en progressant vers une fin (chaque élément doit apporter suffisamment d'information nouvelle). Dans cette optique, on considère la phrase *Le tableau dort* comme inacceptable parce qu'il n'existe pas de sème commun entre *tableau* et *dormir* (qui se dit d'un être animé). La cohésion se vérifie, en effet, sur l'axe syntagmatique du déroulement linéaire du texte, si, entre les différents éléments, on peut observer des répétitions de sèmes. Cette répétition de sème, qui fait défaut dans l'exemple et qui est donc nécessaire à la cohésion du texte, est appelée *isotopie*.

2 LA COHÉRENCE

A Qu'est-ce que la cohérence ?

▶ La cohésion textuelle, qui vérifie donc qu'une phrase est appropriée au contexte dans lequel elle est inscrite, peut être complétée, au niveau de l'analyse pragmatique, par la notion de *cohérence*. Cette notion fait intervenir le contexte dans un sens plus large que la notion de cohésion. En effet, ce ne sont pas les éléments linguistiques du contexte qui sont envisagés, mais la situation extra-linguistique ainsi que la proportion de connaissances du monde qui interviennent dans les enchaînements textuels.

▶ Soit l'exemple suivant, cité par Martin :
Pourquoi le Professeur Tournesol vient-il à la Sorbonne en patins à roulettes ?
Trois réponses sont proposées :
(1) *Parce qu'il a cours.*
(2) *Parce que le métro est en grève.*
(3) *Parce qu'il est fou.*

La réponse (3) paraît la meilleure. En effet, si au niveau de la cohésion, les trois réponses se valent (le *cours* répond à *Sorbonne*; le *métro* à *patins à roulettes*), la réponse (3) est plus conforme aux connaissances que nous partageons à propos du Professeur Tournesol, à savoir que c'est un savant fou.

B Le champ d'application de la cohérence

▶ La cohérence textuelle se mesure moins dans la linéarité des séquences du texte, qui est le domaine de la cohésion, que d'un point de vue global. L'analyse de la cohérence part du texte, de sa structure, de son organisation non linéaire, et examine ses composantes en fonction de la signification qu'ils apportent à propos du thème du texte, par exemple. Outre les connaissances du monde qui interviennent dans l'échange, l'étude de la cohérence se fonde sur l'analyse de l'implicite* que renferme le texte, sur l'orientation de l'argumentation vers un but (la finalité de l'interaction verbale*), sur le respect du principe de coopé-ration et de maximes de conversation (notamment, la maxime de pertinence*) décrits par Herbert Paul Grice (voir pragmatique*).

▶ La cohérence concerne notamment le choix qui est fait entre tel ou tel argument pour arriver à un but dans le respect des règles de conversation. Ce choix se fait à l'intérieur d'un paradigme d'arguments qui auraient pu être invoqués. C'est la raison pour laquelle on considère la cohérence comme une propriété qui concerne l'axe paradigmatique. Dans l'exemple cité plus haut, le choix de l'argument *il est fou* est considéré comme le plus cohérent, parce qu'il répond à la question posée en fournissant des informations pertinentes, conformes à notre connaissance du monde.

Les notions de cohérence et de cohésion sont devenues des concepts clés de la linguistique textuelle. Il semble difficile, voire artificiel, de vouloir tracer une frontière nette entre leurs champs d'application, même si ce couple de notions renvoie à des oppositions qui traversent toute la linguistique comme les oppositions sémantique/pragmatique, axe syntagmatique/axe paradigmatique*...*

L'ÉNONCIATION

Longtemps, la linguistique ne s'est intéressée qu'à l'énoncé*, que ce soit sous le rapport de sa structure syntaxique* (phrases*), sémantique* ou phonologique*. Depuis quelques décennies, elle s'intéresse également à l'énonciation, c'est-à-dire à la production même de l'énoncé. Tout ce qui est dit est produit par quelqu'un qui le dit, dans un certain lieu, à un certain moment, dans certaines circonstances.

1 ÉNONCIATION ET ÉNONCÉ

A Le concept d'énonciation

▶ On peut dire que par le mot *énoncé*, forme de participe passé du verbe *énoncer*, on désigne un produit, le résultat d'un acte. Par le mot *énonciation*, construit à partir de la forme active du même verbe, on désigne le processus même qui a pour aboutissement l'énoncé. Ce processus est unique : il n'est pas susceptible d'être reproduit comme l'énoncé. S'il est reproduit, apparaissent des conditions nouvelles d'énonciation. L'énonciation est donc ce qui rattache l'énoncé à la réalité, mais aussi au temps.

▶ Le concept d'énonciation fonde la démarche de la pragmatique*. Toutefois, il est à noter qu'en tant que tel il est particulier à la linguistique française. En effet, il est clairement issu de l'attention très grande portée par la tradition de cette linguistique à tout ce qui relève de l'énoncé et, donc, du désir d'en rechercher un concept symétrique. La pragmatique anglo-saxonne, en décrivant les mêmes objets, les aborde souvent à partir de la notion d'acte de langage*.

B Les caractéristiques de l'énonciation

▶ Au sens strict, l'énonciation désigne l'acte même d'énoncer. Toutefois, il est clair que, pour l'étudier, on doit prendre en compte un grand nombre de paramètres : la personne de l'énonciateur, par exemple, mais aussi le lieu où se produit l'énonciation, les conditions sociales, historiques, qui l'entourent, le moment, l'acte de langage dans lequel l'énonciation se trouve engagée, etc.

▶ On pourra aussi se demander comment on passe de l'intention d'énonciation à l'énoncé. Cet aspect intéressera particulièrement les linguistes d'inspiration psycholinguistique* ou cognitive*. Dans quelle mesure l'énoncé est-il une traduction de l'énonciation ? En porte-t-il des traces ? L'énonciation peut-elle être considérée comme une préparation mentale des données présentées par l'énoncé ?

2 LES OUTILS LINGUISTIQUES DE L'ÉNONCIATION

A Énonciation et grammaire

▶ Dans le domaine de l'étude de la langue, la prise en compte de l'énonciation a conduit la grammaire et la linguistique à modifier leur description d'un grand nombre de phénomènes. En France, il revient à Émile Benveniste d'avoir initié entre les années 50 et 70 un courant qu'on appellera plus tard linguistique de l'énonciation*.

▶ Voici quelques exemples. Toutes les langues disposent d'un certain nombre de termes, de tournures, qui renvoient à l'énonciation, les pronoms *je* et *tu*, par exemple. Quel sens pourrait-on donner à ces pronoms dans le dictionnaire ? Clairement, ils ne peuvent pas s'analyser en dehors de la situation d'énonciation. Mais on peut noter également que de nombreux adverbes de lieu, de temps, comme *ici*, *maintenant*, qui situent l'énonciation dans la réalité, ont un peu la même fonction. De manière générale, tous les mots qui aident à mettre en relation l'énoncé avec la réalité pourront être qualifiés d'*embrayeurs* (ce mot est une traduction du mot anglais *shifters*, employé par Roman Jakobson, et qu'on trouve parfois également en français). Certains mots mettent l'accent sur l'aspect subjectif de l'énonciation, qu'il s'agisse de termes affectifs, comme lorsque l'on appelle quelqu'un chéri, par exemple, ou que ces termes expriment une forme de jugement ou d'évaluation, comme les adjectifs *délicieux*, *horrible*, *décevant*... Tous ces mots donnent d'une manière ou d'une autre des renseignements sur l'énonciation. Certains mots commentent l'énonciation de manière très directe, comme l'adverbe *franchement* dans la phrase : « Franchement, cette robe ne te va pas. » Ici, l'emploi de l'adverbe *franchement* correspond à la volonté de dire quelque chose comme : « Si tu me demandes mon avis, je te dirai franchement que... ».

B Énonciation et construction du discours

▶ Lorsque l'on y regarde de plus près, on s'aperçoit que notre discours est une alternance constante d'accents mis sur l'énonciation et d'accents mis sur l'énoncé. Lorsque nous sommes émus, par exemple, il nous arrive de nous exclamer, de ponctuer notre discours d'interjections telles que *hélas*, ou d'augmenter la quantité de mots portant une trace d'énonciation.

▶ En enregistrant une conversation ordinaire au magnétophone, on s'apercevra vite du nombre d'éléments de langage qui n'ont pas d'utilité dans le cadre strict de l'énoncé. Parfois, nous abrégeons, et sous-entendons le passage d'une dimension à l'autre. Dans la phrase commentée par John Langshaw Austin : « Si tu as soif, il y a de la bière dans le frigo », on voit bien que les deux parties de la phrase ne sont pas sur le même plan d'énonciation. Pour les raccorder correctement, il faudrait dire en réalité : « Si tu as soif, je te dis que... ». Souvent, dans la conversation, nous répondons davantage à ce qui est impliqué par l'énonciation qu'à l'énoncé lui-même. La capacité de bien interpréter l'énonciation est une compétence qui nous est tout aussi nécessaire que la compétence linguistique pour parler.

L'attention nouvelle qui a été portée à l'énonciation par la linguistique, surtout sous l'influence de la pragmatique, illustre bien la manière dont, dans les dernières décennies, la linguistique s'est intéressée de plus en plus aux phénomènes liés à la parole et au discours.

L'ÉNONCÉ

Le terme « énoncé » connaît plusieurs emplois en linguistique. Il se situe souvent en opposition avec d'autres termes, « phrase* » ou « énonciation* », par exemple. C'est surtout en tant que composante ou occurrence de la phrase que cette notion est discutée aujourd'hui.

1 QU'EST-CE QU'UN ÉNONCÉ ?

A Les différents emplois de la notion

▶ La notion d'énoncé a été utilisée dans différents domaines de la linguistique. Chacun d'entre eux en a spécifié le sens. Les phonéticiens envisagent l'énoncé comme une suite de segments, considérée sans les phénomènes prosodiques* que sont l'accentuation, l'intonation ou la mélodie. Les stylisticiens le considèrent comme un fragment de discours* inférieur ou supérieur à la phrase.

▶ Les syntacticiens différencient généralement *phrase* et *énoncé* sur la base de l'opposition langue*/parole*. La phrase apparaît comme une unité abstraite, une suite de mots* organisés conformément à la syntaxe*, hors contexte*. Elle peut être réalisée par de multiples occurrences, chaque fois qu'elle est prise en charge par un énonciateur : on parle alors d'un *énoncé*, qui est la réalisation d'une phrase dans une situation déterminée.

B Phrase et énoncé

▶ Soit la phrase *Veuillez attacher votre ceinture*. Cette phrase se réalise en un énoncé différent dans chaque situation particulière d'énonciation. Chaque fois que cette séquence est prononcée par une hôtesse ou un steward, ou encore par un policier qui contrôle votre véhicule, un énoncé différent de cette même phrase est produit, dans la mesure où les circonstances de l'énonciation sont différentes.

▶ Une question se pose : est-il possible de prévoir, au moins partiellement, la signification* de tous les énoncés d'une phrase à partir du sens* de la phrase ? On aimerait pouvoir déterminer un sens stable de la phrase, qui puisse se retrouver dans tous les énoncés, de telle sorte que leur interprétation soit aisée. Dans l'exemple cité, il semble que cela soit possible. Certains éléments de sens peuvent être attribués à la phrase (l'injonction, le contenu de cette injonction). D'autres dépendent plus de la situation (qui parle ? dans quelles circonstances ? quels sont les rapports entre interlocuteurs ?…). Les premiers seront du ressort de la sémantique*; les seconds, du ressort de la pragmatique*. Pour certaines phrases, en revanche, la signification* de l'énoncé correspondant semble dépendre davantage d'éléments pragmatiques que d'éléments sémantiques. Ainsi de la séquence *Il fait froid* prononcée dans une pièce traversée par un courant d'air. La signification de l'énoncé concerne moins la température objective de la pièce que l'invitation à faire cesser le courant d'air (en fermant une porte ou une fenêtre, par exemple).

A Les éléments de l'énoncé

▶ L'énoncé peut se présenter selon diverses modalités. On distingue généralement des énoncés déclaratifs, interrogatifs et injonctifs. Selon la modalité déclarative, le locuteur* assume son énoncé comme vrai : si je dis *Le chat est sur le paillasson*, je dis par là même que je considère mon énoncé comme vrai. En modalité interrogative (*Pierre vient-il ?*), le locuteur suspend son jugement à la réponse de l'interlocuteur. En modalité injonctive (*Viens !*), le locuteur essaie d'agir sur son interlocuteur pour inscrire son énoncé dans la réalité.

▶ L'énoncé déclaratif se compose généralement de deux éléments principaux, le thème* et le rhème, qui sont unis par une relation de prédication*, exprimée par un verbe. Cependant, il n'est pas rare que l'on rencontre des énoncés incomplets (un thème avec un rhème sans verbe : *Moi Tarzan, toi Jane* ; un thème sans rhème : *Moi*, en réponse à une question du type *Qui viendra ?* ; un rhème sans thème : *Marie* en réponse à une question du type *Qui Pierre aime-t-il ?*).

▶ On peut également utiliser le critère de la voix (active, passive…) pour analyser l'énoncé. On associe en général la voix au seul verbe. Cependant, la voix concerne toute la structure de l'énoncé. Il suffit de voir les jeux de transformation entre voix active et voix passive pour se rendre compte que non seulement le verbe mais également le sujet et l'objet direct sont impliqués.

B Énoncé et énonciation

▶ La notion d'énoncé s'oppose à celle d'*énonciation*. L'énoncé est le produit de l'acte de parole ou de discours* ; il apparaît comme le contenu ou le résultat de l'énonciation, ce qui est dit, le message ou le propos. Il est possible d'examiner ce produit : il reste la trace de la phrase écrite ou de la phrase prononcée.

▶ L'énonciation, quant à elle, apparaît comme « l'acte de dire » ou « la manière de dire » le message. C'est le fait d'utiliser le code à un moment donné, dans un contexte* donné. Cette énonciation n'est pas observable, si ce n'est dans son résultat, à savoir l'énoncé. L'énoncé porte des traces de l'énonciaiton, des traces du rapport que le locuteur entretient avec sa langue.

▶ Pendant longtemps, la grammaire a exclusivement étudié l'énoncé, le message. Elle ne prenait pas en considération le contexte d'énonciation (le locuteur, la situation…). L'apparition de la linguistique de l'énonciation* et de la pragmatique a permis de réintégrer ces composantes de l'acte de discours dans le champ d'étude linguistique. On notera, par ailleurs, que la conception moderne de l'énoncé, comme occurrence de phrase en contexte, n'est pensable que dans le cadre d'une linguistique qui prenne en compte l'énonciation.

La notion d'énoncé a trouvé son sens le plus spécifique grâce au développement de l'étude du sens dans des situations de discours réelles. L'étude du couple phrase/énoncé renvoie alors aux grandes oppositions linguistiques langue/discours, sens/signification et sémantique/pragmatique.

L'ORAL ET L'ÉCRIT

Dans son travail, le linguiste est souvent renvoyé à une opposition entre deux usages différents du langage : l'usage oral et l'usage écrit. Cette opposition est fondamentale pour théoriser aussi bien ce qu'est le langage* que ce qu'est une langue*. En pratique, elle introduit dans l'étude des phénomènes linguistiques de nombreuses dissymétries.

1 ENTRE CULTURE ET LANGAGE

A Une opposition instable

▶ L'opposition entre oral et écrit est tout d'abord une opposition de supports de transmission ou de *médiums*. Elle n'a naturellement lieu d'être prise en compte que dans les sociétés qui ont vu apparaître l'écriture*. Chaque fois que c'est le cas, cependant, l'opposition entre écrit et oral se pose de manière différente. C'est que cette opposition ne met pas seulement en œuvre des problématiques linguistiques, mais surtout, et d'abord, des problématiques culturelles. Certaines langues, comme le breton, et, de manière générale, beaucoup de dialectes, de patois et de créoles (voir géolinguistique*), n'ont pas été écrits pendant une grande partie de leur histoire. D'autres n'ont eu, à certaines époques, qu'un usage écrit. Ainsi, l'hébreu avant qu'un nouvel usage oral lui soit réinventé à la création de l'État d'Israël, ou le latin dans l'Europe des XVIᵉ et XVIIᵉ siècles.

▶ Ainsi, il est pratiquement impossible de théoriser de manière générale le rapport entre l'écrit et l'oral. Certains penseurs ont toutefois proposé une distinction entre une oralité primaire, qui serait le propre des sociétés ignorant totalement l'écriture, et une oralité secondaire, propre aux sociétés qui connaissent par ailleurs l'écrit. Souvent, dans ce dernier cas, écrit et oral entrent en conflit jusqu'à remettre en cause l'unité de la langue elle-même. En français, et en vertu d'une conception assez stricte de l'idée de norme*, l'oral et l'écrit ont été longtemps vus comme deux mises en œuvre interchangeables de la même langue. Aujourd'hui, tout locuteur étranger apprenant le français sait qu'il lui faudra apprendre presque deux langues différentes : l'une d'usage exclusivement écrit, l'autre d'usage exclusivement oral. De nombreuses formes, telles que le passé simple, ou le participe présent, ne s'emploient quasiment jamais à l'oral. À l'inverse, indépendamment des locutions familières, l'oral dispose de nombreux tours propres comme l'ordre sujet-verbe dans les questions, par exemple, du type : « Il est venu ? ».

B À quoi sert l'écrit ?

▶ Dans beaucoup de civilisations, l'apparition de l'écriture est venue modifier profondément l'usage et la conscience que l'on pouvait avoir du langage. Certains ont parlé de principe de scription. On considère généralement que le principe de scription a comme origine un désir d'utiliser le langage à des fins informatives, autrement dit, de manière à conserver et à transmettre une information.

▶ En effet, les plus anciens textes écrits que l'on connaît dans le monde ont souvent pour contenu des données pratiques destinées à être retenues (comptabilité, etc.).

Mais il va de soi que le principe de scription concerne aujourd'hui, et depuis longtemps, toutes les fonctions du langage*.

2 LA LINGUISTIQUE FACE À L'ORAL ET À L'ÉCRIT

A Une dissymétrie fondamentale

▶ L'étude des différents phénomènes linguistiques à l'œuvre à l'oral et à l'écrit révèle des dissymétries importantes. Ainsi, en pathologie du langage*, on constate que certains troubles ne concernent que l'usage écrit, ou que l'usage oral. Du point de vue de l'acquisition*, on s'apercevra par ailleurs que, si l'acquisition de la pratique orale de la langue semble se faire quasi spontanément, celle de l'écrit nécessite un enseignement parfois long et pénible. Il arrive d'ailleurs fréquemment qu'une partie des compétences acquises lors de cet enseignement s'efface dans la vie de l'individu, alors que sa pratique orale demeure inchangée.

▶ Enfin, il est banal de dire que les processus de production et de compréhension des formes de langage sont radicalement différents à l'oral et à l'écrit. À l'oral, on utilise souvent intonation et prosodie* pour faire passer une partie du message ; on s'appuie également beaucoup sur le contexte*. Pour ce qui est des capacités de communication*, l'écrit apparaîtra donc infiniment plus pauvre que l'oral. Dans le moindre de nos échanges oraux, il se passe une infinité de micro-processus de signification qui nécessiteraient des pages et des pages d'explications. Mais l'écrit compense ces déficiences par les conditions plus réfléchies et plus lentes de sa production, qui lui permettent notamment de mieux gérer l'information. Aujourd'hui, la réalisation en parallèle d'études sur l'écrit et sur l'oral a conduit certains linguistes à faire plusieurs travaux, menant à des hypothèses novatrices, dans les domaines de la sémantique* et de la linguistique cognitive*, sur les processus de construction et de réception du sens* dans le langage. Des recherches sont par exemple menées sur le temps et sur les étapes qui nous sont nécessaires pour comprendre un signal linguistique à l'oral et à l'écrit.

B Linguistique de l'oral, linguistique de l'écrit

▶ Dans la tradition occidentale, comme dans un certain nombre de traditions possédant une forte culture de l'écrit, l'étude du langage a souvent été assimilée à une étude de sa retranscription écrite. À la fin du XIXᵉ siècle, après une époque fortement marquée par la grammaire*, Ferdinand de Saussure dénonçait la primauté de l'écrit dans l'attention qui était portée au langage.

▶ D'une certaine façon, on peut dire que, si la linguistique a subi au XXᵉ siècle une profonde mutation, c'est en partie grâce à une prise en considération plus importante de l'oral, que celle-ci se manifeste par l'invention de la phonologie*, par l'apparition du courant de la pragmatique* et de l'analyse conversationnelle*, ou par l'étude des variantes sociolinguistiques* du discours oral.

Dans la plupart des langues utilisées aujourd'hui dans le monde, existe une tension entre versant écrit et versant oral des langues. De ce fait, les langues sont parfois entraînées dans des voies d'évolution contradictoires. Avec l'apparition de nouveaux médiums, certains tournés vers l'oral, comme le téléphone, la radio, ou la télévision, d'autres tournés vers l'écrit, comme Internet, il est certain que le problème va encore se déplacer.

LE PHONÈME

*Le concept de « phonème » est un concept récent : il date du début du XXᵉ siècle.
Il permet de distinguer la phonétique* et la phonologie*. Alors que la phonétique
s'intéresse aux sons d'une langue, la phonologie s'intéresse à la fonction de ces sons
dans le système de cette langue.*

1 POURQUOI PARLE-T-ON DE « PHONÈME » ?

A Son et phonème

▶ Le *son* peut être considéré comme un fait physique objectif, il se définit par un certain nombre de qualités acoustiques qui sont étudiées par la phonétique. Le *phonème*, à l'inverse, est une représentation déjà abstraite, qui se définit par sa fonction dans le système de la langue. Le son est noté, au moyen de l'alphabet phonétique international, entre crochets : [ ] ; le phonème est noté, à l'aide de ce même alphabet, entre barres obliques : / /. La différence entre le phonème et le son est illustrée par le fait que, par exemple, les diverses prononciations du *r* en français n'empêchent pas que l'on comprenne que ces sons ont toujours la même fonction. On les reconnaît, et on comprend tout de même le message. Ce qu'on reconnaît, c'est donc le phonème /R/ : celui-ci conserve sa valeur dans le système de la langue.

▶ Le phonème n'est donc pas un son matériel. C'est pourquoi les premiers linguistes à l'utiliser, tel le linguiste polonais Baudouin de Courtenay (1845-1929), en ont d'abord donné une interprétation psychologique. Il faut « penser » le phonème /R/ dans le système de la langue, d'une certaine manière, pour le reconnaître dans toutes ses diverses réalisations. Il est surtout « l'équivalent psychique des sons du langage ». Il n'a pas d'existence concrète.

▶ Le concept de phonème est surtout utilisé dans la phonologie structurale, celle qui trouve son inspiration dans les travaux de Ferdinand de Saussure* et du cercle de Prague*. Pour Saussure, « ce qui importe vraiment dans le mot, ce n'est pas le son lui-même, mais les différences phoniques qui permettent de distinguer ce mot de tous les autres, car ce sont elles qui portent la signification ».

B Compétence phonétique et compétence phonologique

▶ Pour maîtriser une langue, un locuteur doit faire preuve de plusieurs types de compétences*. Parmi celles-ci, la compétence phonétique lui permet de prononcer correctement les sons de la langue, les voyelles nasalisées [ã], [õ], par exemple, en français.

▶ La compétence phonologique, quant à elle, lui permet de repérer la signification linguistique de ces sons. C'est donc la compétence phonologique qui nous permet de reconnaître un accent étranger (même si un son est mal prononcé, nous en comprenons la signification), de créer de nouveaux mots phonologiquement corrects, etc.

2 LES TRAITS DISTINCTIFS DES PHONÈMES

A Comment décrire les phonèmes ?

▶ Les phonèmes n'ont pas de valeur absolue, ils n'ont qu'une valeur relative : ils se définissent essentiellement par leur opposition à d'autres phonèmes, par leur présence et par leur absence. C'est ce caractère relatif qui permet qu'ils puissent s'organiser en système*. Comment les définir ? Essentiellement au moyen de ce qui les différencie des autres, ce qu'on appelle les *traits*. « Dans la langue, il n'y a que des différences », dit Saussure.

▶ Chaque langue n'utilise pas tous les sons recensés par l'alphabet phonétique international. Les traits qu'elle retient sont en nombre limité. Chaque langue a donc son système de phonèmes à l'intérieur duquel certaines oppositions ou combinaisons ont un sens et d'autres, non. Si la commutation des sons permet d'obtenir un mot différent de la langue, on a affaire à une opposition de phonèmes. En français, par exemple, la différence entre les sons [a] et [ã] n'est pas une différence de prononciation : elle est une différence de phonèmes, elle introduit des différences de sens : le possessif *ma* et la forme verbale *ment*, par exemple. En japonais, la longueur de la voyelle ou de la consonne est pertinente de la même manière, en thaï, l'aspiration de la consonne, en anglais, la sonorisation de la consonne, etc.

B Techniques de l'étude des phonèmes

▶ On peut étudier les phonèmes de plusieurs manières. On peut par exemple en faire le recensement dans le système d'une langue et analyser comment ils s'organisent. On dit alors qu'on les étudie de manière paradigmatique*. Selon les fondateurs de la phonologie Nikolaï Sergueïevitch Troubestkoï et Roman Jakobson, les phonèmes d'une langue s'organisent toujours par paires. De plus, pour Jakobson, certaines de ces oppositions s'excluent les unes les autres. Cette hypothèse l'a conduit à dresser un tableau de l'organisation de tous les phonèmes existants, de manière à montrer comment les oppositions s'organisent et comment certaines sont plus fondamentales que les autres. Pour Jakobson, ainsi, toute langue comportant un /y/ ne peut pas ne pas comporter de façon préliminaire une opposition entre /i/ et /u/.

▶ On peut aussi étudier l'enchaînement des phonèmes dans une séquence donnée. Chaque langue a ses séquences impossibles, /tKt/ en français, par exemple. La présence ou l'absence des phonèmes s'explique toujours, soit par le contexte d'autres phonèmes, soit par des règles phonétiques, grammaticales ou morphologiques. En fonction de sa place dans le mot, le même phonème peut se transformer. Le phonème latin /k/, selon les voyelles qu'il précédait, a donné trois phonèmes en français : le mot latin *cappa* a donné en français *chape*, *cicuta* a donné *ciguë*, *collum* a donné *col*. Cette étude est alors de type syntagmatique*.

▶ Enfin, on peut les étudier de manière diachronique*, c'est-à-dire dans l'histoire. Il s'agira alors d'étudier quand, et dans quelles conditions, de simples différences de prononciation, c'est-à-dire de simples différences phonétiques, sont devenues des différences de phonèmes, et ont modifié le système de la langue. On parle alors de *phonologisation* des variantes de prononciation.

Les phonèmes sont en quelque sorte les « atomes » du langage. Ils ne veulent rien dire en eux-mêmes, et on ne peut pas les décomposer. Ce sont eux qui permettent que ce que l'on produit par la parole forme une langue, autrement dit, un système cohérent.

LE MORPHÈME

La réflexion sur le signe linguistique* qu'a relancée Ferdinand de Saussure* a poussé les linguistes à réfléchir sur les unités significatives. Quelle est donc la plus petite unité significative qui associe signifiant et signifié ? Est-ce le mot*, longtemps considéré comme l'unité de base de l'analyse linguistique ? Il semble que non. La plus petite unité qui allie sens et forme est le morphème.

1 QU'EST-CE QU'UN MORPHÈME ?

A Le morphème comme articulation du langage

▶ Le linguiste français André Martinet* a mis en évidence le principe de double articulation du langage. La première articulation se situe au niveau des unités distinctives, non pourvues de sens, et qui permettent de différencier et d'opposer les signes* sur la base de certains traits. Ces unités sont les phonèmes*. La deuxième articulation se situe au niveau des unités qui associent forme et sens*. Ces unités significatives, ces atomes de signification, Martinet les baptise *monèmes*. Les linguistes ultérieurs parleront plutôt de *morphèmes*.

▶ Soit le mot *chantez*. S'il s'agit bien d'un mot, cette unité peut être décomposée en deux unités significatives plus petites : *chant-*, le radical du verbe, et *-ez*, la terminaison ou *désinence*. La première est un morphème lexical, la seconde, un morphème grammatical. Le morphème apparaît donc comme plus élémentaire que le mot. Cependant, il se peut que morphème et mot coïncident : c'est notamment le cas du mot *pour*, qui ne compte qu'un seul morphème. Quoi qu'il en soit, le morphème dépasse rarement les limites du mot.

B Les types de morphèmes

▶ On distingue deux grands types de morphèmes. Les premiers sont porteurs d'un sens lexical, les seconds, d'un sens grammatical : on les appelle respectivement *morphèmes lexicaux* et *morphèmes grammaticaux*.

▶ Le morphème lexical (comme *chant-*) appartient à un inventaire illimité et ouvert. Rien, *a priori*, si ce n'est peut-être le souci de compréhension entre locuteurs, n'interdit la création de nouveaux morphèmes lexicaux. Ainsi, on a pu introduire en français le morphème *zap-*, que l'on a combiné avec d'autres morphèmes grammaticaux pour former notamment le verbe *zapper* et sa conjugaison.

▶ Le morphème grammatical, quant à lui, appartient à un inventaire limité et fermé. Il prend place à l'intérieur de paradigmes* où le locuteur choisit entre des unités linguistiques qui peuvent jouer le même rôle dans un contexte* donné. Ainsi, les morphèmes de personne dans la conjugaison sont en nombre limité. Le contexte permet de choisir si le verbe doit être conjugué à la première, deuxième ou troisième personne, du singulier ou du pluriel. Ce choix s'effectue à l'intérieur d'un paradigme où la création d'un nouveau morphème, une septième personne par exemple, paraît impossible.

2 QUELQUES TYPES PARTICULIERS

A Les différents types de morphèmes grammaticaux

À l'intérieur des morphèmes grammaticaux, il faut encore distinguer deux types principaux.

▶ Certains morphèmes grammaticaux, ajoutés à une base, composée d'au moins un morphème lexical, permettent la création de mots nouveaux. Ce fut le cas pour le mot *calculette*, formé à partir de la base *calcul-* et du morphème grammatical *-ette*. Ces morphèmes, essentiellement des préfixes et des suffixes, sont appelés *morphèmes dérivationnels* (voir morphologie*). Ces morphèmes dérivationnels sont susceptibles de modifier le sens de la base à laquelle ils sont accolés. Ainsi, le préfixe *im-* inverse le sens de la base *possible* dans *impossible*.

▶ Les autres morphèmes grammaticaux sont les marques grammaticales qui véhiculent les notions de genre, de nombre, de personne, de temps ou de mode. On les appelle *morphèmes flexionnels*. Ils permettent d'indiquer les rapports des mots entre eux à l'intérieur d'une phrase, notamment, de marquer la cohésion* entre le nom et l'adjectif, via le phénomène de l'accord. Ainsi, dans la séquence *les grandes fenêtres*, le morphème flexionnel *-s* accolé à l'article, à l'adjectif et au nom, est le signe du pluriel ; le morphème *-e* de l'adjectif se lit comme la marque du féminin, exigée par l'accord en genre avec le nom.

B Quelques cas particuliers

▶ Les limites entre morphèmes à l'intérieur d'un mot ne sont pas toujours faciles à arrêter dans une langue comme le français. Plusieurs phénomènes ont été mis en évidence par les linguistes.

▶ Ainsi, le mot *au* est le résultat de la combinaison entre le morphème prépositionnel *à* et le morphème de l'article *le*. Les deux morphèmes se sont fondus à l'intérieur d'un mot. On appelle cela un *amalgame*.

▶ Par ailleurs, certains morphèmes peuvent être porteurs simultanément de plusieurs valeurs grammaticales. On appelle ces morphèmes des *morphèmes portemanteaux*. C'est notamment le cas du possessif *son*, en français, qui indique à la fois la personne du possesseur (ici, la troisième personne du singulier), et le genre et le nombre du possédé (masculin singulier). En allemand, le même possessif indique la personne et le genre du possesseur à la troisième personne, ainsi que le nombre et le cas du possédé. Dans d'autres langues, comme le turc, ces différentes valeurs seraient prises en charge par des morphèmes différents.

▶ Enfin, il est possible qu'un même morphème se réalise de façons différentes selon le contexte lexical, phonologique ou morphologique dans lequel il s'insère. Ainsi, le verbe *aller* dispose-t-il de trois radicaux différents, de trois formes différentes du morphème lexical de base. On trouvera les radicaux *v-* (*vais, vas, va, vont*), *all-* (*allons, allez, allais…*) et *ir-* (*irai, irais…*) dans des distributions complémentaires. On ne peux trouver ces radicaux en concurrence dans un même contexte. On parle alors de *morphèmes allomorphes*.

La prise en considération du morphème en linguistique a permis de résoudre un certain nombre de questions posées par l'intérêt quasi exclusif des grammaires pour le mot. Reconnu comme unité minimale de signification, le morphème permet d'envisager de manière plus ouverte des questions cruciales comme la créativité lexicale, à partir d'éléments qu'on assemble comme dans un jeu de construction.*

LA DÉFINITION

Le problème de la définition se pose essentiellement dans le domaine de la logique*, de la lexicologie* et de la sémantique*. Qu'est-ce que définir ? Quelles informations apportons-nous lorsque nous définissons un mot ? Et à quoi cette définition sert-elle ?

1 LE PROBLÈME DE LA DÉFINITION

A Définir, selon Aristote

▸ Définir, c'est d'abord se poser la question : qu'est-ce que *a* ? Mais, s'il est facile de se poser la question, il est souvent difficile d'y répondre. Nous ne pouvons pas dire, par exemple : « *a* est *a* », sans quoi nous tombons dans la tautologie, et nous n'apprenons rien à notre interlocuteur. Nous sommes donc contraints de ne pas utiliser *a* dans notre définition, et de mettre *a* en rapport avec un *b* qui, par nature, lui est différent. Quel choix allons-nous faire ?

▸ Pour Aristote, définir, c'est avant tout répondre à deux questions : à quel genre plus général l'objet *a* appartient-il ? ; quels sont les traits distinctifs qui permettent de le différencier des autres objets appartenant au même genre ? Ainsi, la définition de l'éléphant dans le *Grand Robert* commence-t-elle par ces mots : « Mammifère ongulé, de l'ordre des pachydermes, herbivore, vivant par bandes dans les forêts humides et chaudes, etc. » L'éléphant appartient à l'ensemble des « mammifères ongulés », mais il se différencie des autres espèces appartenant à cet ensemble par le fait qu'il vit par bandes dans des forêts humides et chaudes, etc. Pour Aristote, définir, c'est donc définir ce qu'il appelle un genre, et ce qu'il appelle une différence spécifique. Une différence spécifique suffit. Cette théorie de la définition est une théorie logique.

B La nécessité logique de la définition

▸ Tous les logiciens ont insisté sur la nécessité qu'il y a à définir les termes dont on se sert dans le cadre d'un raisonnement. Pour Blaise Pascal, les définitions sont libres (on peut choisir de définir telle chose de telle manière, ou de donner tel nom à telle chose), mais une fois qu'on les a adoptées, on doit s'y tenir. Cette disposition est d'une part le gage que la communication se fera dans les meilleures conditions et nous prémunira, d'autre part, de certaines erreurs de raisonnement. Toutefois, pour Pascal comme pour les théoriciens de ce qu'on a appelé plus tard l'axiomatique, dans le cadre d'un raisonnement, tous les termes ne doivent pas être définis, sans quoi le discours devient circulaire, et il n'y a pas de possibilité de progression. Un certain nombre de termes très simples doivent demeurer non définis. Cela est valable en mathématiques.

▸ Lorsqu'ils se sont intéressés au langage naturel, les logiciens se sont surtout intéressés, pour ce qui est de la définition, au cas des noms. En effet, la définition des noms permet souvent de satisfaire aux critères de classification proposés par Aristote. De plus, on les considère souvent en rapport avec leur référence*, c'est-à-dire avec ce à quoi ils renvoient dans la réalité. Désigner la référence pourra ainsi apparaître comme une manière de définir. Pour définir un nom, on a le choix, essentiellement, entre deux possibilités : énumérer les éléments de l'ensemble que décrit le nom (on parle alors de *définition en extension*) ou énumérer les diverses composantes de son signifié (voir signe* ; on parle alors de *définition en compréhension*). La difficulté vient de ce que la lexicologie, qui envisage la définition du point de vue linguistique, doit se fixer comme objectif d'apporter un certain type de définition à tous les mots du lexique, et pas seulement les noms.

2 LA PROBLÉMATIQUE LINGUISTIQUE DE LA DÉFINITION

A Définir dans un dictionnaire

▶ Dans les dictionnaires, on rencontre ordinairement deux types de définitions : des définitions qui énoncent de l'objet un nombre limité de traits tels qu'on puisse reconnaître cet objet et le différencier d'objets similaires ; des définitions qui multiplient les traits, au-delà parfois de ce qui est nécessaire pour reconnaître l'objet.

▶ Dans le premier cas, on parle parfois de définitions suffisantes ; dans le deuxième cas, de définitions hyperspécifiques. Les définitions suffisantes se trouvent plutôt dans les dictionnaires dits de langue, les définitions hyperspécifiques, qui apportent véritablement des informations sur l'objet, dans les dictionnaires de type encyclopédique.

B Comment définir les mots du lexique ?

▶ D'un point de vue linguistique, donner une définition d'un mot, sans recourir à la description de sa référence ou à sa traduction dans une langue étrangère, est une entreprise beaucoup plus difficile qu'on n'imagine ordinairement. On peut procéder par utilisation de synonymes (*peur* pour *appréhension*, par exemple), par antonymes (si l'on dit que *jeûner*, c'est *cesser de manger*, par exemple, on comprendra que *jeûner* est l'antonyme de *manger*), par paraphrase (en utilisant des tournures telles que : « espèce de »….), etc. Le plus souvent, les dictionnaires cumulent ces différents modes de définition. La définition des mots que donnent les dictionnaires inclut également souvent des commentaires sur leur emploi, leur registre, ainsi que des exemples de contexte. Tous ces éléments n'ont pas de signification à proprement parler logique, mais font partie des choix de chaque dictionnaire pour réaliser ce petit texte qu'on appelle *la définition d'un mot*.

▶ Un problème particulier peut naître à propos des mots dont le sens lexical est assez pauvre. Quelle définition donner du mot *car*, du mot *que* ? Ces mots ne renvoient pas à la réalité, mais appartiennent seulement au monde des signes. En conséquence, on ne peut les définir qu'en indiquant leur catégorie grammaticale (*car* : conjonction de coordination) et en montrant leur emploi dans la langue. S'agit-il encore d'une définition ?

Ce qu'on appelle définition n'a de toute évidence pas le même contenu en logique et en linguistique. En linguistique, on considérera que la définition est un cas particulier de la propriété qu'a le langage d'engendrer un métalangage. *Tout mot sera ainsi susceptible d'être décrit au moyen d'autres mots. La définition lexicologique d'un mot n'est ainsi pas sa définition logique : il s'agit plutôt d'un certain métalangage, qui peut varier, qui peut prendre en compte de nombreux paramètres, et qui fait nécessairement l'objet d'un choix.*

LE LEXIQUE

Qu'appelle-t-on lexique ? On désigne ainsi l'ensemble des mots d'une langue. Mais cet ensemble est difficile à décrire. Représente-t-il pour commencer un tout fini ?

1 L'ORGANISATION DU LEXIQUE

A Dictionnaire et lexique

▶ Le dictionnaire a pour habitude de faire le rencensement du lexique d'une langue par ordre alphabétique. Mais il est clair qu'il ne s'agit là que d'une convention de présentation qui n'a pas de signification linguistique. Du point de vue linguistique, on pourra distinguer deux modes principaux d'organisation du lexique : un mode sémantique* et un mode morphologique*. Les mots peuvent être rapprochés les uns des autres du point de vue de leur sens, ou du point de vue de leur forme. Ainsi, la *sémantique lexicale* étudiera le lexique sous l'angle du sens, et la *morphologie lexicale*, sous l'angle de la forme. Ces modes d'organisation ont parfois donné lieu à des tentatives de dictionnaires de forme un peu différente : par familles sémantiques ou par familles morphologiques.

▶ La description du lexique pose tout d'abord le problème de l'unité. Qu'est-ce qu'on peut appeler mot* ? Il est clair que cette unité n'existe pas en elle-même. Sa définition dépend du point de vue qu'on adopte. *Grand magasin*, par exemple, doit-il être considéré comme un mot ? Oui, si on considère qu'il renvoie à un référent distinct de *magasin* et qu'on ne peut pas remplacer l'adjectif *grand* par l'adjectif *beau*, par exemple.

▶ À tout point de vue, les lexiques de la plupart des langues apparaîtront comme des ensembles composites, hétérogènes. Le lexique français, par exemple, est composé en grande partie de mots d'origine latine, mais aussi de mots d'origine grecque, gauloise, saxonne, arabe, celtique, etc. À partir de quand un mot fait-il partie du lexique d'une langue ? On remarque que, si les emprunts ont au départ des particularités phonétiques ou morphologiques étrangères au système principal, ils s'assimilent souvent par la suite. Ainsi, *look* donne en français le dérivé *relooker*. Lorsqu'un mot étranger fait l'objet d'une traduction directe, on parle de calque. Ainsi, l'emploi de *souris* en français au sens de « boîtier connecté à un ordinateur » est un calque de l'anglais *mouse*.

B Lexique général et lexiques de spécialité

▶ Le lexique d'une langue ne comporte pas que des mots connus de tout le monde : il comporte également un certain nombre de termes réservés à des contextes bien précis, techniques ou socioprofessionnels. C'est pourquoi on distingue dans le lexique un premier sous-ensemble formé par le lexique général, étudié par la lexicologie*, et un second sous-ensemble, formé par les lexiques de spécialité, et à propos duquel on parle de *terminologie*.

▶ La terminologie consiste à régler le sens d'un mot dans son emploi technique (lexique de la chimie, de la justice, de la cuisine...). Dans des domaines techniques, le terme *lexique* recevra ainsi le sens de « glossaire des termes particuliers à ce domaine ».

2 LE LEXIQUE ET LA LANGUE

A Lexique réel et lexique virtuel

▶ Où s'arrêtent les frontières du lexique d'une langue? Les dictionnaires raisonnent sur la seule base de l'attestation des mots, la plupart du temps dans des contextes écrits. La lexicologie utilise parfois la technique de la lexicométrie, aujourd'hui réalisée par ordinateur. Ainsi, on peut se faire une idée précise de l'usage* du lexique, autrement dit, de son existence de fait. Toutefois, pour arrêter les frontières du lexique, on doit faire certains choix, concernant les termes vieillis, par exemple, ou les cas de néologie*. On considère par ailleurs que les noms propres, qui renvoient à un référent unique, ne font pas partie du lexique. Seuls font partie du lexique les noms propres qui sont devenus des noms communs, comme certains noms de marques (*sopalin*), ou des noms de personnages employés en *antonomase* (*un don Juan*), ou par métonymie (*un Monet*, pour « un tableau de Monet »).

▶ Notre connaissance du lexique n'est pas seulement affaire de mémoire ; elle implique aussi la connaissance des règles de formation des mots, qui sont des règles morphologiques. Pour Ferdinand de Saussure*, il existe de nombreux mots virtuels dans la langue qui ne sont pas nécessairement attestés, *indécorable*, par exemple, formé sur la base de *décor* au moyen de l'ajout d'un préfixe et d'un suffixe. *Indécorable* n'est pas attesté dans le dictionnaire. Cependant, il nous paraît plus ou moins admissible dans le lexique français, car il est formé à partir de règles qui gouvernent d'autres mots.

B Lexique et grammaire

▶ L'un des principaux problèmes qui se posent aux théories linguistiques est d'associer le lexique à la grammaire. En effet, aucune langue ne fonctionne seulement à partir d'un lexique, ou seulement à partir d'une grammaire. Si, dans la plupart des programmes de traitement automatique des langues*, on conçoit des programmes différents pour modéliser lexique et règles grammaticales, beaucoup de théories linguistiques s'efforcent de relier d'une manière ou d'une autre les deux composants. L'idée de la grammaire générative*, par exemple, est de décrire une combinatoire lexico-grammaticale prévisible. Pour reprendre l'exemple des linguistes Jerrold J. Katz et Jerry A. Fodor, le nom *canard* est susceptible de recevoir une description lexicale telle qu'on doit pouvoir s'expliquer pourquoi la phrase : *le canard rit*, par exemple, est normalement impossible (parce que le paramètre /humain/ apparaît dans la description lexicale de *rit*, alors qu'il n'apparaît pas dans celle de *canard*).

▶ La question de savoir si ce sont plutôt les compatibilités entre éléments du lexique ou les règles de syntaxe qui commandent la génération des phrases divise ainsi les linguistes. Dans un premier temps, la grammaire générative a supposé que les règles syntaxiques constituaient la base de notre production du langage. Depuis, certains linguistes issus de la sémantique ou de la linguistique cognitive* ont postulé qu'il existait sans doute des opérations antérieures, non seulement aux règles syntaxiques, mais à l'étiquetage du lexique.

La connaissance du lexique est une partie fondamentale de notre connaissance de la langue. Mais cette connaissance est beaucoup plus floue qu'il ne paraît d'abord. Nul d'entre nous ne peut se vanter de connaître entièrement ce lexique. Si nous n'en connaissons par usage que des fragments, nous sommes souvent à même d'en reconstituer virtuellement une partie, sans savoir toujours, d'ailleurs, si les mots que nous produisons appartiennent au lexique attesté ou non.

LA NÉOLOGIE

En parlant, nous ne faisons pas qu'utiliser des mots déjà existants. D'ailleurs, qui pourrait se vanter de tous les connaître ? Nous en créons sans cesse de nouveaux, selon le processus qu'on appelle la néologie. Pendant longtemps, ce phénomène a été sous-estimé, car on y voyait une sorte de danger. Aujourd'hui, elle intéresse de plus en plus la linguistique, et, outre la lexicologie, particulièrement la sociolinguistique*.

1 LA NÉOLOGIE OU LE NOUVEAU DANS LA LANGUE

A Définitions

▶ Dans son sens étymologique, la néologie (mot qui vient de deux racines grecques signifiant « nouveau » et « parler ») désigne toutes les formes d'innovation linguistique. Habituellement, cependant, on en réserve l'emploi au domaine du lexique*. On parle alors de *néologisme*.

▶ On pourra appeler *néologisme lexical* l'introduction dans la langue d'un mot nouveau, qu'il s'agisse d'un emprunt à une autre langue, d'un mot nouveau construit à partir des règles de formation propres à une langue, etc. Ce terme est utilisé par la lexicographie (voir lexicologie*) lors de la rédaction de diction-naires. On parlera de *néologisme sémantique* lorsqu'un mot est employé dans un sens inédit par rapport aux sens recensés. Ainsi, le mot *souris* comporte depuis 1983 dans les dictionnaires le sens néologique (calqué sur l'anglais *mouse*) de « boîtier mobile connecté à un ordinateur ».

B Les « lois » de la néologie

▶ Dans toutes les langues, la néologie fonctionne sur la base d'un certain nombre de règles qu'étudie la lexicologie, et particulièrement la morphologie* lexicale. Ces règles sont appelées procédés de formation, et elles se caractérisent par leur plus ou moins grande productivité, c'est-à-dire par leur plus ou moins grande faculté à engendrer des mots nouveaux. Selon les langues et selon les époques, le type de procédés de formation et leur productivité varient. La composition et la dérivation sont les deux principaux modes de création lexicale (voir morpho-logie*). On peut citer comme dérivation récente en français : *surveste*, attesté en 1985. Parfois, la néologie pratique quelques écarts par rapport à la norme des procédés de formation. Un cas amusant est celui du mot *bikini*, formé sur le nom d'un atoll du Pacifique. La première syllabe *bi-* ayant été prise pour un préfixe indiquant la dualité, comme dans *bipolaire*, on en a tiré le mot *monokini* pour désigner un « bikini à une pièce », si l'on peut dire.

▶ À côté des procédés relativement « classiques » de la composition et de la déri-vation, il existe une foule d'autres procédés de création lexicale à principe morphologique*. Choisissons l'exemple de l'abréviation, ou troncaison, comme dans *piano* pour *piano-forte*. On notera qu'aujourd'hui les mots *piano* et *piano-forte* ne renvoient plus tout à fait à la même réalité, et qu'ils nécessitent deux entrées dans le dictionnaire. Cela est la preuve qu'il y a véritablement enri-chissement du lexique. Citons encore les mots valises (*motel*, formé de *motor* et de *hotel*), ou mots portemanteaux ; la transformation en noms communs de noms propres, comme dans *sandwich*, du nom d'un des comtes de Sandwich, ou *poubelle*, ou *calepin* ; la transformation en noms communs de noms de marques, comme dans *kleenex*, etc. Notons que le choix n'est pas absolument immotivé, puisque le nom de marque *kleenex* a été formé sur l'adjectif anglais *clean*, signifiant « propre ».

2 LES ENJEUX DE LA NÉOLOGIE

A Signification linguistique de la néologie

▶ La néologie intrigue les linguistes. En effet, alors qu'ils s'obstinent à essayer de décrire la langue d'une façon stable, cohérente, aboutie, la néologie nous prouve que celle-ci est sans cesse en mouvement, et ce, de façon souvent imprévisible. Les « lois » mêmes de la création lexicale varient sans cesse selon les époques. Ainsi, l'on pensait tout savoir des règles de formation du français, et voici qu'apparaissent dans le lexique de nombreux néologismes issus du verlan (*beur, meuf, ripou*... Sans parler du suffixe inédit -*os* dans *craignos*... De plus, on peut estimer qu'il n'y a pas seulement néologie dans le lexique, mais aussi en grammaire. Où situer alors la frontière entre la faute* et l'installation d'une règle grammaticale nouvelle ? Employer le subjonctif après *après que* est-il une faute ou un néologisme grammatical ?

▶ En réalité, la néologie est une donnée fondamentale de notre usage de la langue. Sans cesse, nous introduisons de nouvelles façons de parler, de nouvelles tournures, etc. Par là, nous nous approprions la langue. Dans la conversation, le locuteur pourra vouloir attirer l'attention sur le néologisme en l'introduisant par un métalangage* du type : *ce que j'appellerais*... Dans sa forme la plus radicale, la néologie peut être une forme de pathologie du langage*. On l'appelle alors *néophasie*. Elle consiste en la production d'un langage pratiquement entièrement nouveau, que ce soit au niveau du lexique ou de la syntaxe. Des mots inconnus sont reliés par des règles de syntaxe entièrement personnelles. Le malade n'est plus du tout compréhensible. Des écrivains, tels Henri Michaux ou Samuel Beckett, ont utilisé certains aspects de la néophasie pathologique comme inspiration poétique.

B La néologie entre norme et usage*

▶ La néologie a toujours soulevé de nombreux débats. Pendant de nombreux siècles en France, elle a fait l'objet de tentatives de législations. L'Académie française, par exemple, a été créée au XVIIᵉ siècle, en partie pour effectuer un tri dans les néologismes, et éliminer ceux qu'on n'estimait pas conformes à la norme*.

▶ Aujourd'hui encore, chaque néologisme provoque, lors de son entrée dans le dictionnaire, des réactions passionnées. Certains néologismes, comme *grandesse* ou *explosionner*, ont totalement disparu. D'autres, comme *incorrect* ou *aptitude*, qui choquaient au XVIIᵉ siècle, se sont imposés...

La prise en compte de la néologie est un problème pratique auquel se heurtent tous les jours les lexicographes lors de la rédaction de dictionnaires. Pendant longtemps, elle a été considérée comme un phénomène mineur en linguistique. Mais aujourd'hui que notre sensibilité envers la norme a évolué, nous nous rendons compte que dans son étude résident quelques-unes des clés du changement linguistique. Ce n'est somme toute rien d'autre que la vie de la langue qui est en jeu.

LE PROTOTYPE

Depuis Aristote, la philosophie et les sciences ont un goût marqué pour les catégories. Elles s'efforcent de définir des principes aussi rigoureux que possible de catégorisation et de classification. Avec l'apparition du courant des sciences cognitives (voir linguistique cognitive*), ces principes ont été sérieusement revus. Le concept de prototype est un exemple de ce remaniement. Comment peut-on le définir, et quelle utilisation peut-on en faire en linguistique ?

1 DE LA DÉFINITION SELON ARISTOTE AU PROTOTYPE

A La critique du modèle ancien de définition*

▶ Comment catégorisons-nous les objets du monde ? Selon quels principes ? Et quelles sont les conditions d'appartenance d'une unité à une catégorie ? À ces question, depuis Aristote, on a pris l'habitude de répondre sur la base du modèle des conditions nécessaires et suffisantes. Qu'est-ce à dire ? Pour qu'un élément appartienne à une catégorie, il doit posséder toutes les propriétés qui définissent cette catégorie et elle seule. Ces propriétés apparaissent dès lors comme des conditions nécessaires et suffisantes.

▶ Ce modèle n'est pas sans poser de problèmes. Il peut paraître bizarre que certaines définitions, faites sur ce modèle, ne correspondent pas à la représentation mentale que l'on a d'un objet. On cite l'exemple du cygne. Dans sa définition, ne peut apparaître le trait *blanc*, car il existe des cygnes noirs. Cependant, notre représentation majoritaire du cygne est celle d'un oiseau blanc. De plus, certaines définitions sont incapables de rendre compte de la diversité des objets que recouvre la catégorie à définir. Si l'on applique cette analyse à la linguistique, on remarque, par exemple, que la définition de l'adverbe contient généralement le trait *mot invariable*. Or il existe des adverbes qui varient (*de* **toutes** *petites filles*).

B L'introduction du prototype

▶ En matière d'élaboration de classes, de catégorisation, notamment, les linguistes cognitivistes ont abandonné le système aristotélicien des conditions nécessaires et suffisantes. Des études psychologiques ont montré que les sujets parlant étaient en général incapables de fournir une définition précise des objets du monde, mais en revanche pouvaient donner des exemples de sous-catégories. En effet, si on nous demande de donner la définition du mot *oiseau*, il y a fort à parier pour que nous soyons incapables de réciter la définition du dictionnaire. En revanche, nous allons sans doute dire que le moineau est une sorte d'oiseau, qui par ailleurs nous semblera tout à fait représentative de la catégorie *oiseau*. De plus, nous pourrons même ajouter que la poule également est un oiseau, mais moins représentatif que le moineau. Ce faisant, nous instaurons une gradation dans la définition de la catégorie. Certains oiseaux sont plus oiseaux que d'autres. On appelle *prototype* l'objet le plus représentatif d'une catégorie : il est considéré comme le meilleur exemplaire communément associé à cette catégorie.

Les cognitivistes privilégient donc une analyse en catégories « naturelles » dans laquelle le processus de classification consiste à mettre en évidence les similitudes globales et la formation de prototypes de référence. La notion de prototype est au centre de cette nouvelle conception, qui donne lieu à une sémantique du prototype.

2 LES AVANTAGES DU PROTOTYPE

A L'application en linguistique

Le succès de cette théorie en linguistique provient de la possibilité d'expliquer en termes de prototype toute situation majoritaire : elle permet de caractériser les concepts que les linguistes utilisent et qu'ils ont des difficultés à cerner parce que leurs définitions ne recouvrent pas la totalité des cas étudiés.

En ce qui concerne les parties du discours*, par exemple, on voit bien l'avantage que l'on peut tirer de ce modèle : l'élimination de toute situation d'exception. Pour ce qui est de la définition de l'adverbe, par exemple, on abandonne la recherche d'une définition en termes de conditions nécessaires et suffisantes. En effet, l'adverbe a toujours été considéré comme une classe poubelle, dans laquelle on rangeait tous les mots que l'on n'avait pu classer ailleurs, ce qui aboutissait à une catégorie d'objets linguistiques tout à fait hétéroclite. La découverte de l'adverbe prototypique permettrait de résoudre le problème de l'hétérogénéité multiple qu'on reconnaît à la classe. L'adverbe en -*ment*, du type *justement*, peut être considéré comme un bon candidat prototype. De fait, de nombreuses études générales sur l'adverbe en français ne concernent que ce type d'adverbe.

B La ressemblance de famille

Une question se pose. Quelle est la relation qui existe entre les éléments d'une même catégorie ? C'est la *ressemblance de famille*. Le risque est réel de transformer cette ressemblance en une nouvelle condition nécessaire et suffisante, d'autant que l'on ne sait pas toujours ce que recouvre l'idée de ressemblance. Dans l'optique cognitiviste, cela devrait signifier qu'entre deux éléments il doit se trouver au moins un trait commun. Ainsi, la poule peut avoir un air de ressemblance avec le canard, qui lui-même a un air de ressemblance avec le moineau... Cela peut vouloir dire qu'il est possible qu'aucun trait ne soit commun à tous les éléments de la catégorie. Dans ce cas, la connaissance du prototype ne suffirait pas à identifier certains éléments d'une catégorie : ces éléments ne seraient liés qu'indirectement au prototype, par l'intermédiaire du trait commun qu'ils partageraient avec d'autres éléments de la catégorie.

Une version revue du modèle cognitif, notamment défendue par le linguiste américain George Lakoff (1987), propose de revoir les piliers théoriques de cette analyse. Le prototype n'y est plus l'élément qui permet d'organiser les catégories. On ne considère plus que des effets prototypiques. La *ressemblance de famille*, qui unit les membres d'une même catégorie, devient le concept central.

En linguistique, l'utilisation du prototype a surtout permis de remédier aux difficultés que l'on rencontre à définir des classes de mots. Cependant, si l'aspect descriptif du modèle cognitif peut séduire, il n'explique rien. Pourquoi le prototype est-il prototype, en dehors de sa reconnaissance comme meilleur exemplaire d'une catégorie ? La question reste posée.

LE MOT

Plus encore que le terme « phrase* », le terme « mot » est d'un usage commun. Il est fréquemment utilisé par tous et, globalement, on s'entend sur sa signification. Pourtant, c'est précisément lorsqu'il s'agit de définir de tels termes en linguistique que les problèmes se posent.

1 QU'EST-CE QU'UN MOT ?

Sur la définition linguistique de la notion de *mot* règne une parfaite imprécision : selon que l'on fasse référence au mot graphique, phonétique, sémantique ou encore lexical, l'ensemble d'objets que recouvre la définition diffère. De plus, cette notion ne saurait avoir la même signification selon les types de langues*. En effet, dans les différents types de langues, les relations sémantiques et grammaticales ne sont pas prises en charge de la même manière.

A Mot graphique et mot phonétique

▶ Le mot graphique correspond à une suite de lettres entre deux blancs. Cependant, un même mot graphique peut renvoyer à plusieurs mots grammaticalement différents. Ainsi, le mot *aimais* peut représenter une première ou une deuxième personne de l'imparfait.

▶ Le mot phonétique renvoie à une suite de sons entre deux pauses. Le problème que pose une telle définition est que les mots phonétiques ne correspondent pas nécessairement aux mots graphiques. On remarque, par exemple, qu'à un mot phonétique peuvent correspondre plusieurs mots graphiques. Ainsi le mot [ɛmɛ] correspond aux mots graphiques *aimais, aimait, aimaient*. De plus, les pauses ne correspondent pas toujours aux blancs graphiques. Ainsi, lorsque des mots commencent par des voyelles, ils peuvent être unis au mot précédent, entre autres, par des phénomènes de liaison (*les_enfants*) ou d'élision (*Eh, l'_ami, t'_exagères !*).

B Mot sémantique et mot lexical

▶ On peut vouloir définir le mot d'un point de vue sémantique. Selon cette hypothèse, le mot se caractérise en ce que, à l'intérieur d'une phrase, il est porteur d'une unité de sens aisément définissable : le mot *chaise*, par exemple, dans *La chaise est cassée*. L'idéal serait bien sûr que cette unité de sens corresponde à une unité graphique. Or, une séquence de plusieurs mots graphiques peut correspondre à un mot sémantique. Certains noms composés comme *pomme de terre, porte-avions, qu'en-dira-t-on...* ou certaines locutions comme *en ce moment, à cet endroit, à partir de...*, portent clairement l'expression d'une unité de sens sans définir un mot graphique.

▶ Le mot lexical, ou *lexème*, est celui qui fournit l'entrée du dictionnaire (voir lexique*). Il apparaît comme la forme basique du mot graphique, dépourvue de toutes les variations formelles possibles : l'adjectif est signalé au masculin singulier, le verbe à l'infinitif... C'est ce mot lexical qui sert de base au classement des parties du discours*.

2 LE MOT EST-IL LA PLUS PETITE UNITÉ SIGNIFICATIVE ?

A Les critiques à l'égard de la notion de mot

▶ Des doutes sérieux quant à la pertinence de la notion de mot ont été émis par de nombreux linguistes, surtout depuis le développement par les fonctionnalistes* des notions de syntagme* et de morphème*. Ce qui est critiqué, c'est l'utilisation de la notion de mot pour la classification en parties du discours*.

▶ D'autres facteurs, comme la position ou l'intonation*, ne se sont pas vu accorder l'importance qu'ils méritaient. Pourtant, ils peuvent avoir des propriétés identiques à celles reconnues au mot. En effet, une même relation, comme l'expression d'une fonction* syntaxique, par exemple le complément d'objet indirect, peut être exprimée par des moyens différents : par la présence d'une partie du discours spécifique, la préposition, ce qui le différencie de l'objet direct (*Pierre a présenté Marie à Sophie*) ; par la forme fléchie du pronom personnel (***lui**/le*), résidu de la catégorie nominale du cas en français ; ou encore par un procédé syntaxique, la position du pronom par rapport au pronom objet : dans *Je **te** le donne*, c'est la position de *te* et non sa forme qui permet de dire qu'il est objet indirect, la forme de l'objet direct étant identique (*Je **te** remercie*). La priorité accordée à la classification à partir du mot obscurcit le lien qui relie ces différentes expressions d'une relation identique.

B Quelle doit donc être la plus petite unité significative ?

▶ Si le mot est conçu comme une unité, il mêle néanmoins plusieurs niveaux : il est à la fois porteur d'un lexème et de divers renseignements grammaticaux qui relèvent de niveaux d'analyse différents. Or c'est au mot seul que l'on prête ces propriétés. Ainsi, on définit le mot substantif en lui donnant des propriétés qu'il ne possède pas à lui seul, mais qui appartiennent au syntagme, comme la possibilité de remplir les fonctions* sujet, objet… Dans la phrase *Le père de la mariée a quitté la cérémonie*, ce n'est pas le nom *père* qui est sujet, mais le syntagme *Le père de la mariée*. Le nom *père* est tout au plus centre du syntagme sujet.

▶ En outre, des mots comme *au* dans *aller au collège* amalgament deux unités en une seule : *à* et *le*, qui appartiennent chacune à une classe distincte. Où, dès lors, classer *au* ? A-t-on encore affaire à un mot ?

▶ De telles critiques et interrogations ont conduit à chercher d'autres types d'unités significatives. On considère actuellement le morphème comme une unité significative linguistiquement plus pertinente que le mot, même si, dans la mémoire du locuteur, ce sont des mots qui sont stockés comme unités préconstruites.

S'il a longtemps servi d'unité minimale d'analyse, le mot s'est vu supplanté par la notion de morphème. C'est le morphème qui est aujourd'hui considéré linguistiquement comme la plus petite unité significative, même si le mot reste, dans le langage courant, l'unité de base de la langue.

LE SYNTAGME

Le syntagme est une unité de la phrase* qui a longtemps été négligée par l'analyse grammaticale. Centrée sur le mot et sur la phrase, cette analyse a attribué au mot des propriétés du syntagme, notamment des propriétés de fonction*. L'analyse en constituants immédiats pratiquée par les distributionnalistes* a permis de revaloriser cette unité essentielle à la compréhension du fonctionnement de la phrase.

1 QU'EST-CE QU'UN SYNTAGME ?

A Une définition

▶ Le mot *syntagme* tire son origine du mot grec syntagma qui signifie « chose rangée avec une autre ». Appliqué à des êtres humains, ce mot désignait un contingent militaire. C'est dans le respect du sens étymologique que le linguiste suisse Ferdinand de Saussure* applique le mot syntagme à ce qui apparaît comme une suite quelconque de morphèmes*. En effet, selon ce dernier, un mot comme *repartir* est un syntagme dans la mesure où il est une suite de morphèmes (*re-part-ir*), fussent-ils soudés. De même les noms composés, du type *couvre-chef*, ainsi que les phrases pourraient être considérés comme des syntagmes. Cette acception du mot a été abandonnée.

▶ On parle actuellement de syntagme pour désigner une suite de morphèmes que l'on peut isoler par l'analyse en constituants immédiats. Par cette procédure distributionnelle, on divise une séquence de mots, une phrase, par exemple, en segments, et on observe avec quels autres segments les segments isolés peuvent commuter. Soit la phrase *Le mari de ma voisine lave sa voiture*. On peut dans un premier temps diviser cette phrase en deux segments *Le mari de ma voisine* et *lave sa voiture*, qui peuvent commuter respectivement avec *Il* et *nettoie*. On dira que *Le mari de ma voisine* est un *syntagme nominal* et que *lave sa voiture* est un *syntagme verbal*. On considère généralement que le syntagme est une unité inférieure à la phrase. Cependant, il se peut qu'un syntagme fasse phrase (*Du balai !*).

▶ Le syntagme apparaît donc comme une suite de morphèmes articulée autour d'un noyau accompagné des mots ou suites de mots qui le déterminent* (épithètes et déterminants pour le nom ; compléments pour le verbe).

B Syntagme et fonction

▶ À l'intérieur de la phrase, c'est le syntagme qui est porteur de la fonction syntaxique. Dans la séquence *Le mari de ma voisine lave sa voiture*, ce n'est pas *mari* qui est le sujet de *lave*, même si c'est le nom *mari* qui, en tant que noyau, fournit les indications pour l'accord du verbe. C'est la totalité du syntagme *Le mari de ma voisine* qui exerce la fonction de sujet. Ainsi, quand on définit le nom par sa capacité à être sujet d'une phrase, on lui attribue une propriété du syntagme. Le nom peut tout au plus servir de noyau à un syntagme nominal. La distinction de ces deux niveaux de fonctions, fonction à l'intérieur du syntagme et fonction du syntagme, est primordiale pour l'analyse grammaticale.

▶ La grammaire distributionnaliste et, à sa suite, la grammaire générative* ont bien compris le rôle du syntagme en matière de fonction syntaxique. Au point de ne pas utiliser dans l'arbre qui schématise la phrase les notions de *sujet* ou de *complément*, mais seulement celles de *SN* (syntagme nominal), de *SV* (syntagme verbal) ou de *SP* (syntagme prépositionnel).

2 LES DIFFÉRENTS TYPES DE SYNTAGMES EN FRANÇAIS

A Syntagme nominal et syntagme verbal

▶ Le syntagme nominal est celui qui a été le plus étudié. C'est à l'intérieur de ce syntagme que les mécanismes de détermination* ont été mis en évidence. Ainsi, qu'il soit sujet ou non (complément du nom, du verbe, de l'adjectif, de l'adverbe, ou de la préposition), le syntagme nominal se compose du noyau nominal, voire pronominal, et des mots qui le déterminent (**les deux** *voitures* **rouges de mon père**).

▶ Le syntagme verbal est constitué du noyau verbal et de ses compléments : par exemple, les compléments directs ou indirects pour les verbes transitifs (*manger* **une pomme**, *profiter* **de la vie**) ; les attributs pour les verbes copules (*Pierre est* **grand**) ; les compléments des verbes impersonnels (*Il pleut* **des cordes**) ; de même, certains compléments circonstanciels (*Il va* **à Paris** ; *Il range ses fiches* **alphabétiquement**). Lorsque le verbe est à l'infinitif, le syntagme verbal peut occuper les fonctions du syntagme nominal.

B Syntagme adjectival, adverbial et prépositionnel

▶ Le syntagme adjectival se compose d'un noyau adjectival et des compléments qui s'y rapportent : des compléments adverbiaux qui marquent le degré ou l'intensité (**plus** *jolie* ; **si** *jolie* ; **franchement** *jolie*) ; des compléments de l'adjectif (*pleine* **de mystère** ; *belle* **à en crever**) ; on peut même imaginer des adjectifs compléments d'adjectifs (bleu pâle). Le syntagme adjectival occupe généralement les fonctions de caractérisant du nom, d'épithète détachée (ou apposition adjective) ou d'attribut (du sujet ou du complément d'objet).

▶ Le syntagme adverbial se compose d'un noyau adverbial et de ses compléments : les compléments de degré ou d'intensité, comme pour le syntagme adjectival (**plus** *gravement* ; **si** *gravement*) et les autres compléments de l'adverbe (*parallèlement* **à cela** ; *Maintenant* **qu'il est parti**...). Le syntagme adverbial occupe en général la fonction de complément adverbial ou circonstanciel.

▶ Le syntagme prépositionnel est constitué d'un noyau prépositionnel et de ses compléments qui prennent généralement la forme d'un syntagme nominal (*avant* **son départ**). On trouve également d'autres compléments de la préposition (**juste** *avant son départ*). Le syntagme prépositionnel occupe en général la fonction de complément (du nom, du verbe, de l'adjectif et de l'adverbe).

La prise en compte de la notion de syntagme s'avère essentielle pour l'analyse des fonctions de la phrase. Sans le syntagme, on ne peut expliquer comment tel mot (un nom, par exemple) destiné à occupé une fonction particulière (sujet ou complément) se retrouve dans un rôle inattendu (épithète dans « une robe **saumon** *»).*

LA PHRASE

La phrase a longtemps été considérée comme la plus grande unité de description grammaticale. Mais sait-on exactement ce qu'est une phrase ? Quelles sont ses limites ? Les définitions que donnent dictionnaires et grammaires ne permettent pas toujours de cerner cette « suite de mots censée exprimer un sens complet ».

1 QU'EST-CE QU'UNE PHRASE ?

A Une définition difficile

▶ Le sens du mot « phrase » a varié avec le temps. Au XVIIᵉ siècle, ce mot est utilisé pour désigner un assemblage de mots, une façon de parler : on emploierait plutôt aujourd'hui dans ce sens les termes *locution* ou *expression*. Ce n'est qu'au XVIIIᵉ siècle qu'apparaît la valeur actuelle de ce mot.

▶ La définition de la phrase dans son sens actuel n'est pas aisée. Elle dépend des points de vue adoptés, qui peuvent être graphique, phonétique, mélodique, sémantique et morphosyntaxique :

– À l'écrit, la phrase correspond à l'espace compris entre une majuscule et un point. Cependant, ce critère graphique s'avère inopérant dès que l'on considère la langue parlée.

– À l'oral, la phrase apparaît comme une suite de sons. On définit alors la phrase comme une unité mélodique entre deux pauses. Quand on énonce une assertion, par exemple, la mélodie suit d'abord une courbe ascendante (appelée *protase*), puis une courbe descendante (l'*apodose*).

– Du point de vue sémantique, la phrase est censée exprimer un sens complet. Cependant, que signifie un *sens complet* ? Dans la suite « *Tu arrives ? - Oui.* », il semble que l'on ait affaire à deux phrases. Or, peut-on dire que *Oui*, isolé de l'énoncé précédent, possède un sens complet ?

– Du point de vue morphosyntaxique, la phrase est une suite de mots ordonnée, organisée autour d'un verbe, selon un certain nombre de règles*. Le verbe ne semble pourtant pas être indispensable (le *Oui* vu plus haut n'est pas un verbe) : il existe, par exemple, des phrases nominales (Les titres de journaux, par exemple : « *Élections législatives en Grande-Bretagne* »). De plus, le non-respect des règles de grammaire (l'absence d'accord par exemple) suffit-il à refuser le statut de phrase à un énoncé par ailleurs compréhensible ?

B Une unité de communication

▶ Une autre définition de la notion a été proposée, qui repose sur la fonction* de la phrase dans le discours*. La phrase pourrait alors être définie comme une unité linguistique de communication, une unité du discours. Elle aurait donc une fonction d'un autre genre que celles traditionnellement admises par la syntaxe. Dans cette optique, la phrase pourrait être réalisée par la combinaison d'un énoncé* et d'une énonciation*, c'est-à-dire la communication d'un message dans une situation particulière à l'aide d'actes de langage*, comme l'assertion, l'injonction ou l'interrogation.

▶ En fin de compte, on peut affirmer qu'est *phrase* ce que le locuteur*/scripteur décide de faire *phrase* en fonction de ses besoins communicatifs, ou encore ce que le récepteur décide de percevoir comme phrase. Les deux points de vue ne se recouvrent pas forcément : le locuteur et le récepteur ne partagent pas forcément la même conscience ni la même culture linguistiques.

2 QUELS SONT LES DIFFÉRENTS TYPES DE PHRASES ?

Les classements de phrases sont divers. On peut procéder soit sur la base de la modalité énonciative que comporte la phrase, soit sur sa composition.

A Les modalités énonciatives

▶ Soit la phrase *Le facteur sonne toujours deux fois*. Dans cette phrase, le locuteur assume la responsabilité de son énoncé et le présente comme vrai. On parle de phrase *assertive*.

▶ Soit la phrase *Le facteur sonne-t-il toujours deux fois ?* Dans cette phrase, un lien direct s'établit entre un locuteur, qui suspend la valeur de vérité de son énoncé, et un interlocuteur, à qui il est demandé de statuer sur cette valeur. On parle alors de phrase *interrogative*.

▶ Soit la phrase *Sonne toujours deux fois*. Dans cette phrase, le locuteur ne présente pas son énoncé comme vrai : il s'adresse à un interlocuteur dans le but d'influer sur son comportement, pour le faire agir d'une certaine manière. On parle de phrase *injonctive*.

B La composition de la phrase

▶ La phrase peut se présenter sous une forme plus ou moins complexe et elle peut comporter une ou plusieurs propositions*. Une phrase est dite *simple* quand elle ne comporte qu'une proposition : *Il prépare son voyage*. Lorsqu'elle est composée de plusieurs propositions qui ont un lien de hiérarchie, de subordination, on parle de phrase *complexe* : *Je ne pense pas qu'il partira en voyage sans préparation*. Une phrase peut également être *unique* si elle ne comporte qu'une proposition principale ou indépendante. Elle est *multiple* si elle en comporte plus d'une. C'est notamment le cas des phrases coordonnées et juxtaposées : *Il a préparé son voyage et il est parti / Il a préparé son voyage ; il est parti*.

▶ Se pose alors le problème de la limite de la phrase. Quand la phrase se termine-t-elle ? Dans la séquence « *Le voyage est un loisir. Comme le jeu.* », doit-on considérer que l'on a affaire à une ou à deux phrases ? La question n'est pas sans conséquence, surtout pour ceux qui considèrent que la phrase est une unité factice, et que seul compte le texte*, qui l'englobe.

La phrase, tout comme le mot, fait partie de ces termes de base que l'on utilise couramment sans s'interroger sur ce qu'ils recouvrent exactement. Or c'est sur ces deux notions que s'est élaborée, pour l'essentiel, notre morphosyntaxe. Il importe donc de mieux les cerner, afin de juger de leur pertinence en tant qu'unités d'analyse.

LE TEXTE

La rhétorique*, en tant qu'art de la persuasion et typologie des textes, a, dès l'Antiquité, reconnu le texte comme objet d'étude. En revanche, l'unité linguistique du texte a été distinguée assez tardivement par les sciences du langage. Il a fallu attendre le début des années 60 pour voir se développer des courants linguistiques qui prenaient le texte pour objet : grammaire de texte, linguistique textuelle, analyse du discours*, pragmatique* textuelle...

1 LE TEXTE EST-IL UNE UNITÉ PERTINENTE ?

A Le texte et la phrase

▶ La définition linguistique de la notion de *texte* est assez floue. L'usage répandu actuellement, à partir des études de pragmatique textuelle, est de définir le texte comme une chaîne linguistique parlée ou écrite formant une unité de communication.

▶ Le linguiste français Émile Benveniste a proposé une distinction claire entre la phrase* et le texte. À l'intérieur de la phrase, les unités des différents niveaux se combinent pour entrer dans la composition de l'unité de rang supérieur. Ainsi, le phonème* se combine à d'autres phonèmes pour former un morphème*, lequel entre à son tour, combiné à d'autres morphèmes, dans la composition de la phrase, dans le respect des règles de la syntaxe*. En revanche, lorsqu'elles se combinent pour composer un texte, les phrases ne le font pas à la manière des phonèmes ou des morphèmes. Elles ne s'intègrent pas à une unité de rang supérieur selon des règles particulières. Tout au plus peut-on dire, selon Benveniste, qu'une phrase précède ou suit une autre phrase dans un rapport de successivité, car un groupe de phrases n'est pas une unité de rang supérieur à la phrase.

B Le texte, selon Benveniste

▶ Benveniste considère que l'analyse du texte ne peut se faire que sous la forme d'un énoncé*, c'est-à-dire quand il est émis dans l'intention de dire quelque chose à un interlocuteur dans une situation de communication particulière. Il suppose que les locuteurs*, pour exprimer ce qu'ils ont l'intention de dire, utilisent le code de la langue* de la manière la plus appropriée qui soit à la situation. C'est l'analyse de ces différentes manières d'exprimer un message qui est au centre de l'étude du texte chez Benveniste. Cette étude met en avant les phénomènes liés à l'énonciation*. Chaque type d'usage du langage sera distingué selon ses caractéristiques énonciatives. C'est de cette manière que Benveniste propose une distinction entre l'*histoire* (le récit historique) et le *discours*.

▶ Les études de textes qui s'inspirent de Benveniste cherchent à caractériser les usages du langage dans des communications où les positions idéologiques des locuteurs sont fortement marquées. C'est ainsi que s'est constituée une école française d'analyse du discours*, où la linguistique apparaît comme auxiliaire de l'histoire ou de la sociologie.

A Le texte, selon Halliday et Hasan

▸ Les linguistes Michael A. K. Halliday et Ruqaiya Hasan proposent une autre conception de l'étude du texte. Ils sont d'accord avec Benveniste pour dire que le texte n'est pas une unité grammaticale comme la phrase. Le texte n'est pas une phrase en plus grand ; c'est une unité d'une autre nature : unité d'« usage du langage », plutôt sémantique. Le texte ne se définit dès lors pas par sa taille : un texte peut être un mot simple, une phrase simple, un groupe de phrases ou un roman-fleuve, pour autant qu'ils soient énoncés dans une certaine situation de communication.

▸ Les travaux de Halliday et Hasan portent essentiellement sur les expressions qui assurent une certaine continuité au texte. Ces expressions sont en général les marques des relations qu'entretiennent notamment les phrases entre elles pour former un texte. C'est donc à une étude des liens de cohésion* du texte, qui participent à sa *texture*, que nous invitent les linguistes américains. C'est ainsi que l'on étudie les phénomènes de reprise par les pronoms, les connexions entre phrases à l'aide de conjonctions (*or, mais…*) ou d'adverbes (*certes, donc…*)…

B Une grammaire du texte

▸ Certains linguistes ont tenté de décrire les spécificités de la structuration grammaticale du texte. Dans la lignée de la grammaire générative initiée par Noam Chomsky*, par exemple, des linguistes, dont Teun Adrianus van Dijk, ont proposé d'élaborer un modèle de grammaire de texte. Selon ces linguistes, de même que les locuteurs peuvent distinguer les phrases grammaticales des phrases agrammaticales, de même ils peuvent reconnaître les textes bien formés des suites de phrases agencées au hasard. Dès lors, les linguistes cherchent, dans le prolongement de la grammaire de phrase, à déterminer les règles de bonne formation, qui permettent aux locuteurs de faire le tri entre textes et non-textes. Ils transposent donc de la phrase au texte les critères de grammaticalité et d'acceptabilité (voir faute*) rencontrés en grammaire générative. Le but d'une telle approche est d'établir la cohérence* du texte.

▸ En plus des règles de bonne formation, ces linguistes étudient les parentés de structure entre des textes superficiellement différents. Cela aboutit à la mise en évidence, au niveau du texte, de règles* de transformation, comme celles que l'on rencontre au niveau de la phrase. C'est donc l'idée de compétence* linguistique qui se trouve exploitée au niveau du texte.

▸ La pragmatique textuelle, quant à elle, considère que la construction du texte n'est pas le résultat de l'application d'un certain nombre de règles, mais une activité, un processus, qui obéit à des contraintes d'ordre essentiellement cognitif et communicationnel.

La linguistique textuelle s'est construite pour beaucoup en opposition avec la linguistique de la phrase. On jugeait cette dernière déficiente, inapte à rendre compte de la complexité du discours. Le fossé entre les deux approches s'est creusé progressivement. Aujourd'hui, après une période de forte scission, les linguistes cherchent à (ré)concilier l'étude de ces deux entités de communication.

L'ÉCRITURE

*Par écriture, nous pouvons entendre tout système visuel permettant de repré-
senter le langage articulé : écriture manuscrite, imprimerie, traitement informatique...
Deux grands principes de notation coexistent dans le monde : le principe qui consiste
à représenter les objets et les idées directement (pictographie), et le principe qui
consiste à représenter leur traduction dans le langage (phonographie).*

1 REPRÉSENTER LES CHOSES : LA PICTOGRAPHIE

A Principe de la pictographie

▶ Il existe une première manière de représenter le langage, qui consiste à représenter au moyen d'une image l'objet que le langage évoque. Dans les panneaux
du code de la route, par exemple, ou dans les signaux urbains (toilettes, pique-
nique...), il est fait usage de ce qu'on appelle des *pictogrammes*, autrement dit,
des signes* qui sont comme de petits tableaux simplifiés de la chose évoquée.
On parlera d'*idéogramme* lorsque le pictogramme renvoie à un concept (comme
chaleur, lumière...), plutôt qu'à un objet à proprement parler.

▶ Deux grands systèmes d'écriture dans le monde utilisent largement le procédé
des idéogrammes : le chinois et le japonais. Cependant, l'inconvénient de ce type
de système apparaît clairement : il charge la mémoire d'un nombre prodigieux de
formes. Dans l'histoire du chinois, de fait, les tentatives n'ont pas manqué pour
diminuer le nombre de caractères. Ce système a néanmoins l'avantage de permettre à tous les Chinois lettrés de se comprendre, même si leurs langues parlées
diffèrent.

B De la pictographie à l'écriture alphabétique

▶ Beaucoup de systèmes d'écriture ont commencé par être des répertoires de
pictogrammes ou d'idéogrammes. Cependant, une stylisation, c'est-à-dire une
simplification des traits, n'a pas tardé à se mettre en place, de manière à protéger
les utilisateurs des inconvénients occasionnés par une mauvaise reproduction
possible. Ce processus de stylisation se lit bien dans l'évolution de l'écriture
cunéiforme, l'une des plus anciennes écritures du monde, qui commence à
apparaître vers 3000 avant J.-C. en Mésopotamie. Dans sa première
physionomie, cette écriture était très clairement conçue comme un système
d'idéogrammes (un cercle étoilé pour une étoile, etc.). Les savants ont pu étudier
très précisément comment ces dessins se sont peu à peu simplifiés, jusqu'à se
présenter comme des combinaisons de petits clous (*cuneus*, en latin, d'où le nom
« cunéiforme »). À un certain point, ces assemblages de clous en sont venus à ne
plus signifier des objets ou des idées, mais à représenter des mots du discours,
voire des syllabes. Insensiblement, l'écriture cunéiforme a glissé du premier type
des écritures connues au second type : les écritures alphabétiques.

▶ Les Phéniciens, peuple sémitique du Moyen-Orient, possédaient une langue qui
se prêtait particulièrement bien à une division en syllabes. Les Grecs leur ont
emprunté leur système de notation et, la langue grecque comprenant plus de
voyelles que la langue des Phéniciens, ils ont ajouté aux signes utilisés par ces

derniers quelques signes spécifiques pour les voyelles. C'est ainsi qu'est née la notation alpha-bétique, où chaque symbole représente un son et un seul. Les spécialistes considèrent, mais c'est une question débattue, que l'invention de l'alphabet n'a eu lieu qu'une fois dans l'histoire, et que tous les systèmes alphabétiques du monde dérivent de l'alphabet grec.

2 REPRÉSENTER LES SONS : LA PHONOGRAPHIE

A Système syllabique et système alphabétique

▶ Comme nous venons de le voir, de très nombreuses langues du monde ont choisi de noter par écrit un équivalent graphique des sons que la parole produit plutôt qu'un symbole de l'idée à laquelle le mot est attaché. Ainsi, les Japonais, dans leur histoire ancienne, ont cherché à adapter à leur langue le système des idéogrammes chinois. Mais le fait que tous les mots du japonais puissent phonologiquement être représentés par un ensemble d'une centaine de syllabes environ les a poussés à installer en parallèle aux idéogrammes un second système, syllabique celui-là, le système *hiragana*. Aujourd'hui, le système japonais est un système mixte. Les idéogrammes (*kanji*) et le système syllabique (*hiragana*) se voient attribuer des emplois différents, et aucun ne l'emporte véritablement sur l'autre.

▶ La plupart des langues européennes comprennent un nombre de syllabes trop important pour que le système syllabique soit possible. C'est pourquoi elles se sont accommodées du système alphabétique qui réserve à chaque son, voyelle ou consonne, un signe séparé. En fait, seul l'alphabet phonétique* international note véritablement les sons : tous les autres alphabets notent les phonèmes*, c'est-à-dire les unités phoniques pertinentes de leurs langues. Parfois, ils le font au moyen de signes supplémentaires, tels que l'*umlaut* (« tréma ») pour l'allemand, ou le *tilde* pour l'espagnol, ou de *digraphes* (ensemble de deux signes qui ne représentent qu'un son, *sh*, *ng*, etc.), nombreux en anglais et en français. Le système alphabétique le plus étonnant est peut-être le coréen, inventé de toutes pièces au XVᵉ siècle, pour trouver une alternative à la complexité des idéogrammes.

B Signification culturelle de l'écriture

▶ Pour qu'il y ait écriture, il faut qu'un ensemble de signes possède un sens établi à l'avance par une communauté pour son usage. Il faut aussi que ces signes permettent d'enregistrer et de reproduire la parole. Dans le cas de la pictographie comme de la phonographie, il s'agit d'un processus qui illustre les facultés de l'homme à schématiser et à symboliser.

▶ Ce processus suppose souvent une certaine forme d'analyse, mais on remarque que, selon les types d'écriture, cette analyse s'exerce différemment : elle est de type phonologique* dans le cas des écritures alphabétiques, et de type séman-tique* (autrement dit, elle porte sur les contenus) dans le cas des écritures à idéogrammes. Une question intéressante est de savoir quels sont les liens entre ces formes d'abstraction et les processus de pensée.

L'écriture constitue un champ d'investigation important de la linguistique. Outre le fait que certaines écritures ne sont toujours pas déchiffrées (l'écriture maya ne l'est que partiellement, l'écriture de la civilisation de l'Indus pas du tout), les chercheurs s'intéressent de plus en plus aux significations sémiotiques, anthropologiques, sociales, économiques et religieuses de l'écriture.*

L'ORTHOGRAPHE

Pour beaucoup de Français, aujourd'hui, le mot « orthographe » évoque des idées assez rébarbatives... Il est associé à tout un ensemble de règles complexes et tatillonnes, dont on ne perçoit pas toujours la nécessité, et qui paraissent nous rendre plus difficile l'acquisition de la langue.

1 À QUOI SERT L'ORTHOGRAPHE ?

A Le principe de l'orthographe

▶ Le mot *orthographe* vient de deux mots grecs qui signifient « écrire » et « correctement ». Toutes les langues du monde ne sont pas également concernées par la question de l'orthographe. D'une façon générale, on pourra dire que la question se pose à partir du moment où certains systèmes d'écriture* cherchent à retranscrire les sons aussi bien que les sens. Dans une écriture qui fonctionne entièrement à partir d'idéogrammes, par exemple, il va de soi qu'il n'y a pas d'orthographe.

▶ Dans la chaîne parlée, nous avons vu qu'on pouvait définir des unités distinctives minimales qu'on appelle phonèmes*. De même, dans la chaîne écrite, on pourra définir des unités minimales qu'on appellera *graphèmes*. Les graphèmes peuvent être des lettres, des lettres accentuées ou pourvues d'un signe auxiliaire (ç, par exemple), ou des groupes de lettres (*gu*, dans *gué*). Le principe de l'orthographe repose sur la recherche d'une équivalence entre un système de graphèmes et le système des phonèmes de la langue. Lorsque cette équivalence est atteinte, il n'est presque plus besoin de parler d'orthographe. Dans certaines langues, comme le turc, par exemple, la correspondance entre signes écrits et sons est tellement simple qu'une fois que l'on connaît quelques conventions minimes, on n'a plus à se préoccuper des questions d'orthographe. Dans beaucoup de langues, le problème est compliqué par le fait que l'orthographe s'est vu confier d'autres fonctions que celle de base.

B Les raisons d'être de l'orthographe

▶ Selon le linguiste soviétique Vladimir Grigorievitch Gak, l'orthographe ou, plus généralement, les *faits graphiques* répondent à cinq critères principaux. Outre le principe phonétique, il recense : le principe morphologique, le principe différentiel, le principe traditionnel et le principe étymologique. Le principe morphologique explique que certains graphèmes, le *s*, par exemple, ont des significations morphologiques (marquer le pluriel) alors même qu'ils ne sont pas prononcés. Le principe différentiel permet de distinguer des homonymes, *ancre* et *encre*, par exemple, qui ne sont pas distingués à l'oral. Le principe traditionnel explique que, une fois une convention adoptée, il est ensuite difficile d'en changer, alors même que la correspondance phonèmes/graphèmes évolue ; le principe étymologique, que certains graphèmes n'ont pas d'autre but que de marquer l'étymologie du mot dans lequel ils s'inscrivent. Ces deux derniers principes expliquent par exemple pourquoi, en français, on s'est attaché à conserver la lettre *c* (qui avait pour unique équivalent phonique en latin [k]) dans des situations où elle peut être prononcée de manières très diverses (*cirque*, *champ*, *coupe*...).

▶ Si l'on tient compte de tous ces paramètres, certaines orthographes, comme celle du français, apparaîtront comme des systèmes complexes, voire comme des *plurisystèmes*. C'est pour cela que leur apprentissage est parfois si difficile, et qu'il est tout aussi ardu de les réformer.

2 L'ORTHOGRAPHE AU CŒUR DES CONTRADICTIONS

A Entre oral et écrit

▶ L'orthographe est une convention permettant qu'à partir de la lecture de certains signes on rétablisse mentalement l'identité du mot que l'on lit. Cette caractéristique explique qu'elle se trouve souvent tiraillée entre ces deux mondes que sont l'oral et l'écrit*. Si l'on considère l'histoire du français, par exemple, on constatera que l'orthographe, particulièrement à partir de l'invention de l'imprimerie (xve siècle), a eu tendance à se fixer alors que la prononciation était précisément en train d'évoluer rapidement. Aujourd'hui, l'orthographe du français est très loin de représenter le système phonologique de cette langue. Nous avons des lettres qui ne correspondent à aucun son (le *h*, par exemple), des phonèmes qui peuvent être écrits de plusieurs manières (le phonème /in/, par exemple, peut être écrit *in*, *ein*, *ain*...), nous avons un grand nombre de mots qui sont écrits de façon purement étymologique, sans aucune attention envers leur prononciation, etc.

▶ L'un des principaux enjeux de l'orthographe est donc son rapport avec l'oral et avec la prononciation. Des débats ont pu se créer entre ceux pour qui l'orthographe devait rendre compte de la prononciation et ceux pour qui elle devait d'abord être un code écrit dont la vertu première serait la stabilité. Grosso modo, en français, on peut dire qu'en dépit des tentatives de réforme c'est plutôt la seconde interprétation qui a dominé. Le poids de l'orthographe est devenu si fort qu'elle a influé sur l'évolution générale de la langue. En français contemporain, *exact* est de plus en plus souvent prononcé en faisant sonner les deux consonnes finales [kt], par respect de l'orthographe, alors qu'auparavant ces consonnes finales étaient muettes.

B Entre norme et usage

▶ La question de l'orthographe se trouve au cœur de l'opposition entre usage et norme*. La façon dont cette opposition s'est présentée a beaucoup évolué dans l'histoire. On peut dire que jusqu'au xviiie siècle l'orthographe était essentiellement un problème d'imprimerie. Les documents manuscrits que nous possédons de ces époques témoignent d'une orthographe souvent fluctuante...

▶ Ce n'est qu'au xixe siècle que l'idée s'est développée d'une norme de l'orthographe que doivent connaître tous les locuteurs. En France, cette norme a eu un rôle symbolique très fort. On a vu alors en elle une manière de gage de bonne éducation. Bien maîtriser l'orthographe, c'était à la fois accéder à une certaine culture et accéder à un certain niveau social. Aujourd'hui, ce rôle symbolique persiste (ainsi que le montre l'utilisation de l'orthographe comme critère de recrutement, ou la mode des concours d'orthographe), mais nous sommes plus que jamais au cœur d'un débat dans lequel de nouvelles données (évolution de la langue, nouveaux médiums tels que le courrier électronique) viennent sans cesse s'ajouter.

Dans toutes les langues la question de l'orthographe ne se pose pas avec la même acuité qu'en français. Dans notre langue, les différents principes qui gouvernent l'orthographe s'entrecroisent avec une complexité sans égale...

LE LOCUTEUR

Qui parle ? Voilà une question bien étrange à se poser lorsqu'on traite du langage. Pourtant, c'est une question à laquelle il n'est pas facile de répondre, car elle peut être envisagée de nombreux points de vue différents.

1 PAROLE ET ÉNONCIATION

A Quelques points de terminologie

▶ Qui parle ? À cette question, on peut dire qu'il y a trois façons principales de répondre. La première est de dire qu'il y a un *sujet* de la parole, un sujet parlant, dont on pourra prendre en compte l'identité, les caractéristiques psychologiques, de la même manière qu'on ferait sur n'importe quel *sujet*. On peut aussi dire que, dès que quelqu'un parle, il y a communication, et donc message à transmettre entre un destinateur et un destinataire. On peut enfin dire que, dès que quelqu'un parle, il y a énonciation*, et donc rapport entre l'auteur de cette énonciation et l'énoncé qui est produit. On parlera alors d'*énonciateur*.

▶ Le concept de *locuteur* part tout d'abord d'une situation qui est la situation de parole. Il s'appuie ensuite sur le fait que toute situation de parole fait intervenir des interlocuteurs, qui se trouvent être au moins deux : le *locuteur* et l'*allocutaire*. On remarque que ces deux mots sont symétriques, et qu'ils sont construits sur une racine latine qui signifie « parler ». La prise en compte de l'allocutaire est importante dans toute analyse d'une situation de parole, dans la mesure où il n'est pas qu'un auditeur passif de ce qui est dit, mais où les propos lui sont véritablement *adressés*.

B Locuteur et énonciateur

▶ Selon les linguistes, l'usage des termes *locuteur* et *énonciateur* varie. Toutefois, on pourra remarquer que le terme *énonciateur* n'est pas issu de la même racine que le terme *locuteur*, et se réfère plus directement à l'opposition qui a été mise en place il y a quelques décennies entre énoncé* et énonciation. De la façon la plus commune, on pourra considérer que le locuteur est l'auteur de l'acte de parole, celui qui produit véritablement, matériellement, l'énoncé, alors que l'énonciateur est celui à qui est attribuée l'énonciation dans l'énoncé. Par exemple, lorsque je chante les paroles d'une chanson où se trouve employé le pronom *je*, je suis le locuteur, mais non l'énonciateur.

▶ Plus généralement, la différence entre acte de parole et énonciation, ou entre communication et énonciation, peut bien se comprendre si l'on prend en considération les moyens de communication modernes que sont les *médias*. Dans les médias (radio, télévision), la parole est médiatisée. Autrement dit, le locuteur n'est presque jamais l'énonciateur. Dans la situation de parole qui a pour locuteur le journaliste de télévision et comme allocutaire le téléspectateur, l'énonciateur nous apparaît souvent comme quelqu'un d'autre que le journaliste qui parle. D'autre part, on n'est jamais bien sûr de la nature du schéma de communication. Qui est le destinateur, et sommes-nous vraiment les destinataires ?

2 LE SUJET EN QUESTION

A Sujet et énonciation

▶ Longtemps la linguistique s'est appuyée sur la présupposition que sujet parlant, destinateur, locuteur, énonciateur, toutes ces entités ne formaient qu'une seule et même personne ou, tout du moins, devaient n'en former qu'une dans un fonctionnement optimal du langage. L'apport de la pragmatique* a été de les dissocier pour montrer combien cette unité est problématique.

▶ La distinction entre locuteur et énonciateur, particulièrement, permet bien de voir comment, dans tout ce que je dis, il y a une part de mes propos dont je ne suis pas l'énonciateur. Il peut s'agir de propos rapportés explicitement (« comme dit Untel… ») ou de propos rapportés implicitement, selon le mécanisme qu'on appelle la polyphonie*.

B Que dire du *sujet*?

▶ Restent enfin les cas où il semble que locuteur et énonciateur ne fassent qu'un. Le problème est alors de savoir si on peut en tirer une conception unifiée d'un *sujet*. Dans la philosophie occidentale traditionnelle, c'était bien souvent le cas, dans la mesure où on considérait que le sujet était un ensemble cohérent, abouti, et où il était maître de son langage. La plupart des écoles psychologiques du xxᵉ siècle se sont éloignées de ce schéma, qu'il s'agisse des écoles psycholinguistiques* comme celle de Jean Piaget, ou de la psychanalyse, initiée par Sigmund Freud (1856-1939).

▶ Pour la psychanalyse, le langage est un lieu où le sujet se *fait* et se *défait* sans cesse. Le rapport entre le sujet et son langage n'est pas du tout du même type que celui qui existe entre un locuteur et sa parole ou entre un énonciateur et son énoncé. C'est un rapport qui passe souvent par de profondes transmutations, des déplacements, des symboles, et qui ne peut être analysé de façon simple. Donnons-en simplement un exemple. Soit quelqu'un qui déclarerait de la personne qu'il a vue en rêve qu'elle « *n'était pas* [sa] mère ». Pour Freud, dans la négation, il n'y a parfois que la volonté de nier quelque chose dont on reconnaît la puissance supérieure, et que l'on affirme du même coup. C'est ce qu'il appelle la *dénégation*. La négation revient alors à une affirmation (de quelque chose qu'on aurait refoulé), et à une affirmation encore plus forte. L'énoncé a déplacé, voire inversé, des éléments de langage.

Le concept de locuteur, dont on prendra bien soin de vérifier le sens chaque fois qu'on le rencontrera, de même que celui d'énonciateur sont des concepts décisifs de la linguistique moderne, particulièrement de celle qui refuse de considérer les énoncés comme des produits séparés, indépendants, aboutis. Ils fondent de très nombreuses théories de la communication ainsi que les théories pragmatiques contemporaines.

L'ACTE DE LANGAGE

La notion d'acte de langage est la principale notion sur laquelle s'appuie le courant de la pragmatique* initié par John L. Austin (1911-1960) et son disciple John R. Searle (né en 1932). On peut la rapprocher de la description des fonctions du langage* par Roman Jakobson. Il s'agit de montrer que le langage n'a pas seulement pour but de dire quelque chose, mais aussi de faire quelque chose.

1 À L'ORIGINE DE LA PRAGMATIQUE

A Une façon nouvelle de considérer le langage

▶ La conception traditionnelle du langage voyait surtout dans celui-ci une description du monde, une *déclaration*, un *dit*. Certes, bien des penseurs, depuis l'Antiquité, avaient mis l'accent (notamment par le biais de la rhétorique*) sur la fonction particulière de certaines de nos prises de parole, qui n'avaient pas nécessairement pour but d'exprimer un contenu, mais d'obtenir un certain acte, une certaine réponse (à la prière, par exemple, ou à l'ordre).

▶ La pragmatique a radicalisé et théorisé cette façon de considérer le langage. Pour Searle, « parler une langue », ce n'est pas seulement utiliser des symboles (mots, phrases…), c'est « réaliser des actes de langage », c'est produire ces symboles au moment où on en a besoin de manière à accomplir un acte spécifique.

B Quand dire, c'est faire

▶ Le point de départ de la recherche sur les actes de langage est la constatation faite par Austin que certains énoncés* ne se contentent pas de décrire un événement, mais prétendent accomplir une action, autrement dit, influer sur la réalité. Austin nomme énoncés constatifs les énoncés du premier type (« Il a plu hier soir », par exemple), et performatifs les seconds (« Je te baptise »). L'énonciation performative est celle qui revient à *faire* quelque chose par le seul fait de l'énoncer. Le mot est dérivé du verbe anglais *to perform*, qui signifie « effectuer ». Ainsi, les actes de parier, promettre, remercier, marier, baptiser, léguer…, s'effectuent souvent au moyen de paroles qui énoncent cet acte et, du coup, l'accomplissent. Lorsque l'on dit *merci*, on remercie.

▶ On peut être tenté d'essayer d'associer les énoncés performatifs à certaines tournures grammaticales bien spécifiques, l'impératif, par exemple. Mais on remarquera vite qu'il existe des tournures simplement affirmatives qui peuvent avoir une valeur performative, soit que cette valeur soit rendue explicite par un mot particulier (« J'ordonne que… », par exemple), soit qu'elle puisse se déduire plus subtilement du contexte de l'affirmation. C'est pourquoi, dans un second temps, Austin a été amené à revoir la distinction constatif/performatif de façon à intégrer davantage de situations, et à proposer une théorie générale des actes de langage.

2 LA THÉORIE GÉNÉRALE DES ACTES DE LANGAGE

A Tout énoncé accomplit trois actes

▶ La seconde version de la théorie des actes de langage d'Austin s'efforce d'être valable pour tous les énoncés. J'énonce une phrase*. Ce faisant, je lie des phonèmes*, des mots*, j'utilise une syntaxe*..., autrement dit, je produis et j'articule des signes* linguistiques selon le code interne d'une langue*. J'accomplis ce qu'Austin nomme un acte *locutoire*. Mais l'énonciation de ma phrase n'est cependant pas totalement gratuite. J'entends qu'une certaine valeur d'action lui soit attribuée par mon interlocuteur. Austin dit alors que j'accomplis un acte *illocutoire*. Je demande que la fenêtre soit fermée, par exemple. Enfin, il se peut que mes paroles provoquent chez mon interlocuteur un effet plus ou moins prévisible (comme le rire, la peur, la protestation, etc.). Austin parle alors d'acte *perlocutoire*. Pour lui, toute énonciation se caractérise à des degrés divers par la mise en œuvre de ces trois actes de langage. Même dans la plus simple de mes affirmations, la plus plate, la plus apparemment descriptive, il peut y avoir un élément illocutoire et un élément perlocutoire.

▶ La différence entre acte illocutoire et acte perlocutoire n'a pas toujours été trouvée très nette chez Austin. En schématisant, on pourrait dire que l'acte illocutoire se décrit comme une force (on parle aussi de *force illocutoire*) dirigée dans un certain sens par l'énonciateur. Celui-ci utilise à cet effet des conventions sociales et de communication, de manière que son interlocuteur comprenne qu'il s'agit d'une simple demande, par exemple, ou d'un ordre. Par *perlocutoire*, Austin entend un effet plus caché de la parole, que l'énonciateur peut ne pas très bien maîtriser. C'est pourquoi certains successeurs d'Austin, comme Searle, ont essayé de clarifier la distinction en faisant intervenir la notion de réussite (ou d'échec) de l'acte de langage.

B Réussite et échec des actes de langage

▶ Pour Searle, tout acte de langage, comme toute activité humaine impliquant un interlocuteur en général, le jeu, par exemple, repose sur l'obéissance à certaines règles : des règles *constitutives*, nécessaires pour jouer, et des règles *normatives*, nécessaires pour jouer bien. Rien ne nous empêche de jouer mal aux échecs ! De la sorte, si je donne un ordre, par exemple, je peux, en obéissant aux règles constitutives de l'acte qui consiste à donner un ordre, vouloir qu'il soit compris comme un ordre, mais je peux aussi mal le donner, et que mon ordre paraisse ridicule ou scandaleux. L'obéissance aux règles constitutives peut de la sorte être rattachée à la force illocutoire, l'obéissance aux règles normatives, qui implique en grande partie la réussite ou l'échec de l'acte de langage, au perlocutoire. Toutefois, Searle inscrit les conditions de réussite dans la définition même de l'acte de langage.

▶ La théorie des conditions de réussite des actes de langage a été critiquée par certains sociologues, comme Pierre Bourdieu, qui lui reprochent d'attribuer aux mots seuls un fonctionnement et un pouvoir qui dépendent largement des conditions extérieures dans lesquelles le langage est utilisé. La question est toujours débattue, mais a permis qu'un rapprochement se fasse entre la pragmatique et la sociologie ou l'anthropologie.

La théorie des actes de langage d'Austin a eu un grand rôle dans le développement de la pragmatique. Elle a été discutée, amendée, corrigée, par de nombreux théoriciens. Elle a donné lieu à une multitude d'applications dans le domaine de l'analyse conversationnelle, par exemple.*

FICHE 70 L'INTERACTION VERBALE

La notion d'interaction verbale illustre bien la démarche de la pragmatique*. Celle-ci ne considère pas le langage comme un tout achevé, structuré : pour elle, l'utilisation du langage dépend fortement du contexte* dans lequel elle s'effectue, et de la participation du locuteur à une situation d'interlocution. Le langage n'est pas une activité solitaire : il se situe toujours au cœur d'un rapport humain.

1 INTERACTION VERBALE ET CONVERSATION

A Origine de la notion

▶ La notion d'interaction verbale est issue de la théorisation par John L. Austin des actes de langage*, et de l'hypothèse que les actes de langage indirects (illocutoire et perlocutoire) peuvent être plus ou moins réussis. De cette théorie s'inspirent des linguistes qu'on appelle interactionnistes, dans la mesure où ils étudient surtout, dans notre emploi du langage, ce qui s'insère dans un échange.

▶ La notion d'interaction verbale s'appuie sur la constatation que, dans un échange oral, l'utilisation du langage par un locuteur n'a pas seulement pour but d'exprimer un contenu, mais d'influer sur ses interlocuteurs. La réciproque étant également vraie, on emploie le mot *inter*-action. L'énonciateur n'est pas vu comme émetteur d'un message qui serait adressé dans une seule direction à un récepteur, mais comme un participant dans une activité commune. Le point de départ de l'analyse des interactions verbales est donc le contexte d'une conversation, dans lequel des participants *interviennent*. L'interaction verbale pourra être définie comme l'unité immédiatement inférieure à celle de la conversation. Si je participe à une conversation, le contenu de ce que je vais dire et la manière dont je vais le dire pourront être appréciés, non pas seulement en liaison avec ce que je suis, mais par rapport à ce qu'on pourrait attendre de moi dans ce contexte. Je peux très bien, par exemple, jeter soudainement un froid dans la conversation sans l'avoir voulu. Bien souvent, ce n'est pas le contenu de ce que j'ai dit qui sera en cause, mais l'*interaction verbale*.

B Les lois de l'interaction verbale

▶ L'analyse des interactions verbales s'appuie sur la conception d'une conversation idéale dans laquelle tout fonctionnerait parfaitement. En élargissant les critères établis par Paul Grice (voir pragmatique*), on peut dire que l'interaction verbale se doit d'observer des principes d'intelligibilité, d'informativité et de sincérité sans lesquels la conversation cesserait d'être intéressante pour les interlocuteurs, ou les entraînerait à ne plus coopérer.

▶ En réalité, on observe que peu de conversations fonctionnent de cette manière : souvent, il y a beaucoup de *ratages* (silences, prises de parole trop longues ou impertinentes, interruptions, chevauchements, malentendus, etc.). Aujourd'hui, l'analyse conversationnelle* s'intéresse autant à ces dysfonctionnements qu'aux principes de la conversation idéale.

2 LES DIFFÉRENTS POINTS DE VUE POSSIBLES

A Le point de vue linguistique

▶ L'analyse de l'interaction verbale (à laquelle on peut procéder après avoir enregistré des conversations au magnétophone) peut tout d'abord retenir l'attention du linguiste. Celui-ci s'intéressera à la manière, par exemple, dont nous ponctuons notre discours d'éléments de langage qui n'ont pas d'autre but que de maintenir le contact (« n'est-ce pas »), ou de montrer que l'on écoute.

▶ Dans une conversation au téléphone, ces éléments sont très importants : ils interviennent à une fréquence qui fait l'objet d'un code social. Pour certains théoriciens, notamment ceux de l'école de Palo Alto (Californie), tous ces éléments de langage font système. Ils peuvent s'analyser de façon relativement abstraite, et leur analyse peut déboucher sur une théorie générale de la communication. L'analyse de l'interaction verbale peut également être complétée par une analyse de ce qui est *non verbal**, autrement dit, les gestes, les expressions du visage, etc.

B Le point de vue sociologique et culturel

▶ Si la notion d'interaction verbale a une origine pragmatique, et donc linguistique, elle a rapidement intéressé des chercheurs venus d'autres horizons. Ainsi, le sociologue canadien Erving Goffman (1922-1982) a intégré l'analyse des interactions verbales dans une description plus large des relations quotidiennes entre individus. Les conventions de coopération pourront apparaître comme un rituel social. Le point de vue de Goffman est de montrer que, dans ce qu'il appelle la « mise en scène de la vie quotidienne », chaque individu est amené à jouer différents rôles selon les contextes. Pour lui, l'interaction verbale se caractérise surtout en ce qu'elle fait intervenir deux *faces* de l'individu : une face privée, intime, relativement cachée, et une face publique, offerte à l'autre, et qui peut éventuellement servir de protection. Toute communication repose sur un dosage subtil, et constamment renouvelé, entre la mise en avant de l'une ou l'autre de ces faces. Les théories de Goffman ont donné lieu à d'importantes applications dans l'analyse d'interactions verbales spécifiques, la politesse, par exemple.

▶ Selon les points de vue, un accent plus ou moins important sera ainsi mis sur les paramètres sociaux, culturels, anthropologiques. Certaines études portent spécifiquement sur la communication entre cultures différentes, sur la communication inégale au sein d'une hiérarchie, etc. La notion d'interaction verbale représente alors une unité commode pour étudier tous ces phénomènes. La manière dont la notion est abordée en linguistique aujourd'hui fait souvent se croiser ces différentes inspirations.

*La notion d'interaction verbale a renouvelé profondément la vision que se fait la linguistique de l'échange langagier et de la prise de parole en groupe. Un domaine s'attache à décrire l'ensemble de ces phénomènes : il s'agit de l'analyse conversationnelle**.*

LE CONTEXTE

Souvent, lorsqu'un énoncé* est difficile à interpréter, lorsqu'on ne sait pas trop quel sens attribuer à un mot, ou quelle signification donner à une phrase, on a tendance à dire : « ça dépend du contexte ». La notion de contexte est une notion relativement ancienne, mais qui peut avoir un sens différent selon les domaines dans lesquels on l'emploie. Récemment, elle est devenue l'un des concepts principaux de la pragmatique*.

1 COMMENT DÉFINIR LE CONTEXTE ?

A Origine de la notion

▶ L'étymologie du mot *contexte* ne donne pas de renseignements très précis. Le mot est construit sur la base du substantif texte – qu'il faudra prendre dans un sens très général – auquel est adjoint un préfixe signifiant « avec ». Dans son sens large, le contexte désigne par conséquent tout ce qui entoure un texte, un énoncé ou un fragment d'énoncé – en tout cas, une unité linguistique effective.

▶ La notion de contexte est devenue importante en linguistique à partir du moment où on a compris le langage comme un processus de transmission d'un message. Ce processus a été décrit par Roman Jakobson dans le cadre du schéma de la communication*. À partir du moment où on considère qu'il y a un message transmis par un élément de langage, on pourra dire qu'il y a un premier contexte, qui est l'environnement dans lequel est produit le message, et un second contexte, qui est l'environnement dans lequel ce message est reçu. Parfois, c'est souvent le cas dans la conversation orale quotidienne, les deux contextes coïncident.

B Contexte et situation de discours

▶ Selon les linguistes, le mot *contexte* peut renvoyer à deux types de réalités distinctes. On trouvera un premier emploi du mot où celui-ci désigne l'entourage immédiat, de nature formelle, linguistique, discursive, textuelle, dans lequel une unité linguistique (phonème*, mot*, phrase*....) ou un phénomène se trouve pris. C'est le sens le plus traditionnel du mot. Dans cette acception, toutefois, certains préfèrent parler de *co-texte*. En phonologie, par exemple, on désignera par contexte l'environnement proche de tel phonème, c'est-à-dire les phonèmes qui se trouvent placés avant et après lui dans la chaîne parlée. Les phonèmes /i/ et /v/ forment le contexte de /l/ dans : *Il va*, par exemple.

▶ Un deuxième emploi du mot, plus spécifique à la pragmatique, désigne par *contexte* tout ce qui entoure, d'un point de vue non linguistique, une situation de parole. Il est en lien direct avec le concept d'énonciation*. Dans ce sens, on trouvera employé, par ceux qui réservent le mot contexte au cas précédent, le mot *situation*. Le contexte n'est alors pas vu comme étant de nature formelle : il inclut le lieu, le temps, dans lesquels prend place l'acte d'énonciation, mais aussi les caractéristiques psychologiques, sociales, institutionnelles du destinateur et du destinataire du message, l'expérience vécue dans laquelle l'énonciation est censée venir s'insérer, etc. À l'intérieur de ce cadre, certains distinguent encore entre *contexte de situation* à proprement parler et *contexte de culture*, de portée encore plus large.

2 L'ANALYSE LINGUISTIQUE DU CONTEXTE

A À quoi sert la connaissance du contexte ?

▶ La connaissance du contexte a un premier rôle, qui est d'identifier le référent*, ce à quoi certains éléments du message renvoient dans la réalité. Ainsi, on pourra comprendre par contexte tout ce qui est pertinent dans la situation pour aider à comprendre le message. Si je dis à ma boulangère : « *Je voudrais ce gâteau-là* », cela implique que la boulangère ait la vitrine sous les yeux pour comprendre le message. Un grand nombre d'outils de la langue, tels que les démonstratifs (comme *ce*), les pronoms, certains adverbes (*ici*, *là-bas*), ont besoin d'un contexte pour prendre tout leur sens. De plus, dans la conversation quotidienne, on notera que de nombreuses phrases sont inachevées, tronquées, imprécises : c'est que le contexte joue un grand rôle dans la communication. Il aide à reconstituer une partie de la signification des énoncés. Un bon test est d'enregistrer au magnétophone une section de conversation ordinaire : sortis de leur contexte, de grands pans de cette conversation nous paraîtront incompréhensibles.

▶ La prise en compte ou non du contexte permet en outre au locuteur* de jouer avec la signification possible des énoncés. Il pourra faire apparaître de l'implicite*, entretenir des doubles sens (avec contexte et hors contexte), etc. Des pragmaticiens tels que John R. Searle ont enfin proposé d'intégrer à la notion de contexte la connaissance de l'arrière-plan (Searle parle de *background*) à l'intérieur duquel les énoncés prennent une signification.

B Le rôle du contexte dans l'analyse linguistique

▶ Pendant longtemps, la linguistique, particulièrement l'analyse syntaxique*, n'a pris en compte que des phrases*, c'est-à-dire des unités relativement abstraites, séparées de leur contexte. La grammaire raisonnait en conséquence sur la compréhension hors contexte des phrases par le locuteur.

▶ Aujourd'hui, la notion de contexte joue un rôle beaucoup plus important. À certaines étapes de sa formalisation, la grammaire générative*, par exemple, a distingué des règles sensibles au contexte et des règles non sensibles au contexte. La grammaire de texte* est une grammaire du contexte formel des énoncés (ou *co-texte*). Quant à la pragmatique, elle fait dépendre une grande partie de ses analyses (acte de langage*, interaction verbale*) de la prise en compte du contexte.

L'utilisation croissante en linguistique de la notion de contexte illustre l'évolution des sensibilités dans la discipline. Les énoncés sont de moins en moins considérés comme des productions indépendantes. On préfère relier la construction de signification qui s'y effectue à l'expérience vécue dans laquelle ils s'insèrent.

FICHE 72 — LA POLYPHONIE

Sommes-nous sûrs d'être entièrement les auteurs de ce que nous disons quand nous parlons ? La notion de « polyphonie », introduite dans les années 30 par Mikhaïl Bakhtine*, vise à démonter cette illusion et à suggérer qu'il y a peut-être, dans tout ce que nous disons, plusieurs voix à l'œuvre. Cette notion permet de comprendre que le langage est plus complexe qu'un simple rapport entre un énoncé* et une énonciation*.

1 UN ORCHESTRE DE VOIX

A Origine de la notion

▶ Dans la pensée classique sur le langage, il est usuel de rapporter tout ce qui est dit dans un énoncé à l'auteur de cet énoncé, autrement dit, au locuteur*. Jusqu'au XXᵉ siècle, la plupart des théories linguistiques estiment que, lorsque nous parlons, nous sommes les seuls auteurs de ce que nous disons, et que nous l'assumons pleinement.

▶ Dans les années 30, le penseur russe Bakhtine propose une théorie différente. Pour lui, « dans le parler courant de tout homme vivant en société, la moitié au moins des paroles qu'il prononce sont celles d'autrui ». Ce phénomène, il l'a d'abord observé dans le roman. En effet, surtout depuis le XIXᵉ siècle, il arrive fréquemment que des romanciers veuillent rapporter les propos d'un personnage de façon plus subtile qu'en les citant ou en les présentant comme du discours direct. Ils ont ainsi élaboré toutes sortes de techniques permettant de faire entendre la voix d'un personnage derrière des phrases qui sont parfois assumées par le seul narrateur. Si la notion de polyphonie a d'abord été utilisée dans l'analyse du discours littéraire, elle a été ensuite élargie de manière à être appliquée à de très nombreuses situations de discours, la conversation quotidienne, par exemple.

B Polyphonie et construction du discours

▶ Il n'y a pas que dans la littérature que nous avons besoin de prêter des propos à notre interlocuteur : lorsque nous écrivons une lettre, par exemple (« Tu me dis que tu es malade depuis une semaine… »), ou dans le cadre d'un débat (« Vous prétendez que les chiffres se montent à… »). Souvent, nous construisons notre propos personnel en nous servant de propos que nous avons entendu tenir ou que nous prêtons à autrui.

▶ Soit la phrase suivante : « Mon beau-frère a possédé une voiture de la marque X : elles ne sont pas fiables. » Comment interpréter la seconde partie de l'énoncé : « elles ne sont pas fiables » ? En fait, il semble que l'on entende dans ces mots une voix autre que celle qui les prononce : la voix du beau-frère. Ainsi, le locuteur valide l'autorité de son beau-frère, lui emprunte cette autorité et présente son opinion comme identique à la sienne. De plus, l'emprunt est supposé légitime de par le lien familial. Ce dernier point est important. Remplaçons : « mon beau-frère » par : « mon pire ennemi ». Pourrions-nous tirer la même conclusion de la phrase : « Mon pire ennemi a possédé une voiture de la marque X : elles ne sont pas fiables » ?

▶ Dans un premier temps, Bakhtine a interprété la polyphonie comme la circulation, entre des locuteurs vivant en société, de formes de langage, de styles, de constructions particulières qui ont des origines diverses, qui portent la marque de ces origines, et qui ne peuvent pas être rapportés à la subjectivité propre du locuteur. Par la suite, en développant le concept de *dialogisme*, il a fait de la polyphonie le fondement d'une véritable théorie du langage. Pour Bakhtine, dans tout ce que nous disons, « parle » également la personne à laquelle nous nous adressons. À celle-ci on pourrait encore ajouter le rôle professionnel qu'il nous arrive d'assumer lorsque nous parlons, le rôle social, le rôle sexuel (si on parle en homme ou en femme), etc. En musique, on appelle « polyphonie » l'association simultanée de plusieurs voix dans un chœur.

2 LA LANGUE EST-ELLE POLYPHONIQUE ?

A Discours, polyphonie, langue

▶ Comme nous l'avons vu, on peut faire de la polyphonie un concept discursif. En poussant la notion un peu loin, on peut aller jusqu'à dire que l'acte d'énonciation* lui-même est polyphonique. Après Bakhtine, certains théoriciens ont de plus proposé d'élargir la notion et de l'étendre à l'analyse de la langue.

▶ Pour le linguiste français Oswald Ducrot, par exemple, la polyphonie n'est pas seulement un phénomène de discours* : elle est inscrite dans la langue* elle-même, ne serait-ce que parce que la langue est le produit de milliers de situations de discours antérieures.

B Polyphonie et lexique*

▶ Le concept de polyphonie permet d'expliquer l'emploi de certaines structures grammaticales ou de mots du lexique. Pour Ducrot, les énoncés négatifs, par exemple, portent souvent la trace d'une sorte de polémique où s'opposent deux points de vue. Si vous dites à quelqu'un : « Je ne peux pas tout faire », par exemple, vous faites comme si cette personne avait l'absurde prétention de vous demander de tout faire. La forme grammaticale de la négation porte alors la trace d'un dialogue implicite.

▶ Du point de vue sémantique*, c'est-à-dire du point de vue du simple sens dans la langue, les conjonctions *parce que* et *puisque* sont quasi équivalentes en français. On voit bien toutefois que dans la phrase : « Puisque tu insistes, je vais te répondre », l'énonciateur fait d'une certaine manière *parler* son interlocuteur, met en scène son attitude subjective, alors que s'il avait employé « parce que », l'enchaînement des faits serait apparu simplement logique et objectif.

▶ La notion de polyphonie permet donc de décrire plus précisément, et plus linguistiquement, certains phénomènes qui étaient anciennement décrits par la rhétorique* : l'ironie, par exemple, ou les fausses questions (« Tu ne devrais pas à aller à l'hôtel X : d'ailleurs, est-ce qu'il est confortable ? »). Elle permet également de montrer comment, dans notre emploi de la langue, nous recourons souvent à l'argumentation* et à l'implicite*.

La notion de polyphonie est aujourd'hui une notion très largement utilisée, en pragmatique, en analyse de discours*, en sémantique*... Son apparition en linguistique est symbolique d'une évolution profonde de notre manière de considérer le sujet : on ne se représente plus celui-ci comme un tout homogène, mais comme un assemblage hétérogène d'emprunts, en un mot, comme un « orchestre de voix ».*

LA PROPOSITION

La proposition se situe entre le mot* et le syntagme*, d'un côté, et la phrase*, de l'autre. Comme dans le cas de toutes ces unités, sa définition* n'est pas chose aisée. D'autant plus que cette notion avait déjà investi le champ de la logique*, discipline avec laquelle la grammaire n'a pas toujours entretenu des rapports très clairs.

1 QU'EST-CE QU'UNE PROPOSITION ?

A La proposition en logique

▶ L'apparition de la proposition remonte à Aristote et à ce qu'on a appelé sa *logique des propositions*. La proposition y est définie comme un énoncé* verbal susceptible d'être dit vrai ou faux. Elle s'oppose aux autres espèces de « paroles pourvues de sens* » telles que l'énonciation* d'un nom isolé, un souhait, un ordre… auxquelles il n'est pas possible de donner une valeur de vérité, vraie ou fausse.

▶ C'est dans le cadre de cette logique* qu'Aristote analyse les rapports entre propositions, et la validité de ceux-ci, notamment dans des structures d'arguments qu'on appelle *syllogismes* du type :
– Tous les hommes sont mortels ;
– Socrate est un homme ;
– donc Socrate est mortel.

B La proposition en grammaire

▶ *La Grammaire générale* et raisonnée* de Port-Royal (1660) occupe une place importante dans le rapport entre grammaire et logique. Elle systématise le schéma des parties du discours en le rapportant à une théorie des opérations mentales. Pour ses auteurs, Antoine Arnauld et Claude Lancelot, il existe trois opérations mentales : concevoir, juger et raisonner. Considérant que les lois du langage sont identiques à celles de la pensée, ils élaborent un système dont l'unité de base, pour la pensée, est le jugement (à partir de la liaison de plusieurs idées entre elles) et son correspondant, pour le langage, la proposition : la proposition est dès lors l'expression linguistique d'une forme mentale.

▶ À partir de la réflexion de type logique développée par Port-Royal sur le modèle d'Aristote, les tenants de la grammaire dite rationaliste ont proposé d'adapter le schéma de la proposition à l'analyse linguistique de la phrase. Une phrase comme *Elle part demain* pourra être ainsi analysée comme une proposition simple dans la mesure où elle comporte un sujet (on trouve parfois le terme *thème**, issu du grec) et un prédicat (ou *rhème*). À partir de cette analyse, la grammaire traditionnelle interprète toute phrase (hormis les phrases sur le mode impératif, telles que *Sortez…*) comme un enchaînement plus ou moins complexe de propositions.

2 QUELS SONT LES TYPES DE PROPOSITIONS ?

A Les propositions indépendantes

▶ On l'a vu, certaines propositions peuvent à elles seules constituer des phrases. Il s'agit de ce qu'on appelle des *propositions indépendantes*. Dans la phrase *Elle part demain*, la proposition *Elle part demain* est dite *indépendante* parce qu'elle ne dépend syntaxiquement d'aucune autre proposition ou d'aucun autre mot dans la phrase et qu'elle n'a sous sa dépendance aucune autre proposition.

▶ Cependant, une phrase peut être composée de plusieurs propositions indépendantes coordonnées, par exemple. Ainsi, la phrase multiple *Elle part demain et elle ne connaît pas la date de son retour* est composée de deux propositions indépendantes liées par la conjonction de coordination *et*.

B Les propositions subordonnées

▶ Une phrase peut être composée de plusieurs propositions qui ne sont plus coordonnées ou juxtaposées, mais qui s'inscrivent dans un rapport de dépendance. Dans la phrase *Elle ne sait pas quand elle rentrera*, la proposition *Elle ne sait pas* a sous sa dépendance la proposition *quand elle rentrera*. La proposition dont dépendent toutes les autres propositions de la phrase et qui ne dépend d'aucune autre est appelée *proposition principale*. Les propositions qui dépendent de la proposition principale sont dites *subordonnées*. C'est le cas de *quand elle rentrera*. Il est à remarquer que les propositions subordonnées jouent le même rôle dans la phrase qu'un syntagme, nominal, adjectival, adverbial ou prépositionnel. Ainsi, par exemple, dans *Je ne désire pas que tu partes*, *que tu partes* occupe la fonction de complément d'objet, tout comme le syntagme nominal *ton départ* dans *Je ne désire pas ton départ*.

▶ Les termes *principale* et *subordonnée* renvoient au parallélisme logico-grammatical qui voudrait que l'idée principale de la phrase se trouve dans la principale et l'idée subordonnée, dans la subordonnée. Or ce n'est pas toujours le cas. Dans une phrase comme *Pierre n'était pas encore arrivé que Marie avait déjà quitté la maison*, on s'accorde à dire que l'idée principale (*Marie est partie*) se trouve dans la subordonnée, et, vice versa, l'idée subordonnée (*avant l'arrivée de Pierre*) dans la proposition principale. On a un temps parlé de *subordination inverse*. De plus, comment démêler proposition principale de proposition subordonnée dans une phrase comme *Que nous nous séparions implique que tu partes* ? Peut-on dire que la proposition principale est *implique* ? Pour toutes ces raisons, on rencontre actuellement les appellations *phrases matrices* pour les principales et *phrases enchâssées* pour les subordonnées.

▶ Certains linguistes préfèrent aujourd'hui le terme de *sous-phrase* à celui de *proposition*, dans la mesure où il s'agit bien d'une sous-unité phrastique à laquelle il n'est pas toujours possible d'attacher une valeur de vérité. Dans le cas notamment des interrogations indirectes du type *Je ne sais pas si tu viens demain*, il est impossible de se prononcer sur la vérité de *si tu viens demain*, dans la mesure où cette portion de phrase fait l'objet du questionnement.

Le concept de proposition a souffert, en grammaire, de sa filiation avec la logique. Quoi qu'il en soit, la prise en compte de cet échelon, quel que soit le nom qu'on lui donne, est primordiale pour comprendre les étapes de la construction de la phrase.

LE THÈME

La notion de thème est à la fois une des plus anciennes et des plus ambiguës de la linguistique. Sa définition est d'autant plus difficile que la notion est à relier à divers niveaux d'analyse : de la phrase* au texte*, de la syntaxe* à la pragmatique*, les emplois du terme sont multiples et pas toujours compatibles.

1 QU'EST-CE QUE LE THÈME ?

A L'origine de la notion

▶ La notion de *thème* trouve son origine, dès l'Antiquité grecque*, dans la notion d'*onoma*. Les deux premières parties du discours* distinguées par Platon et Aristote furent l'*onoma* (nom) et le *rhêma* (verbe ou prédicat*). Le *thème* se définit dans ce cadre comme « ce dont on parle », le *rhème*, comme « ce que l'on dit du thème ». Dans une phrase comme *Le chat est sur le paillasson*, on dit du thème *le chat* qu'il *est sur le paillasson* (rhème).

▶ Dans certaines langues comme le japonais, on utilise un système de particules pour rendre compte de la structure thématique : la particule *wa* indique le thème. Pour ces langues, la notion de thème est donc une réalité incontestable : elle est matérialisée par des marques grammaticales. Dans d'autres langues, comme le français, la tradition grammaticale a longtemps ignoré cette notion. Cependant, les travaux de l'école de Prague, ainsi que ceux de linguistes comme M. A. K. Halliday (voir texte*), ont contribué à la prise en compte de l'opposition thème/rhème comme un des universaux du langage*.

B Thème et sujet

La notion de *thème* n'est pas sans évoquer la notion de *sujet*. Or cette notion, commune dans nos traditions grammaticales, n'a pas encore reçu de définition universellement acceptable. On distingue aujourd'hui plusieurs niveaux :

▶ Le sujet logique : pour certains linguistes, comme Marc Wilmet, le sujet logique correspond au thème, et donc à ce dont on parle.

▶ Le sujet grammatical : le sujet grammatical est le terme qui impose ses marques d'accord au verbe.

▶ Le sujet sémantique : la notion de sujet se confond ici avec celle d'agent (celui qui fait l'action du verbe). Dans la phrase *Pierre donne la lettre*, le sujet sémantique correspond au sujet grammatical (Pierre fait l'action de donner) ; dans la phrase *Pierre reçoit une lettre*, ces deux sujets sont disjoints (Pierre n'est pas agent).

▶ Le sujet présupposé : ce sujet correspond à ce que l'on sait déjà, en fonction du contexte qui précède. Dans la phrase *Pierre a mangé une pomme ce matin*, le sujet présupposé peut varier en fonction du contexte : cela peut être *quelqu'un a mangé une pomme ce matin*, *Pierre a fait quelque chose ce matin*…

2 DIFFÉRENTS EMPLOIS DU MOT THÈME

A Les emplois au niveau de la phrase

À l'intérieur de la phrase, le thème apparaît dans le cadre d'une opposition binaire.

▶ Le thème comme point de départ. La notion de thème peut être comprise du point de vue psychologique ou positionnel. À partir des principes de l'école de Prague*, la phrase est vue comme une structure informative dont le thème est le point de départ et la première partie. Le reste de la phrase constitue la seconde partie. Le thème assure la liaison avec l'objet de la pensée, part de lui et occupe la première position de la phrase.

▶ Le thème défini comme « ce dont on parle, ce dont il est question ». Dans cette acception proche de la logique, le terme est synonyme de l'anglais *topic*. Il s'oppose au rhème qui correspond à « ce que l'on dit de ce dont on parle, ce qu'on affirme ou nie du thème ». Dans une vision pragmatique, toute phrase se structure sous la forme d'un message (*rhème* ou *comment*) à propos d'un de ses constituants, le *thème* ou *topic*. Une approche plus syntaxique établit un lien clair entre le sujet et le thème. Le sujet apparaît comme le correspondant grammatical évident du thème. Dans la phrase *Le chat est sur le paillasson*, le sujet grammatical *Le chat* est considéré comme ce dont on parle. On retrouve cette conception dans la grammaire de Port-Royal (1660).

B Les emplois au niveau du texte

L'utilisation de la notion de thème dans le texte impose la prise en compte du contexte*. Les questions qui reviennent sont : En quoi tel élément apporte-t-il une information nouvelle ? Quel degré de nouveauté comporte telle information ?

▶ Le thème comme élément *connu* s'oppose à ce qui est *nouveau*. Il ne s'agit pas dans cette conception de parler d'information connue ou nouvelle, mais d'éléments d'information qui seraient connus par le destinataire ou supposés tels par le locuteur*. Cette conception fait référence à la notion de connaissances partagées. Le thème correspond donc au *connu, donné, accessible*. Ce qui apparaîtrait comme connu est plutôt de l'ordre du référent* des éléments. Dans la phrase *C'est moi qui ai rangé la chambre*, *moi* apparaît comme un référent connu (c'est le locuteur) et la relation de moi au prédicat constitue une information nouvelle. L'information n'est pas liée au référent d'un élément, mais au rôle que cet élément joue dans la proposition.

▶ Le thème comme base de la communication* d'information. Dans cette conception, la phrase est considérée comme une construction orientée, de manière continue, vers l'élément qui va parachever l'information communiquée. Les éléments sont vus comme s'inscrivant sur une échelle qui mesure le degré d'informativité. Le thème est l'élément qui a le degré le plus bas de dynamisme communicatif ; le rhème a, quant à lui, le degré le plus élevé.

Les exploitations de la notion de thème n'apparaissent pas réductibles l'une à l'autre : on ne voit pas une acception du mot l'emporter sur les autres. Face à cette diversité, il convient surtout d'expliciter le sens dans lequel on emploie le terme.

LA PRÉDICATION

La prédication est le mécanisme fondamental de la construction de la phrase. La mise en évidence de cette notion trouve son origine dès l'Antiquité grecque, avec la logique* d'Aristote. Comme beaucoup de concepts en linguistique, la prédication – et le prédicat, objet de ce mécanisme – a été utilisée dans des sens divers. Il importe donc d'en éclairer les champs d'application.

1 UN MÉCANISME FONDAMENTAL

A De la logique à la sémantique

▶ Depuis Aristote, la prédication est définie comme l'action d'affirmer ou de nier un rhème d'un thème*, ou encore un prédicat d'un sujet. Le prédicat est donc ce qui est affirmé ou nié à propos du sujet. Ainsi, dans une phrase comme *Pierre mange une pomme*, le prédicat *mange une pomme* est affirmé de *Pierre*.

▶ Les grammairiens de Port-Royal (1660) reprennent la distinction logique sujet/prédicat pour l'appliquer à la grammaire. Le parallélisme est affirmé entre sujet et prédicat logique, d'un côté, et sujet et prédicat grammatical, de l'autre. La phrase*, selon eux, s'analyse en un élément sujet et un prédicat qui est constitué du reste de la phrase et qui est rapporté au sujet par l'intermédiaire du verbe *être* exprimé ou non.

▶ Le concept de prédication est également utilisé en sémantique*. On considère que la phrase a pour finalité d'associer l'expression d'un événement (état ou action) et l'expression des êtres ou objets concernés par cet événement. Dans la phrase *Pierre offre des fleurs à Marie*, l'événement *offre*, qui est appelé *prédicat*, est associé à trois éléments, que l'on appelle *arguments*, *Pierre*, *des fleurs* et *à Marie*, respectivement l'agent, le patient et le bénéficiaire.

B La prédication en syntaxe

▶ Du point de vue syntaxique, la prédication est un mécanisme qui est complémentaire de celui de la détermination*.

▶ Soit le syntagme *Les chapeaux verts*. L'adjectif *verts* dessine un sous-ensemble de *chapeaux verts* à l'intérieur de l'ensemble des *chapeaux*. Il y a, dans ce cas, détermination, et réduction de l'ensemble de départ. En schéma :

chapeaux   (chapeaux verts (**x x x**))

La détermination consiste à préciser les limites de l'ensemble des objets du monde auxquels le nom déterminé peut être appliqué.

▶ Soit la phrase *Les chapeaux verts sont trop grands*. Dans cette phrase, le prédicat *sont trop grands* est rapporté au sujet *Les chapeaux verts* sans que l'ensemble considéré de chapeaux verts soit réduit.

La prédication peut être définie comme le mécanisme grammatical général par lequel un élément est rapporté à un autre élément sans en réduire l'extension : les limites de l'ensemble des objets auxquels cet élément s'applique ne sont pas modifiées.

2 LA PRÉDICATION À L'ŒUVRE DANS LA PHRASE

A La prédication première

▶ La relation constitutive de la phrase de type assertif, c'est-à-dire qui affirme ou qui nie quelque chose, est une relation à caractère prédicatif. Elle unit sur le plan logique un rhème à un thème*. Sur le plan grammatical, elle unit un prédicat à un sujet.

▶ Dans une phrase simple ou dans une proposition principale, la relation prédicative est appelée prédication première. Elle fait normalement intervenir un verbe. Les autres prédications que l'on peut trouver dans les propositions subordonnées n'ont pas la même importance. Il s'agit de prédications secondaires. Ce ne sont pas ces prédications qui donnent ses caractéristiques principales à la phrase. Soit la phrase *Je désire que tu ne viennes pas*. La prédication première lie le prédicat *désire que tu ne viennes pas* au sujet *Je*. Elle est positive. La prédication secondaire lie le prédicat *ne viennes pas* au sujet *tu*. Elle est négative. La phrase globale sera considérée comme positive car la prédication première est positive.

B La prédication seconde

▶ On rencontre le mécanisme de la prédication à d'autres niveaux de la phrase. Il est alors mis en œuvre sans l'intervention d'un verbe. On parle alors de prédication seconde.

▶ C'est notamment le cas pour :
– Les appositions : *Il avait rencontré Pierre le Grand, **tsar de toutes les Russies***. L'apposition *tsar de toutes les Russies* est une qualité qui est appliquée au syntagme *Pierre le Grand*, sans que l'extension du syntagme soit touchée.
– Les épithètes détachées : ***Énervée**, elle est partie en pleurant*.
– Les attributs de compléments : *Pierre boit son café **chaud***, où *chaud* est attribut du complément d'objet direct.

Le concept de prédication, issu de la philosophie grecque et de son interprétation logique de la structure du langage, a connu une grande fortune dans la tradition grammaticale occidentale. Il a servi, notamment, à décrire la construction de la phrase autour de l'articulation d'un sujet et d'un propos énoncé sur ce sujet. Aujourd'hui, il est encore jugé fondamental dans l'analyse syntaxique.

LA DÉTERMINATION

Lorsque nous construisons des phrases* ou des énoncés*, nous mettons des mots* en relation. Si ce n'était pas le cas, nos constructions ne seraient que des amas de termes difficiles à décoder. Pour savoir, par exemple, à quoi exactement dans la réalité correspond tel nom employé, certaines langues utilisent un mécanisme qu'on appelle la détermination. En français, la détermination se fait au moyen de l'article, mais aussi de bien d'autres manières.

1 LA DÉTERMINATION DANS LES GRAMMAIRES

A La détermination dans la grammaire traditionnelle

▶ L'étymologie du mot *détermination* renvoie au latin *terminis*, qui signifie *limite, frontière*. La détermination consiste donc à préciser les limites, les frontières, de l'ensemble d'objets désignés par le nom déterminé. L'origine historique de la notion de détermination est à rechercher chez les grammairiens rationalistes, qui s'interrogent sur la présence de l'article en français alors que cette partie du discours est absente du latin. Les grammairiens de Port-Royal (1660), par exemple, insistent sur le fait que, pour fonctionner comme sujet, un nom doit être déterminé, c'est-à-dire précédé d'un article. L'apparition de la notion de détermination est donc liée à l'existence de l'article dans la langue.

▶ Dans la grammaire traditionnelle, la notion de détermination se rencontre au niveau du syntagme* nominal à deux endroits. On y parle de l'*article* qui *détermine* (*Le* détermine *voyage* dans *Le voyage*) alors que tous les autres adjectifs sont *épithètes* (*présidentiel* est épithète de *voyage* dans *Le voyage présidentiel*) ; on y parle aussi de complément *déterminatif* pour les compléments du nom (*du président* est complément déterminatif de *voyage* dans *Le voyage du président*).

▶ La limitation de la fonction de détermination au seul article a été fortement contestée par les linguistes au XXᵉ siècle. Ceux-ci ont montré que certains adjectifs, notamment, pouvaient avoir un rôle déterminatif. Dans notre exemple, on voit bien, ainsi, que si l'on substitue l'adjectif *présidentiel* au complément déterminatif *du président*, le rôle de détermination reste le même.

B La vision distributionnaliste de la détermination

▶ La grammaire d'inspiration distributionnaliste*, à partir des travaux de Leonard Bloomfield, a proposé une autre répartition des déterminants, sur la base du mécanisme de la commutation. Des mots appartiennent à une même classe s'ils peuvent occuper la même position dans une phrase.

▶ Soit la phrase *Deux pigeons s'aimaient d'amour tendre. Deux* peut commuter, sur l'axe paradigmatique*, avec un certain nombre d'autres mots : *quelques* (adjectif indéfini), *mes* (adjectif possessif), *ces* (adjectif démonstratif), *les* (article)… Certains adjectifs de la grammaire traditionnelle se retrouvent dès lors déterminants dans la grammaire distributionnelle.

A La détermination comme mécanisme

▶ Une autre vision de la détermination, développée par le linguiste belge Marc Wilmet, consiste à considérer la détermination comme un mode de fonctionnement des mots. Les mots ne sont pas par nature déterminants, ils ont une fonction de détermination. Le rôle de la détermination est de préciser les limites de l'ensemble des objets du monde auxquels le nom déterminé peut être appliqué (son *extension*), ainsi que la quantité d'objets auxquels ce nom est effectivement appliqué (son *extensité*).

▶ Soit le syntagme *Le voyage présidentiel*. L'ensemble des objets du monde auquel *voyage* est applicable comprend l'ensemble de tous les voyages, passés, présents et futurs. Lors d'une conversation, cet ensemble est déjà réduit à l'ensemble des voyages envisageables par les interlocuteurs dans la situation de communication. L'adjectif *présidentiel*, qui caractérise le nom, dessine, à l'intérieur de cet ensemble, un sous-ensemble de voyages présidentiels. L'adjectif réduit donc l'extension du nom *voyage*. En schéma :

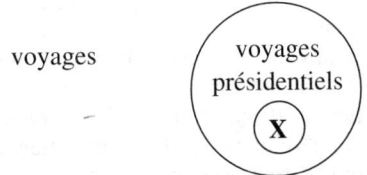

Dans le sous-ensemble de voyages présidentiels, *Le* indique qu'il ne faut considérer qu'un seul élément (x sur le schéma); il quantifie le sous-ensemble. La détermination est donc un mécanisme qui peut être pris en charge par les déterminants et les adjectifs.

B La détermination à l'œuvre dans la phrase

▶ On a l'habitude de réserver l'emploi du terme *détermination* à la détermination nominale. À l'intérieur du syntagme nominal, la fonction de déterminant est le plus souvent assumée par des articles, des déterminants et des adjectifs. Cette fonction peut également être remplie par des propositions* (*L'homme **qui aimait les femmes***), par des syntagmes nominaux (*un fauteuil **Louis XV***) ou prépositionnels (*une femme **en robe courte***).

▶ On devrait pouvoir étendre la notion de détermination à l'ensemble de la phrase, et parler de détermination pour les compléments de l'adjectif (*une bouteille pleine **de vin***), de l'adverbe (*parallèlement **à ces résultats***) et du verbe (objet, attribut du sujet... : *Pierre mange **une pomme**, il est **gourmand***) : tous ces compléments réduisent l'ensemble considéré au départ (*manger une pomme*, par exemple, représente un ensemble moins important d'actions que *manger*).

La détermination est un mécanisme beaucoup plus important que ne le laisse penser sa limitation au syntagme nominal. Elle se retrouve à tous les niveaux. Elle constitue ainsi le pendant de l'autre mécanisme grammatical qu'est la prédication.

LES PARTIES DU DISCOURS

La grammaire fournit le découpage de la chaîne parlée et écrite en mots*, distribués en classes que l'on appelle « parties du discours ». Les critères selon lesquels furent discriminées ces parties du discours ont évolué avec les siècles ; les classements obtenus ont été l'objet de critiques relevant leur caractère peu systématique. Cependant, ces classements restent la base des manuels de grammaire quand il s'agit de parler de morphologie* et de syntaxe*.

1 VERS UN SYSTÈME DE PARTIES DU DISCOURS

A Constitution d'une tradition

▶ Durant la période de l'Antiquité grecque*, la langue a d'abord été considérée comme une collection de mots. Platon et Aristote (Vᵉ et IVᵉ siècles av. J.-C.) ont proposé un premier classement en constituants de phrase* (*onoma-rhêma : sujet-prédicat*). Les stoïciens (à partir de 300 av. J.-C.) ont ensuite proposé un découpage en parties du discours. Les critères de classement ont varié : ils ont été tour à tour morphologiques (sur base des catégories grammaticales*, comme la flexion en cas qui distingue nom et verbe) et sémantiques (sur la base de la notion ou du sens qu'exprime le fait d'appartenir à une classe : le nom exprime la substance, le verbe, l'action…). On arrive ainsi à la première classification rigoureuse, élaborée par le grammairien alexandrin Denys de Thrace (IIIᵉ siècle av. J.-C.), selon laquelle tout mot, en grec, relève d'une des huit parties du discours et d'une seule : nom, verbe, participe, article, pronom, préposition, adverbe, conjonction. Les grammairiens latins, notamment Priscien (500 apr. J.-C.), transposeront dans leur langue la classification grecque.

▶ Dans l'analyse du français, nous sommes les héritiers de cette conception. Les grammaires des XVIᵉ et XVIIᵉ siècles, construites sur le moule des grammaires latines, en reprennent la classification. Le critère de flexion casuelle y a été remplacé comme critère principal de répartition par celui de la variabilité en nombre par Ramus (1562). La classification repose sur des critères morpho-syntaxiques (catégorie grammaticale, valeur syntaxique) et sur des critères sémantiques. Ainsi, le nom est un mot porteur d'un genre et d'un nombre qui sert à désigner les êtres animés et les choses (objets, actions, sentiments, qualités, idées, abstractions…).

B La grammaire scolaire

▶ La grammaire scolaire reprend la tradition des parties du discours pour des raisons essentiellement pédagogiques et orthographiques. Charles François Lhomond, dans ses *Élémens de la grammaire françoise* (1780), propose neuf classes : nom, adjectif, pronom, verbe, participe, préposition, adverbe, conjonction, interjection. La liste des parties du discours devient canonique en 1910, moyennant le retrait du participe et l'ajout, en 1890, de l'article, que l'on avait un peu oublié étant donné que le latin n'en possédait pas. Elle s'impose à des générations d'élèves jusqu'à nos jours. Quelles qu'aient été les critiques, qui n'ont pas manqué, cette liste continue d'être la base de l'enseignement de la grammaire française.

2 CRITIQUES ET CONTRE-PROPOSITIONS

A Critiques

Parmi les nombreuses critiques, nous retiendrons les suivantes :

▶ Il n'y a pas d'organisation systématique dans cette classification. Les critères sont hétérogènes (sémantique pour le nom, morphologique pour l'adverbe, positionnel pour la préposition…) et parfois utilisés en même temps.

▶ Les frontières sont floues. Où classer un mot *comme* comme dans *Il chante comme une casserole* ? Préposition ou conjonction ?

▶ On ne peut affirmer qu'un mot doit appartenir à une et à une seule partie du discours quand des mots comme *tout* peuvent être tour à tour nom (*le tout*), pronom (*Tout va bien*), déterminant (*tout livre*) ou adverbe (*un tout petit peu*). Cela contredit le principe de monocatégorisation, énoncé par Nicolas Beauzée, qui était censé assurer le caractère logique et formel de la grammaire.

▶ Ce modèle élaboré à partir du grec classique n'est guère pertinent pour des langues qui ne possèdent apparemment pas de classes de mots, comme le nootka, langue indienne décrite par le linguiste américain Edward Sapir.

B Contre-propositions

▶ Les théories linguistiques modernes et contemporaines ont dû prendre position par rapport à ce modèle. Ces positions vont du rejet pur et simple de Ferdinand Brunot ou Lucien Tesnière* à l'acceptation sans critique (ce qui semble la position la plus fréquente, par exemple, en grammaire générative*). Certains linguistes tenteront de dégager d'autres principes de classement.

▶ Gustave Guillaume*, par exemple, propose une théorie qui définit et organise systématiquement les parties du discours traditionnelles, considérées plutôt comme des parties de langue*. Le critère distinctif des parties de langue est la notion d'*incidence*, que l'on peut définir comme la relation entre un apport de signification et un support de signification. Le nom *lumière* apporte une signification qui n'a pas besoin d'autre support que lui-même ; le nom est dit d'*incidence interne*. L'adjectif *lumineux* et le verbe *allumer* apportent chacun une signification qui nécessite un support extérieur : *un **objet** lumineux* et ***Pierre** allume* ; l'adjectif et le verbe sont dits d'*incidence externe*. Dans *Pierre **expose** lumineusement **sa théorie***, l'adverbe *lumineusement* apporte une signification qui nécessite comme support extérieur une relation entre deux termes (*expose* et *sa théorie*) ; l'adverbe est dit d'*incidence externe du second degré*.

▶ La linguistique distributionnaliste utilise le procédé de la commutation pour classifier les mots. Par cette méthode, on obtient une nouvelle définition des parties du discours : tous les mots qui commutent entre eux sur un même axe paradigmatique, c'est-à-dire qui peuvent apparaître dans la même position, appartiennent à la même partie (voir Bloomfield*). On aboutit à un classement un peu différent, où l'article rejoint un groupe plus vaste de *déterminants* (avec d'anciens « adjectifs » comme *plusieurs, quelques, mon, ce…*). Cette classification influencera les grammaires traditionnelles ultérieures.

Faut-il rejeter définitivement l'appareil théorique que constituent les parties du discours ? Même s'il n'est pas parfait, il semble bien qu'il rende compte de l'intuition des locuteurs, qui perçoivent tout de même des liens entre les différents constituants de la langue qu'ils pratiquent et ces parties du discours.

LES CATÉGORIES GRAMMATICALES

Dans certaines langues* comme le français, les relations grammaticales peuvent exprimer des valeurs sémantiques. Ces valeurs sémantiques sont matérialisées dans la chaîne parlée à l'aide de morphèmes* particuliers. C'est le cas par exemple du genre et du nombre des mots. Nous appellerons « catégories grammaticales » ces valeurs sémantiques. Ce terme est parfois utilisé en grammaire dans un sens très différent, pour désigner les parties du discours*.

1 QU'EST-CE QU'UNE CATÉGORIE GRAMMATICALE ?

A L'origine des catégories

▶ Les catégories grammaticales trouvent leur origine chez Aristote. Le philosophe grec propose une classification des mots en parties du discours*. Pour distinguer ces parties, il a recours à ce que l'on appellera plus tard des *catégories grammaticales*. Ces catégories correspondent à une valeur* sémantique minimale qui recouvre un système d'oppositions : pour le genre, par exemple, le féminin se définit, en grec, par opposition au masculin et au neutre. Ce système d'oppositions peut être traduit dans la langue par des variations dans la forme des mots (les marques du genre). Ces variations sont aujourd'hui appelées *flexions* et sont prises en charge par des morphèmes spécifiques : les *morphèmes flexionnels*.

▶ Les catégories grammaticales (le genre, le nombre, le cas, le temps...) vont caractériser de manière secondaire les parties du discours. C'est ainsi que la flexion en cas sera considérée par les philosophes stoïciens (à partir de 300 av. J.-C.) comme le critère fondamental de division entre le nom et le verbe. À partir du XVIe siècle, après la disparition du système casuel en français, c'est sur la base de la variation en nombre que les mots de la langue sont rangés en mots variables ou invariables.

B Les catégories grammaticales sans marques formelles spécifiques

▶ Certaines valeurs sémantiques ne font pas l'objet d'une formalisation à l'aide de morphèmes. Cependant, elles ont une influence sur l'emploi des mots. C'est le cas, par exemple, de l'opposition animé/inanimé. Il en va de même pour les oppositions nom concret/nom abstrait et nom commun/nom propre.

▶ L'opposition animé/inanimé ne dispose pas, en français, de paradigme formel qui traduise l'opposition qu'elle exprime (il en existe, en revanche, dans les langues germaniques). Cependant, les pronoms utilisés pour les noms animés et les noms inanimés ne sont pas toujours les mêmes. Ainsi, les pronoms personnels de la première et de la deuxième personne sont réservés à des noms d'êtres animés, par exemple. On ne peut dire *je* ou *tu* que d'êtres animés.

2 LES DIFFÉRENTS TYPES DE CATÉGORIES GRAMMATICALES EN FRANÇAIS

A Les catégories non verbales

▶ Chaque langue revoit à sa manière la question des catégories grammaticales. Nous choisirons ici d'illustrer cette question à partir du français. Les catégories grammaticales non verbales, qui sont marquées en français, sont le genre, le nombre, le cas et la personne. Envisageons les deux premières.

▶ Le genre grammatical concerne les classes du nom, de l'adjectif, du déterminant, du pronom et du participe. Seul le nom possède un genre en propre. Le nom est soit masculin, soit féminin, soit neutre. Les autres classes sont marquées en genre par suite d'un phénomène d'accord. S'il en est une transposition dans la langue, le genre grammatical ne doit pas être confondu avec le genre naturel (le sexe, par exemple) ; il n'en est pas le reflet exact. Pour les noms d'êtres animés, la correspondance est vaguement respectée (avec de nombreuses exception : *la mouche*, pour le mâle et la femelle), Pour les autres noms, la détermination du genre est plutôt arbitraire et varie d'une langue à l'autre. Ainsi, les noms *soleil* et *lune* son de genre différent en français et en allemand.

▶ La variation en nombre concerne les noms, les adjectifs, les déterminants, les pronoms et les verbes. Le nom est soit singulier, soit pluriel. Par la marque du nombre on différencie en principe les quantités d'objets égales ou inférieures à 1 et les quantités d'objet supérieures à 1.

B Les catégories verbales

▶ Parmi les catégories grammaticales, certaines concernent exclusivement le verbe et sa conjugaison. Ce sont les catégories du mode, du temps et de l'aspect. L'aspect est une catégorie grammaticale dont la prise en compte varie d'une langue à l'autre. Très important dans la description des langues comme le grec ou le russe, l'aspect a longtemps été ignoré en français.

▶ Le mode organise la conjugaison du verbe autour des concepts d'expression de la personne et d'expression du temps. Les formes verbales sont organisées en fonction de l'utilisation de la variation en personne et de l'ancrage temporel du procès. On distingue des modes non personnels (infinitif et participe) et des modes personnels (subjonctif et indicatif). Parmi ces modes, seul l'indicatif exprime clairement la division du temps en époques (voir Gustave Guillaume*).

▶ La notion de temps renvoie à des sens très différents. Elle peut notamment, en linguistique, désigner la localisation d'un procès par rapport au moment de l'énonciation*. Ce temps se subdivise en un passé, un présent et un futur. À côté de ce temps, les temps de conjugaison s'organisent en un système d'expression qui ne correspond pas toujours au temps réel. Ainsi, le présent de l'indicatif, par exemple, ne marque pas toujours une simultanéité avec le moment de l'énonciation. Dans le proverbe *Pierre qui roule n'amasse pas mousse*, la vérité générale énoncée est censée valoir bien au-delà du moment d'énonciation.

D'abord considérées comme un critère de distinction des parties du discours, les catégories grammaticales sont envisagées aujourd'hui comme les indices des relations sémantiques et grammaticales à l'intérieur de la phrase.

LES FONCTIONS

Comment la phrase* est-elle organisée ? Elle n'est pas qu'une juxtaposition d'éléments sans relation les uns avec les autres. Pour remplir son rôle, elle est organisée en un réseau de relations entre constituants, qui y occupent chacun ce que l'on appelle une fonction.

1 AUX ORIGINES DES FONCTIONS

A Les premières fonctions

▶ C'est Platon et Aristote qui, les premiers, dégagent des fonctions dans la phrase ; ils distinguent ce dont on parle, le *sujet*, de ce qu'on en dit, le *prédicat*. Cette distinction permet de décrire toute la phrase ; elle est parallèle à la distinction entre nom et verbe, base de la classification en parties du discours*. En assimilant sujet logique (le thème*, ce dont on parle) et sujet grammatical (qui fournit les marques d'accord au verbe), les grammairiens ont longtemps entretenu une confusion qui n'a pas permis de donner à la notion de fonction une définition claire. En France, c'est le grammairien Girard (début du XVIIIe siècle) qui, le premier, isolera la fonction grammaticale d'un mot* de son appartenance aux parties du discours.

▶ Les grammairiens de Port-Royal reprennent la distinction sujet/prédicat. La phrase, selon eux, s'analyse en un élément sujet et un prédicat qui est constitué du reste de la phrase et qui est rapporté au sujet par l'intermédiaire du verbe *être* exprimé ou non. Dans la mesure où cette analyse permet de décrire tout type de phrase, cela a freiné la mise en évidence d'autres fonctions.

▶ La notion de complément apparaît, quant à elle, dans les articles de l'*Encyclopédie* consacrés aux notions de « régime » et de « construction ». Nicolas Beauzée y propose d'appeler *compléments* les éléments de la phrase destinés à compléter le sens de certains autres.

B La séparation nature/fonction

▶ L'abbé Gabriel Girard sépare nettement la notion de fonction et celle de nature de mot et défend l'idée que les fonctions ne s'attachent pas à une partie du discours* particulière. Il propose un système de sept fonctions qui se rapproche du système des cas latins. Il distingue dès lors deux niveaux dans l'analyse de la phrase : 1° l'étude de la proposition* et des groupes de mots qui assument les fonctions ; 2° les parties du discours.

▶ Il n'y a pas de lien obligatoire entre l'appartenance d'un mot à une partie du discours et la fonction que ce mot occupe dans une phrase. Un nom peut ainsi occuper plusieurs fonctions (sujet et objet dans *Le **père** salue son **gendre***) ; une même fonction peut être prise en charge par des éléments appartenant à des parties du discours différentes : la fonction de complément circonstanciel, par exemple, peut être assumée par des adverbes (*Il mange **bien***) mais aussi, entre autres, par des groupes prépositionnels ou non (***Pendant la nuit/La nuit**, le boulanger pétrit la pâte*).

2 DIFFÉRENTS SYSTÈMES DE FONCTIONS

A Le système fonctionnel du français

▶ Le système fonctionnel du français n'est pas à proprement parler un système*. Il n'est pas hiérarchisé, ni organisé autour d'un critère unique ; les fonctions ne se définissent déjà que très peu par elles-mêmes, encore moins par le lien systématique qu'elles entretiennent les unes avec les autres. La distinction entre les différents types de compléments n'est pas toujours claire : dans des phrases comme *Pierre habite Paris* ou *Pierre va à Paris*, on ne sait pas si *Paris* ou *à Paris* sont des compléments circonstanciels ou des compléments d'objet du verbe. Les grammairiens s'efforcent en fait d'articuler les fonctions de la même manière que les parties du discours. Ce faisant, ils sont amenés à en organiser la description autour d'un centre : le verbe, qui n'a d'autre fonction que d'être la *base* de la phrase.

▶ En fait, cette méthode d'analyse permet de répondre à des questions que posait la grammaire d'accord. Avec quoi accorde-t-on le verbe *mange* dans *Pierre mange une pomme ?* Avec le mot qui répond à la question « qui est-ce qui mange une pomme ? », et qu'on appelle le *sujet*. De même, le *complément d'objet direct* est indispensable à l'accord du participe passé employé avec l'auxiliaire *avoir* : dans la séquence *la pomme que Pierre a mangée*, le participe passé s'accorde avec le complément d'objet direct *que*, mis pour *la pomme*. Le « système » fonctionnel permet ainsi de rendre compte de nombreuses règles d'accord.

B D'autres systèmes de fonctions

▶ À partir de la notion traditionnelle de fonction, de nombreuses théories récentes ont proposé des aménagements, voire d'autres modèles. La grammaire générative et transformationnelle*, par exemple, modifie peu le système des fonctions traditionnellement admis. Cela étant, la description de la phrase ne comporte jamais d'indication de fonction. La phrase se décompose en un SN (syntagme nominal) et un SV (syntagme verbal). Un SN sera sujet, par exemple, si, dans l'arbre qui schématise la phrase, il est directement dominé par le nœud qui symbolise la phrase.

▶ Dans la syntaxe structurale de Lucien Tesnière*, la phrase représente le déroulement d'un « procès », d'un « petit drame », où des « acteurs » (les *actants*) évoluent dans un « décor » (les *circonstants*). Dans une phrase, le centre absolu est normalement le verbe. Tesnière rassemble sous le nom d'*actants* les anciennes fonctions sujet (*prime actant*), complément d'objet direct (*second actant*) et indirect (*tiers actant*). Les compléments circonstanciels sont appelés *circonstants*. Ce système fonctionnel est le plus solide concurrent du système traditionnel.

Le résultat de la description de la phrase en termes de fonctions syntaxiques dépend clairement du point de vue et des critères adoptés au départ. Ce qui importe, c'est que l'ensemble des fonctions identifiées soient organisées de manière cohérente. Il faut enfin que le système ainsi produit rende compte du plus d'énoncés possibles.

LEXICALISATION ET GRAMMATICALISATION

Quand un mot devient-il un mot ? Quand une séquence de mots en vient-elle à jouer un rôle grammatical spécifique ? Ces questions posent le problème de l'apparition de nouveaux « mots » et du figement de certaines structures. Les mécanismes de lexicalisation et de grammaticalisation apportent quelques réponses à ces questions. Il s'agit dans les deux cas de phénomènes qui mettent en jeu la structure de la langue et la font bouger.

1 LE SYSTÈME : DE LA STABILITÉ AU MOUVEMENT

A Une vision simpliste

▶ Les grammairiens ont réparti les mots* de la langue* en classes appelées parties du discours*. Dans la construction de la phrase*, ces mots occupent des fonctions*. Cette conception pourrait donner de la langue une image figée. En effet, dans la grammaire traditionnelle, on considère qu'un mot appartient à une partie du discours et à une seule, et qu'il occupe une fonction qui correspond à son classement. Ainsi, le mot *pomme* est un nom, susceptible d'être employé comme sujet ou complément du verbe.

▶ Les parties du discours ont été regroupées en deux grands groupes, selon que les mots qu'elles contiennent expriment un sens lexical* propre ou non. Dans le premier cas, on parle de *mots lexicaux*, qui regroupent les noms, les adjectifs, les adverbes et les verbes ; ce groupe de mots est ouvert : la création de nouveaux noms, par exemple, est tout à fait possible sans bouleverser le système des noms. Dans le deuxième cas, on parle de *mots grammaticaux*, qui regroupent les mots-outils, les prépositions, les conjonctions, les déterminants ; ce groupe de mots est un groupe fini : on ne peut créer de nouveaux déterminants ou de nouvelles prépositions sans changer le système des déterminants ou des prépositions.

▶ Ce découpage est trop parfait pour convenir à un système* en constante évolution comme la langue. Aussi, on trouve à l'intérieur de ce système des ressources qui permettent de créer de nouvelles unités lexicales qui ne correspondent pas *a priori* à l'image que l'on se fait du mot.

B L'apparition de nouvelles unités lexicales

▶ La création de nouveaux mots (voir morphologie*) peut se faire par dérivation (par adjonction de préfixe et de suffixe à une base : *pré-histor-ique*) ou par composition. Dans ce dernier cas, le français dispose de plusieurs possibilités qui aboutissent toutes au même résultat : une suite de plusieurs mots graphiques fonctionne comme un mot simple. Le procédé par lequel on relie plusieurs unités lexicales pour les considérer comme des mots simples s'appelle *la lexicalisation*.

▶ On peut par exemple fusionner plusieurs unités lexicales en une seule (le nom *entracte*). On peut aussi relier deux unités lexicales au moyen d'un trait d'union, indice de lexicalisation (l'adjectif *sourd-muet*, le nom *qu'en-dira-t-on*). Un troisième phénomène consiste dans le figement de la suite d'unités, sans aucune marque particulière (le nom *pomme de terre*). Ce phénomène de figement est la première étape de la lexicalisation. Il se rencontre également avec des suites d'unités qui jouent le rôle de verbe (*prendre part...*), de préposition (*au début de...*) ou d'adverbe (*dans la foulée...*). On parle, dans ces cas, de *locution verbale*, *prépositionnelle* ou *adverbiale*.

▶ La lexicalisation est donc à l'origine de nouvelles unités lexicales complexes à partir d'unités simples, ce qui pose la question de la limite de cette unité. Où s'arrête l'unité lexicale ? C'est le lexicographe* qui doit répondre à cette question.

2 DU MOT À LA PHRASE : LA GRAMMATICALISATION

A Qu'est-ce que la grammaticalisation ?

▶ Dans l'évolution d'une langue, certains éléments du système peuvent être amenés à changer de fonctionnement, à se spécialiser dans un emploi, à passer du groupe des mots lexicaux à celui des mots grammaticaux. Ainsi, si l'on prend le cas du verbe *habere* (« avoir, posséder ») dans une construction du type *cantare habeo*. En latin post-classique, cette tournure signifie *J'ai à chanter*. Le verbe *habere* a son sens propre de possession : *Je possède l'obligation de chanter*, c'est-à-dire *Je dois chanter*. À une étape postérieure, *cantare habeo* remplace la forme classique du futur latin « cantabo », qui a disparu. *Habeo* devient auxiliaire, perd son sens de possession et son autonomie. L'étape suivante, dans les langues romanes, est la fusion des deux éléments en un seul : *chanterai* en français est issu de la fusion de *chanter* et de *ai*, forme issue de *habeo*.

▶ On est donc passé d'un verbe *habere*, mot lexical, d'abord à un auxiliaire, mot grammatical, puis à une désinence, morphème* grammatical. Le processus a été accompagné, ce qui est souvent le cas dans la grammaticalisation, d'un affaiblissement du sens (de la possession à l'indication du temps de conjugaison) et d'un figement de la construction, figement qui ici va jusqu'à la fusion.

B Une combinaison complexe : la liaison entre phrases

▶ Parfois, les processus de lexicalisation et de grammaticalisation peuvent sembler liés. C'est notamment le cas, lorsque l'on étudie la connexion entre phrases, pour les adverbes de liaison (*cependant, d'où...*) ou les conjonctions de coordination (*et, ou, ni, mais, car, or*). Ces dernières, issues, pour la plupart, d'adverbes employés à la jointure de deux phrases, constituent aujourd'hui une partie du discours particulière : *car*, par exemple, provient du latin *qua re* (« à cause de cette chose »), qui s'est d'abord lexicalisé (constitution d'une locution) puis grammaticalisé (figement dans un fonctionnement grammatical).

▶ Il en va de même pour certains adverbes de liaison : *de là* provient de la pronominalisation d'un complément circonstanciel d'origine (*Du salon un cri retentit* → *De là, un cri retentit*). À la jointure de phrase, on observe un glissement du sens de celui de l'origine vers celui de la cause (*De là, j'en conclus qu'un crime a été commis*). Ce figement de sens et de position, cette lexicalisation, s'accompagne d'une grammaticalisation : *de là*, en début de phrase, se spécialise dans la fonction de connecteur.

Les phénomènes de lexicalisation et de grammaticalisation montrent que la langue n'est jamais un tout figé : elle est en constant mouvement. Ces phénomènes brouillent la délimitation des parties du discours. Cependant, ils amènent à repenser la complémentarité des démarches synchronique et diachronique* dans l'étude de la langue.

LES FONCTIONS DU LANGAGE

À quoi peut bien servir le langage*? À quelle fin y a-t-on recours? Certains linguistes, surtout à partir de l'école de Prague*, se sont penchés sur cette question. Ce faisant, ils sortent de la stricte description de la structure de la langue* pour envisager la place du langage dans le monde qui l'entoure.

1 L'ÉMERGENCE D'UNE QUESTION

A L'école de Prague

▶ C'est surtout avec l'école de Prague que la question des fonctions du langage s'est posée. Les théoriciens de cette école, essentiellement Nikolaï Sergueïevitch Troubetzkoy et Roman Jakobson considèrent que le langage a un but : il vise à réaliser l'intention d'exprimer et de communiquer qui anime le locuteur. Aussi ont-ils étudié les phénomènes qui concourent à une meilleure communication de l'information, en insistant sur leur aspect fonctionnel. Cela aboutit, entre autres, à l'élaboration d'un schéma de la communication par Jakobson.

▶ Cette fonction de communication*, qui assimile le langage à un code, a été privilégiée dans l'étude des fonctions du langage. Cependant, d'un autre point de vue, philosophique, notamment, on doit tenir compte d'autres fonctions, comme la fonction de filtre de la réalité que l'on retrouve chez le linguiste danois Louis Hjelmslev*. Le langage est également le lieu et l'outil de la formulation de la pensée et donc de sa mise en œuvre.

▶ En fait, le langage remplit plusieurs fonctions. Jakobson en dénombre six. On peut les répartir en deux groupes principaux : celles par lesquelles le langage parle du monde et celles par lesquelles il parle de lui-même.

B Le schéma de la communication de Jakobson

▶ Pour décrire la fonction de communication du langage, et les différentes composantes qui y sont impliquées, les linguistes ont eu recours à des schémas descriptifs. C'est surtout le schéma de Jakobson qui a retenu l'attention.

▶ Quand je parle à un interlocuteur, je suis le *destinateur* d'un message, il en est le *destinataire*. Nous sommes tous deux inscrits dans un *contexte**, qui peut être verbal (la conversation en cours) ou situationnel (la situation dans laquelle nous nous trouvons). Le message renvoie à un référent*, il parle de quelque chose (Jakobson confond les notions de contexte et de référent). Pour pouvoir être transmis et interprété, le *message* requiert un *code* partagé par les deux participants. Ce code correspond à un stock dans lequel on choisit entre les unités pour construire un message. La transmission se fera si un *contact* s'établit ; ce contact est le résultat d'une connexion physique (le support des ondes sonores pour le message oral, le support visuel pour le message écrit), physiologique (la vue et l'ouïe interviennent) et psychologique (destinateur et destinataire ont tous deux l'intention de communiquer). Jakobson schématise ainsi ce scénario :

$$\begin{array}{c}\text{Contexte}\\\text{Message}\\\\\text{Contact}\\\text{Code}\end{array}$$

Destinateur ——————————— ——————————→ Destinataire

2 LES DIFFÉRENTS TYPES DE FONCTIONS DU LANGAGE

A Le langage et le monde

▶ Lorsqu'il y a communication, le message transmet une information, il parle du monde, il met en relation avec quelque chose de non linguistique. Le langage est alors vu dans sa fonction *dénotative** ou *référentielle*. Ainsi, quand je dis *La concierge est dans l'escalier*, je décris ma perception de la réalité.

▶ Le destinateur, outre le message lui-même, est susceptible de transmettre ses sentiments à l'égard de ce message. On parle alors de la fonction *émotive* ou *expressive du langage*. Quand je dis *La concierge est encore dans l'escalier!*, je peux marquer mon énervement, voire ma colère, devant une telle situation.

▶ Enfin, le destinataire n'est pas seulement celui à qui s'adresse le message; il est également celui dont le destinateur va attendre une réaction. On parle alors de fonction *conative* du langage. Si je dis à la concierge *Vous êtes toujours dans l'escalier!*, je peux transmettre également mon envie que cela change.

▶ Ces deux dernières fonctions ne sont pas sans lien avec ce qu'on appellera plus tard, en pragmatique, les actes du langage*, qui amènent à considérer le langage comme un moyen d'action sur le monde.

B Le langage et le langage

En plus de celles-là, Jakobson détermine trois fonctions qui ont moins trait à la description du monde et des interlocuteurs qu'au langage lui-même :

▶ La fonction *poétique* considère le message du point de vue de sa forme en plus de son contenu. La poésie fait, il est vrai, la part belle à la forme dans sa construction (versification, rime…). Elle n'est cependant pas la seule production langagière dans laquelle des considérations de forme interviennent. Les textes en prose sont parfois aussi attentifs à la forme qu'au contenu. De façon générale, tout emploi du langage peut recourir à la fonction poétique.

▶ La fonction *phatique* concerne l'établissement du contact entre les interlocuteurs. Certains moyens linguistiques permettent la connexion ou encore le maintien de ce contact : les salutations qui ouvrent les conversations, le *Allô* au téléphone, l'apostrophe du type *Eh, toi là-bas*…

▶ La fonction *métalinguistique** choisit le langage comme objet même du message. L'utilisation d'une unité linguistique pour parler d'elle-même (**Table** *est un mot féminin de cinq lettres*), appelée *autonymie*, les commentaires *en un mot comme en cent, c'est-à-dire*…, permettent d'assurer cette fonction.

Si elle paraît aujourd'hui un peu datée, la discussion autour des fonctions du langage a néanmoins eu le mérite de réintroduire à l'intérieur du champ linguistique les questions relatives à la dimension référentielle du langage et à la communication entre locuteurs. Cet intérêt porté au contexte, au référent et aux sujets parlants trouvera un écho dans la linguistique de l'énonciation et dans la pragmatique*.*

DÉNOTATION ET CONNOTATION

Existe-t-il des synonymes parfaits ? Deux mots*, deux formulations, deux paraphrases*, peuvent-ils rendre compte de la même réalité et être utilisés indifféremment dans tous les contextes* ? Il semble bien que non. Pourtant, les définitions peuvent sembler identiques. La différence doit donc se trouver ailleurs. La distinction des deux notions de dénotation et de connotation, empruntées à la logique, permet une première explication de ce phénomène.

1 DEUX NOTIONS OPPOSÉES ET COMPLÉMENTAIRES

A La dénotation

▶ En sémantique*, la *dénotation* est vue comme la relation qui relie une forme linguistique à une classe d'objets du monde. La forme linguistique a la propriété d'évoquer, dans l'usage du langage*, la classe d'objets qu'elle dénote. Ainsi, la forme *arbre* dénote la classe des objets du monde identifiés comme étant des arbres. La dénotation est donc un aspect du sens* qui relie la langue* en tant que telle au monde qu'elle représente.

▶ Dans la définition* des mots, on trouve généralement des traits de sens acceptés ou acceptables au moins en théorie par l'ensemble de la communauté linguistique concernée. On appelle ces traits des *traits dénotatifs*. Ainsi, dans la définition du mot *homme*, on peut trouver les traits « animal » + « doué de raison », qui sont généralement admis comme applicables à tous les hommes. On remarque cependant que, d'un dictionnaire à l'autre, les traits dénotatifs peuvent varier, parfois considérablement. Dans le *Petit Robert*, par exemple, on trouve à l'entrée homme la définition suivante : « Être appartenant à l'espèce animale la plus évoluée de la Terre »... De plus, des enquêtes en sémantique ont montré qu'il était impossible de trouver des traits dénotatifs qui soient reconnus comme tels par la totalité des personnes interrogées.

B La connotation

▶ L'usage le plus courant du terme *connotation* le met en opposition avec la dénotation. La connotation d'un mot, d'une expression ou d'une phrase* recouvre l'ensemble des valeurs affectives de ces séquences, l'ensemble des effets non dénotatifs qu'elles produisent sur le destinataire, ce qu'elles évoquent ou impliquent de manière plus ou moins nette ou vague.

▶ Ces valeurs, qui ne sont pas partagées par tous, constituent la composante connotative, instable et latente, du sens. Dans les histoires drôles que l'on se raconte, par exemple, les personnages principaux appartiennent souvent à des groupes auxquels on attribue certaines propriétés, comme par convention. Ainsi, les Juifs et les Écossais sont avares, les Marseillais exagèrent... Personne ne prétend que ces traits appartiennent à la définition du Juif ou du Marseillais. Ces valeurs associées sont du domaine de la connotation. Dans le cadre des blagues, elles ont néanmoins une importance énorme : c'est généralement sur elles que se fonde le comique de l'histoire.

▶ La composante connotative du sens d'un mot est rarement prise en compte par le lexicographe*, dans la confection du dictionnaire, à moins qu'elle n'ait atteint un important degré de recevabilité par la communauté linguistique concernée. Il est dès lors possible d'observer un passage du connotatif au dénotatif.

2 QUELQUES EXEMPLES DE CONNOTATIONS

A La synonymie n'est pas parfaite

▶ Des termes en apparence synonymes n'apparaissent pas toujours dans les mêmes contextes. L'explication de ce phénomène n'est pas à trouver dans la définition de ces termes mais dans les connotations qu'ils véhiculent. Prenons l'exemple des mots qui signifient « mourir », par exemple. Outre le verbe *mourir*, on trouve, entre autres, les verbes ou expressions suivants : *décéder, trépasser, crever, claquer, s'éteindre, rendre l'âme (à Dieu)...* Toutes ces expressions renvoient bien au passage de vie à trépas. Cependant, les valeurs associées à chacune d'elles sont différentes. *Mourir* apparaît comme le terme le plus neutre ; *décéder* est un terme administratif ; *trépasser*, un terme de la langue d'Église ; *claquer* appartient au langage populaire ; *crever*, au langage vulgaire, avec une valeur de pitié ou de dégoût. On remarque ici que les registres de langue*, s'ils renvoient au même contenu, emportent avec eux des connotations différentes liées à la forme du langage employé. Certains termes sont plus pudiques, n'évoquent la mort que de manière indirecte : *s'éteindre*. *Rendre l'âme* renvoie, quant à lui, à un sentiment religieux.

▶ C'est donc par leurs connotations que ces différentes expressions du même contenu se différencient. C'est également en fonction de ces connotations qu'elles sont employées de la manière la plus appropriée qui soit à la situation de communication.

B La connotation liée à l'emploi de la langue

▶ Le linguiste danois Louis Hjelmslev emploie le terme *connotation* dans un sens bien précis. Il parle de connotation lorsque c'est le fait même d'utiliser telle ou telle langue qui a une signification. Ainsi, il prend l'exemple de l'écrivain français Stendhal qui utilisait des mots italiens. Si le mot emporte effectivement une signification avec lui, le fait que ce mot ait été choisi en italien exprime également quelque chose, qui, chez Stendhal, correspond à l'idée qu'il se fait de l'Italie : le pays de la liberté.

▶ On retrouve le même phénomène avec l'usage qui est fait en français des emprunts, et notamment des anglicismes. L'attrait pour le modèle américain, avec ce qu'il représente de modernité, de dynamisme, de réussite économique, de rage de s'imposer et de vaincre, a une influence certaine sur l'utilisation d'anglicismes, notamment par les jeunes. En utilisant des formules du type *Just do it*, empruntées au langage de la publicité, on se donne l'impression de participer au modèle auquel la langue est associée. Même si je ne comprends pas bien le sens de l'expression, même si je l'utilise à mauvais escient, je véhicule les valeurs de ce modèle.

Les concepts de dénotation et de connotation concernent la question du sens des mots et expressions. Si, en linguistique, le premier semble être confiné au domaine du dictionnaire, et plus précisément de la définition, le second, quant à lui, déborde sur le domaine de la stylistique, de la pragmatique et de la sociolinguistique, voire sur celui de la psychologie sociale ou individuelle. Il impose la prise en compte du contexte de communication.

LE MÉTALANGAGE

Le langage ne nous permet pas seulement de parler de nous-mêmes et du monde : il nous ouvre aussi la possibilité d'un certain jeu, qu'il s'agisse de parler d'éléments qui sont déjà du langage ou de prendre de la distance par rapport aux mots que nous employons.

1 COMMENT DÉFINIR LE MÉTALANGAGE ?

A Première définition

▶ Dans un sens assez simple, on pourra qualifier de « métalinguistiques » certaines attitudes par lesquelles l'enfant (après 5 ans) parfait son acquisition de sa langue maternelle. Il s'agit d'attitudes dénotant un certain *recul* par rapport à cette langue : jeux de langage, emploi de formes volontairement incorrectes, jugements sur la correction du langage d'un interlocuteur, imitations, infantilisations volontaires de son langage, etc.

▶ Dans toutes ces activités, l'enfant développe une certaine conscience du langage. Ainsi, on qualifiera de métalinguistiques toutes les attitudes visant à introduire entre l'énonciateur du discours et son discours une distance.

B Le concept linguistique de métalangage

▶ Le concept linguistique de métalangage a une origine logique. Pour des logiciens des années 30 tels que Rudolf Carnap, par exemple, le métalangage doit permettre d'analyser les langages scientifiques (de type logique ou mathématique). Le mot fut employé pour la première fois en polonais par Alfred Tarski avant d'être adapté en anglais, en allemand et, enfin, en français vers 1960. Il n'est d'abord employé que dans le cadre de la description d'un langage formalisé.

▶ S'inspirant de l'emploi du terme *métalangage* en logique et en philosophie des mathématiques, les linguistes ont cherché à en faire une application dans le domaine des langues naturelles. Pour Louis Trolle Hjelmslev*, les langages logiques et les langues naturelles ont ceci de commun qu'ils sont des sémiotiques comportant un plan du contenu et un plan de l'expression. Ils sont donc susceptibles de traduire ou de commenter toutes les autres structures sémiotiques concevables. Le linguiste Roman Jakobson, quant à lui, a intégré le métalangage dans son système des fonctions du langage*. Pour lui, toute langue naturelle est utilisée dans une *fonction métalinguistique* lorsque l'attention du locuteur porte sur la langue elle-même, le code, le système. Il est l'un des premiers à montrer l'importance du métalangage dans tous les types de discours, particulièrement les discours de type familier ou poétique.

▶ Dans son emploi étendu, on considérera donc que la notion de métalangage s'applique à toutes les expressions qui réfèrent d'une manière ou d'une autre à du langage. Dans la phrase : « Est-ce que l'on peut dire *il m'a causé* en français ? », par exemple, une partie de l'énoncé porte sur quelque chose qui est déjà un énoncé.

2 MÉTALANGAGE ET LANGAGE

A Métalangage et lexique

▶ On peut tout d'abord rapprocher la question du métalangage d'un certain type d'emploi des mots. Des philosophes antiques s'étaient amusés à forger le syllogisme suivant : la souris ronge le fromage, or la souris (*mus*, en latin) est une syllabe, donc la syllabe ronge le fromage. Où est l'erreur ? C'est que, dans la première proposition, le mot *souris* est employé comme signe linguistique renvoyant à la réalité, alors que, dans la deuxième proposition, il est employé de manière à se référer à lui-même, en tant que signe linguistique, précisément. On dit alors qu'il est employé de façon *autonyme*. L'emploi de signes autonymes est courant. Parfois, certaines tournures qui en font usage, telle l'expression *dire merci*, par exemple, sont lexicalisées* et entrent dans la langue. De façon générale, on peut dire que c'est au premier chef grâce à la propriété des signes d'être autonymes que fonctionne le métalangage.

▶ Le premier cas d'emploi métalinguistique des mots peut être celui de la description grammaticale. Lorsqu'on dit : « Dans cette phrase, *les chevaux* est le sujet », par exemple, il est clair que nous faisons usage du métalangage, ce que montre l'accord du verbe. À l'oral, pour le montrer, nous utilisons une intonation particulière, à l'écrit, des codes graphiques tels que les guillemets ou l'italique. Dans ce manuel, par exemple, nous avons choisi d'exprimer par l'italique l'emploi métalinguistique des termes que nous donnons en exemple. De façon générale, la lexicographie (voir Lexicologie*) utilise massivement le méta-langage lors de la rédaction de dictionnaires.

B Métalangage et phrase

▶ Le phénomène de l'autonymie peut toucher des mots, mais il peut aussi toucher des phrases entières. Dans le dictionnaire, on peut dire que les phrases citées sont des *phrases autonymes*, dans la mesure où, lorsqu'il lit la phrase « *Allez ouvrir, on a sonné* » à l'entrée *Ouvrir*, le lecteur comprend qu'on ne lui demande pas d'aller ouvrir la porte.

▶ Dans la conversation courante, il nous arrive fréquemment de reformuler certaines phrases (*aujourd'hui, on n'est plus amoureuse d'un homme, on craque pour un mec*), de mettre à distance certaines expressions que nous employons, de jouer avec le langage, etc. La différence est parfois mince entre des phrases métalinguistiques et des phrases utilisant la polyphonie*. Dans la conversation courante, nous mêlons souvent tous ces niveaux d'énonciation*, de manière à donner plus de richesse à la communication. Parfois même, nous intégrons à notre discours des tournures de commentaire métalinguistique du type : *comme on dit...*

Le métalangage joue un rôle important, dans notre usage de la langue aussi bien que dans nos pratiques de communication. Que représente après tout la linguistique, sinon un immense métalangage ?

L'AMBIGUÏTÉ

Un mot ou une phrase sont ambigus s'ils peuvent être interprétés de plus d'une façon. Généralement, cette ambiguïté n'est pas voulue, car elle est susceptible de brouiller la communication. Dans l'optique de la transmission d'un message, elle n'est pas souhaitable. C'est pourquoi la langue, tant à l'écrit qu'à l'oral, ménage souvent des moyens de la résoudre. Toutefois, elle peut aussi faire l'objet d'un certain choix, qu'il s'agisse d'obtenir un effet poétique ou d'entretenir avec son interlocuteur un rapport à plusieurs niveaux.

1 LES DIFFÉRENTS TYPES D'AMBIGUÏTÉ

A L'ambiguïté lexicale

▶ L'adjectif *ambigu* signifie : « qui a plusieurs sens ». On trouvera aussi les adjectifs *équivoque* (ou *plurivoque*) et *amphibologique*, ce dernier s'appliquant surtout aux phrases.

▶ Un premier type d'ambiguïté est l'ambiguïté lexicale*. C'est alors l'identification d'un mot qui peut faire l'objet d'une hésitation. On parlera d'*homophonie* lorsque des mots différents sonnent de la même manière à l'oral. Ainsi, en français, le son [tã] peut correspondre aux mots ou aux séquences *temps, tant, t'en, taon...* à l'écrit. On parlera d'*homographie* lorsqu'ils s'écrivent de la même manière, mais ont des sens différents. Le cas de *polysémie* d'un mot peut parfois créer des sortes d'ambiguïté dans la mesure où l'on peut hésiter sur le sens à donner au mot. Souvent, c'est le contexte qui aide. Dans la phrase : « La police a appréhendé les voleurs », par exemple, on comprend qu'*appréhender* a peu de chances de signifier « redouter ».

B L'ambiguïté syntaxique

▶ Un second type d'ambiguïté est l'ambiguïté de type syntaxique*. Une phrase comme : « Il ne l'aime pas parce qu'elle est riche », par exemple, peut être comprise de deux manières. On pourra lui donner comme équivalent soit : « Ce n'est parce qu'elle est riche qu'il l'aime », soit : « C'est parce qu'elle est riche qu'il ne l'aime pas ». L'ambiguïté résulte ici du fait que la syntaxe ordinaire du français met tous les éléments sur le même plan, et ne fait pas ressortir l'élément véritablement significatif. C'est au moyen d'une tournure permettant d'extraire un élément et de le mettre en valeur qu'on peut désambiguïser la phrase. La plupart du temps, notre compétence syntaxique nous aide à faire un choix et à sélectionner la séquence qui nous paraît la plus grammaticale.

▶ L'analyse des phrases ambiguës constitue un bon test pour les grammaires de type structural, lesquelles, comme celle de Lucien Tesnière* ou la grammaire générative*, élaborent des modèles de construction méthodique de l'énoncé. En *analysant* la syntaxe, et en la représentant par un schéma, on peut souvent situer très précisément où se trouve l'ambiguïté.

2 SIGNIFICATION GÉNÉRALE DE L'AMBIGUÏTÉ

A L'ambiguïté à l'oral et à l'écrit*

▶ Le statut de l'ambiguïté est très différent à l'oral et à l'écrit. À l'oral, l'ambiguïté peut souvent être évitée grâce à l'intonation*. Nous pouvons, par exemple, au moyen d'une pause, isoler un élément dans la chaîne parlée, de manière à montrer que c'est lui qui joue le rôle décisif.

▶ Nous pouvons aussi donner à l'intonation de la phrase une certaine *pente*, montante ou descendante, qui permettra à l'auditeur de comprendre s'il s'agit d'une question ou d'une affirmation, par exemple.

B L'ambiguïté foncière du langage

▶ Dans son sens linguistique le plus strict, on utilise le terme *ambiguïté* lorsqu'il y a ambiguïté d'un élément de l'énoncé : mot ou phrase. Toutefois, on pourra rapidement se rendre compte que bien d'autres aspects de notre usage du langage sont susceptibles d'être interprétés de plusieurs manières. Les actes de langage*, par exemple, pourront souvent faire l'objet d'interprétations divergentes chez les récepteurs, particulièrement les actes de type *illocutoire*. On pourra par exemple hésiter entre la prière et l'ordre. Dans certains cas, enfin, on peut dire que c'est l'orientation argumentative de l'énoncé qui est ambiguë. L'emploi de l'adverbe *presque*, par exemple, dans : « Ce vase est presque vide », pourra faire comprendre soit qu'avec un petit effort on va pouvoir le vider complètement, soit qu'il est grand temps de le remplir...

▶ De façon plus générale, il est clair que les langues naturelles ne renvoient pas à la réalité de façon aussi précise que pourrait le faire un langage artificiel, langage logique ou mathématique, par exemple. Ce que recoupent les mots que nous employons fait souvent l'objet d'une certaine indétermination. Les logiciens d'inspiration anglo-saxonne utilisent le concept de *vagueness* (« vague »). Bien souvent, ce n'est que par le contexte que nous pouvons donner un sens univoque aux mots.

Les ambiguïtés reviennent souvent dans notre usage de la langue. Elles renforcent l'impression d'arbitraire du langage. Par elles, on comprend qu'il n'y a pas de rapport fixé d'avance entre un son et une signification, de même que l'écriture d'une phrase ne s'apparente pas avec l'écriture d'une équation mathématique destinée à ne revêtir qu'un seul sens. Malgré les mesures spontanées que prennent les langues pour réduire les cas d'ambiguïtés, et malgré le désir des grammairiens d'en analyser aussi précisément que possible le fonctionnement, l'ambiguïté demeure une donnée irréductible du langage.

LA PARAPHRASE

Peut-on dire exactement la même chose de deux manières différentes ? Existe-t-il des synonymes parfaits ? Ces questions, qui se posent déjà au niveau du mot*, se posent avec plus d'acuité encore lorsque l'on considère la phrase* ou le texte*.

1 UNE QUESTION ANCIENNE

A La paraphrase en rhétorique

▶ Le terme *paraphrase* apparaît d'abord dans le domaine de la rhétorique*. Il est formé à partir des mots grecs *para-*, qui signifie « à côté de », « le long de », et *phrasis*, qui désigne l'action d'exprimer par la parole. En rhétorique, on enseignait aux élèves à bien manier le langage en les exerçant à la reformulation des textes sacrés ou des textes d'auteurs connus.

▶ Le questionnement théorique sur la paraphrase trouve son origine chez Aristote. Selon lui, le locuteur* choisit parmi plusieurs manières possibles de concevoir la réalité ainsi que parmi plusieurs formulations possibles. Ces choix sont fonction des interlocuteurs, de la situation ou des circonstances de communication, fonction également de l'image que le locuteur veut donner de lui-même, de son interlocuteur ou encore du thème de son discours. Pour ce faire, le locuteur dispose d'un certain nombre de procédés stylistiques : synonymes (*se hâter* et *se presser*), périphrases (*homme* et « animal doué de raison »), métaphores, comparaisons ou exemples...

▶ À l'Âge classique*, on se pose la question de savoir si, en utilisant la paraphrase, on dit exactement la même chose. Dans le cadre de l'esthétique du mot juste, la paraphrase ne peut avoir de valeur positive. Elle dit autrement quelque chose qui devrait se suffire à soi-même si la formulation en était correcte. Cependant, le recours à la paraphrase est recommandé lorsqu'il s'agit de dire autrement quelque chose qui pourrait être choquant ou vulgaire. Elle permet donc de parler de tout. On parle alors de sa fonction de *déguisement*.

B La paraphrase en logique

▶ L'utilisation de la paraphrase en logique* trouve également son origine chez Aristote. Il s'agit alors d'établir des conditions d'équivalence entre propositions*, de manière que leurs conditions de vérité soient préservées. Par exemple, une proposition doublement niée équivaut à la même proposition sans négation. Ainsi, la phrase *Tu ne vas pas ne pas partir*, revient à dire *Tu vas partir*. Les conditions de vérité des deux phrases ci-dessus sont équivalentes, vérifiées par le départ prochain de l'interlocuteur.

▶ Cependant, le langage ne fonctionne pas toujours comme le voudrait la logique. Ainsi, dans *Tu ne vas pas ne pas partir*, la négation *ne vas pas* laisse entrevoir la possibilité envisagée de *Tu vas ne pas partir*. On retrouve ici le phénomène de polyphonie*. La négation laisse transparaître la proposition non niée. L'équivalence des deux propositions de départ n'est pas parfaite.

2 L'INTÉRÊT DE LA LINGUISTIQUE POUR LA PARAPHRASE

A Les questions que soulève la paraphrase

▶ La question de la paraphrase s'inscrit dans les rapports qu'entretiennent le fond et la forme d'un message : deux formes différentes mettent en mots un même fond. La phrase *Qui n'a jamais douté n'est pas pleinement homme* a pour paraphrase, par exemple, *Le doute est constitutif de la condition humaine*.

▶ Cependant, la reformulation apparaît souvent connotée*, soit positivement, si l'on insiste, par exemple, sur son caractère explicatif, éclairant, soit négativement, si l'on insiste sur son caractère verbeux, sur une mauvaise interprétation ou sur sa dimension de pâle copie.

▶ La linguistique de ces dernières décennies a redécouvert la question de la paraphrase. Peut-on réellement prétendre dire exactement la même chose de plusieurs manières différentes ?

B Les discussions linguistiques autour de la paraphrase

▶ La grammaire traditionnelle s'est peu occupée de la paraphrase, sauf quand celle-ci peut être interprétée comme une transformation grammaticale censée conserver le même sens. Elle propose ainsi des exercices de conversion : passif/actif, discours direct/discours indirect…

▶ La linguistique contemporaine s'est en revanche attachée à caractériser les propriétés linguistiques de la paraphrase : tout ce qui concerne sa forme, sa structure, son sémantisme linguistique. Trois pistes de recherche ont contribué à une étude plus approfondie de ce mécanisme :
  – Le développement du traitement automatique des langues*, pour lequel il importe de repérer un contenu identique sous plusieurs formulations.
  – L'étude des relations syntaxiques entre phrases, lancée par la grammaire transformationnelle*. On y procède au relevé des correspondances régulières entre phrases senties comme synonymes (comme, par exemple, les tournures actives et passives) afin de déterminer les types de transformations possibles.
  – L'élargissement de l'intérêt linguistique depuis le mot jusqu'à la phrase et depuis la phrase jusqu'au texte. Au niveau de la sémantique*, notamment, on s'intéresse non seulement aux formes de la paraphrase, mais également aux relations sémantiques qui lient les structures. Par exemple, à partir de l'étude de reformulations introduites par des expressions comme *c'est-à-dire*, *autrement dit*, *il faut entendre par là…*, on étudie, du point de vue du sens, la part de même (ce qui ne varie pas : le vocabulaire, par exemple) et d'*autre* (ce qui se trouve modifié : la structuration de la phrase, la restriction du champ d'interprétation, par exemple). Lorsque l'on dit *La démocratie, c'est-à-dire le gouvernement par le peuple*, on reformule le terme *démocratie*, mais on insiste sur un aspect particulier, qui n'est ni *la liberté d'entreprendre* ni *la sécurité pour tous*. Il y a donc restriction du champ d'interprétation malgré le marqueur d'équivalence *c'est-à-dire*.

Issue du champ de la rhétorique et de la logique, la notion de paraphrase pose en linguistique des questions fondamentales qui concernent la signification. Comment est produit le sens* ? Comment est-il interprété par le destinataire ? Quels rapports le sujet parlant entretient-il avec le système* linguistique qui est le sien ?*

L'IMPLICITE

Dans tout ce que nous disons, chaque fois que nous parlons, il y a une grande part d'implicite. Si nous devions nous exprimer toujours totalement, nous y passerions un temps infini ! Aussi notre langage comporte-t-il toujours une part de signification laissée à l'interprétation, et qui peut se déduire par divers biais. Son analyse relève de la pragmatique*.

1 COMMENT DÉCRIRE L'IMPLICITE ?

A Quelques grandes catégories

▶ Dans toute analyse de l'implicite, il nous faut partir d'un énoncé*. Soit un énoncé : « Tous les enfants de Jean vont à la même école », par exemple. Cet énoncé a un sens*, ou une *intelligibilité* directe, que l'on peut déduire de l'association de mots ayant chacun un sens. Ce sens sera considéré comme explicite. Mais cet énoncé peut aussi avoir différentes significations* selon le contexte dans lequel il est produit, l'acte de langage* dans lequel il se trouve saisi, l'intention dans laquelle il a été formulé, etc. Faut-il entendre ici que, du fait que tous les enfants de Jean vont à la même école, la tâche de Jean s'en trouve simplifiée ? Dans son sens large, l'implicite pourra être considéré comme la somme de tout ce qui s'oppose au sens explicite : il désignera des significations secondes, qui peuvent être déduites de l'énoncé.

B Qu'est-ce qui peut être impliqué ?

▶ Étymologiquement, *implicite* signifie « qui peut être impliqué ». Il y a une première catégorie d'implicite qui est l'implicite de type logique. Lorsque nous formulons un énoncé, on ne peut pas nier ce qu'implique logiquement cet énoncé. Si je dis : « Tous les enfants de Jean vont à la même école », ainsi, je présuppose, entre autres, que Jean a des enfants. En logique, on décrit ce mécanisme sous le nom d'*inférence*. En pragmatique, certains théoriciens proposent de lui réserver le nom de *présupposition*. Dans tout énoncé, on pourra ainsi distinguer un *posé* et un *présupposé* et dire que le présupposé désigne ce qui peut être impliqué logiquement par le posé. Dans *Alice au pays des merveilles*, Alice est outrée que le lièvre lui demande si elle veut reprendre du thé : « Je n'en ai pas encore eu, dit-elle : comment pourrais-je en re-prendre ? » Fonctionnant de manière logique, le présupposé est difficile à récuser : il doit être accepté par le locuteur et par l'interlocuteur. C'est pourquoi, dans les cours de justice, certaines questions du type : « Quand avez-vous cessé de battre votre femme ? » ne sont pas admises : elles conduisent l'interlocuteur, par le seul fait de répondre à la question, à en admettre les présupposés – ici, en répondant à la question, le locuteur admettra avoir battu sa femme.

▶ La prise en compte des présupposés est importante dans l'analyse de toute *assertion*. Par assertion on entendra, selon la définition de John R. Searle, un acte ayant pour finalité d'engager la responsabilité du locuteur sur l'existence d'un état de choses. Pour que la communication fonctionne, l'assertion doit au moins être pensée vraie par l'énonciateur, ou crue vraie par le destinataire. Notons que le présupposé reste le même en cas de négation. « X n'a pas cessé de battre sa femme » a le même présupposé que « X a cessé de battre sa femme ».

▶ Si, dans un premier temps, on peut donner au présupposé un sens seulement logique, certains théoriciens comme Oswald Ducrot proposent d'élargir la notion et d'en faire un véritable acte de langage* de type illocutoire. Ainsi, on trouvera parfois le mot *présupposition* employé dans un sens large proche de celui d'*implicite*. Ce qui est certain, c'est que, dans nos interactions verbales* avec nos interlocuteurs, la présence d'un présupposé et sa nature sont déterminantes dans l'établissement ou non d'une signification.

2 LA QUESTION DE L'INTENTION

A Implicite, sous-entendu

▶ Dans la phrase : « Bien qu'il ait beaucoup travaillé, Pierre a échoué », le posé est que Pierre a échoué, le présupposé qu'il a beaucoup travaillé, mais il existe encore un autre élément de signification qu'il n'est pas possible de décrire au moyen de ces relations logiques. En effet, d'une manière ou d'une autre, la phrase suppose qu'en général, si on travaille beaucoup, on doit réussir. On pourra dire qu'il ne s'agit plus alors de présupposé logique, mais d'implicite (au sens strict). La perception de l'implicite dépend beaucoup des codes sociaux et culturels, ou de notre connaissance d'un certain nombre de maximes bien connues, qui font l'objet d'une entente générale, et sur lesquelles on s'appuie souvent pour avancer des propos nouveaux.

▶ Par ailleurs, on dit qu'il y a sous-entendu lorsqu'une assertion apporte un élément d'information qui est indiscutablement posé comme vrai, mais qui n'est pas véritablement pertinent par rapport au contexte, de sorte que l'interlocuteur est amené à lui en substituer une autre qui, elle, est tue. Par exemple, vous demandez à quelqu'un si le restaurant dans lequel il a mangé la veille est bon, et il vous répond : « Il a un joli décor ». Vous pourrez aisément en déduire, par sous-entendu, qu'il n'est pas bon.

B L'implicite intentionnel

▶ L'analyse de toutes les formes d'implicite dans le langage, du présupposé au sous-entendu, se heurte à un moment ou à un autre à la question de savoir ce qui y est intentionnel et ce qui ne l'est pas. Cette question est importante pour les théoriciens de la pragmatique tels que John L. Austin et Searle, car, pour eux, les formes d'implicite se rattachent à l'aspect illocutoire du langage, lequel peut être soumis à plus ou moins de réussite.

▶ À ce niveau, il ne sera pas paradoxal de dire que l'implicite doit souvent faire l'objet de la part de l'énonciateur d'une certaine forme d'*explicitation* (au moyen d'un geste, par exemple, d'un mot un peu codé, ou d'un clignement d'yeux…).

Classifier les divers types d'implicite est une entreprise presque impossible. En effet, la base du fonctionnement de l'implicite est de renouveler constamment, selon les énoncés et les contextes de leur production, les principes de son interprétation. L'implicite, par définition, n'est pas prévisible. Sinon, nous ne prendrions pas beaucoup de plaisir à manier le langage ! La mise en évidence de l'implicite constitue cependant l'un des apports majeurs de la pragmatique, et a permis de modifier radicalement notre vision de l'énoncé.

LA PERTINENCE

La pertinence se définit comme le caractère de ce qui convient exactement à l'objet dont il est question. On retrouve cette notion dans le champ des sciences, qui, à un moment donné, évaluent la portée des arguments, leur à-propos, leur validité..., leur pertinence. La linguistique s'est emparée de ce concept, d'abord en phonologie*, ensuite en pragmatique*.

1 LA PERTINENCE EN LINGUISTIQUE

A La pertinence comme trait distinctif en phonologie

▶ La notion de pertinence trouve une première application en linguistique dans la détermination des phonèmes*. Pour savoir si telle unité est un phonème, on procède par opposition avec d'autres unités inscrites dans le même contexte*.

▶ Ainsi, /p/ et /b/ seront considérés comme des phonèmes distincts dans la mesure où, à l'intérieur d'un même environnement phonétique, l'environnement /#ɛ̃#/, par exemple, ils permettent de distinguer des unités significatives : /pɛ̃/ et /bɛ̃/, pour pain et bain. Ce qui permet de différencier deux phonèmes, ce sont certains traits acoustiques ou articulatoires. Ces traits distinctifs sont appelés *traits pertinents*.

B La pertinence dans les maximes de conversation

▶ La pragmatique utilise également la notion de pertinence. En effet, selon le linguiste américain Herbert Paul Grice, toute personne engagée dans une interaction verbale* est censée respecter le *principe de coopération* et les *maximes de conversation* qui en découlent. Le principe de coopération dit que le locuteur doit faire en sorte 1°) que son intervention soit celle que l'on attend au moment où elle prend place dans la conversation ; 2°) qu'elle s'inscrive dans le fil de la conversation, en accord avec le but ou l'orientation de celle-ci. Les maximes de conversation qui en découlent reprennent quatre propriétés fondamentales que doit posséder toute intervention : elle doit être 1°) vraie et sincère (maxime de qualité) ; 2°) aussi informative que possible (maxime de quantité) ; 3°) claire (maxime de modalité) ; 4°) pertinente (maxime de relation).

▶ Dans ce modèle, la pertinence occupe une place plus importante que les autres. Le principe de coopération renvoie à ce que l'on attend dans la conversation, ce qui est un élément de définition de la pertinence. De plus, une infraction à une maxime de qualité (un mensonge que l'on cherche à cacher), de quantité (un manque d'information) ou de modalité (une ambiguïté) ne se remarque que parce qu'un élément non pertinent intervient à un moment donné dans la conversation. Un manque d'information ou une ambiguïté peuvent provoquer des malentendus et entraîner des conséquences inattendues.

▶ Cette prééminence de la pertinence n'a pas échappé aux linguistes qui pratiquent l'analyse conversationnelle*, au point que certains d'entre eux considèrent cette notion comme le principe organisateur de toute conversation.

2 LA THÉORIE DE LA PERTINENCE

A La pertinence selon Sperber et Wilson

▶ La théorie de la pertinence, élaborée par Dan Sperber et Deirdre Wilson (1986), se rattache explicitement, d'une part, à un modèle d'analyse syntaxique, la grammaire générative*, et, d'autre part, à la tradition des sciences cognitives*. Selon cette théorie, les données linguistiques, c'est-à-dire phonologiques, syntaxiques* et sémantiques*, ne permettent pas à elles seules de donner l'interprétation d'un énoncé en termes de valeur de vérité. La pragmatique va combler cette lacune en fournissant les éléments qui non seulement permettront cette interprétation mais encore permettront de prévoir les effets que l'énoncé aura sur le destinataire dans un contexte donné (voir actes de langage*).

▶ Cette théorie repose sur la notion de pertinence. Il ne s'agit pas ici de considérer, comme chez Grice, que des interlocuteurs, impliqués dans une conversation, s'engagent à coopérer ; Sperber et Wilson font l'hypothèse que ces interlocuteurs cherchent à être pertinents, et que, dès lors, chaque fois qu'ils communiquent, ils produisent l'énoncé* le plus pertinent étant donné les circonstances.

B La pertinence des énoncés

▶ La pertinence d'un énoncé sera réelle, si cet énoncé a au moins un effet dans le contexte d'énonciation*, s'il ajoute ou supprime une proposition d'interprétation ou encore s'il modifie la force avec laquelle cette proposition est envisagée. Un énoncé est d'autant plus pertinent qu'il produit plus d'effets et nécessite moins d'efforts.

▶ Soit les dialogues suivants :
– 1°) X : Où est Pierre ?
         Y : À la maison. Sa voiture est devant la porte.
– 2°) X : Je me demande si Pierre est à la maison.
         Y : Il y est. Sa voiture est devant la porte.
– 3°) X : Pierre n'est sans doute pas chez lui. Il rentre plus tard d'habitude.
         Y : Non, il y est. Sa voiture est devant la porte.

▶ En (1), Y répond à une question de X ; ce faisant, il ajoute une information nouvelle. En (2), la réponse de Y permet de modifier en l'augmentant la force de la proposition *Pierre est à la maison* mise en question par X. En (3), Y supprime la proposition de X *Pierre n'est pas chez lui* et la remplace par une autre.

▶ Lorsque le destinataire interprète un énoncé, il s'interroge sur ce que le locuteur a l'intention de communiquer, et fait un choix parmi plusieurs propositions possibles en fonction de la situation. Lorsque l'interprétation correspond à l'information que l'énonciateur avait l'intention de communiquer, on dit que l'interprétation est *consistante avec le principe de pertinence*.

De l'utilisation ponctuelle en phonologie à l'élaboration d'un modèle de la communication, la notion de pertinence s'est surtout développée grâce à la prise en compte des différents facteurs intervenant dans l'acte de communication. Elle doit donc son essor au développement, en linguistique, du courant pragmatique.

L'ARGUMENTATION

Traditionnellement, l'argumentation désigne la recherche par un orateur des arguments qui vont convaincre son auditoire. Si elle a donc à l'origine partie liée avec la pratique de l'éloquence, et fait à ce titre l'objet de la rhétorique*, l'argumentation intéresse de plus en plus les linguistes car elle est présente dans de très nombreuses situations de la vie quotidienne.

1 L'ARGUMENTATION DANS LE DISCOURS

A Qu'est-ce qu'un argument ?

▶ Dans un discours, la recherche des arguments représente l'étape que la rhétorique décrit sous le nom d'« invention ». Aristote distinguait trois types d'arguments : les arguments éthiques, les arguments pathétiques et les arguments logiques. Les premiers ont pour but de convaincre l'auditeur que l'orateur est sincère ; les deuxièmes ont pour but de l'émouvoir ; les troisièmes, enfin, doivent convaincre de l'intelligence de l'auditeur.

▶ Certains arguments peuvent servir dans de très nombreux types d'argumentations. On les appelle des « lieux communs ». Un lieu commun de type logique, par exemple, est que le tout est plus grand que la partie. Il peut servir d'argument dans de nombreuses situations. Dans l'Antiquité, il existait des listes de ces arguments, qui faisaient l'objet d'un enseignement, et étaient connues de tout orateur.

B La formalisation des arguments

▶ La forme la plus connue de l'argument est de type déductif. Par *déduction* on entend le mouvement de l'esprit qui descend du général au particulier. Si une loi est valable au plan général, elle doit l'être au plan particulier. Le mouvement inverse s'appelle l'induction. Dans l'Antiquité, le raisonnement déductif a été formalisé par un enchaînement de trois étapes : la majeure, ou énoncé général, la mineure, ou énoncé particulier, et la conclusion qui lie les deux énoncés. Exemple : *Tous les hommes sont mortels* (majeure). *Socrate est un homme* (mineure). *Donc Socrate est mortel* (conclusion). Cette formalisation du raisonnement a reçu le nom de *syllogisme*.

▶ Qu'apporte véritablement le syllogisme ? Dans l'histoire, de nombreux philosophes ont fait remarquer qu'il ne faisait que déduire d'une connaissance connue une connaissance dont on pouvait plus ou moins se douter. S'il donne une impression de rigueur, par conséquent, le syllogisme ne permet pas véritablement de progresser vers des connaissances nouvelles. C'est pourquoi, en mathématiques, notamment, on utilisera bien d'autres formes de raisonnement : l'argument par l'absurde, par exemple, qui consiste à prouver une proposition en démontrant l'absurdité de son contraire.

▶ De façon générale, on pourra dire qu'argumenter, c'est présenter un énoncé* de manière à faire admettre un autre énoncé, qu'il s'agisse de l'étape d'un raisonnement ou d'un énoncé qu'on ne formule pas directement. Mettre au point une argumentation consiste essentiellement à formaliser l'ordre de présentation des arguments et le type de lien qui les unit. Est-ce à dire qu'argumenter, c'est organiser ensemble des mots ou des énoncés qui, en eux-mêmes, n'ont pas de valeur argumentative ?

2 L'ARGUMENTATION DANS LA LANGUE

A Parler, c'est déjà argumenter

▶ Pour Oswald Ducrot, la langue elle-même est déjà un condensé d'argumentation. Elle n'a pas pour but de décrire objectivement le monde, ou de rapporter des faits vrais, mais d'exprimer des rapports entre des interlocuteurs. C'est pourquoi, selon Ducrot, tout énoncé est nécessairement argumentatif. Il se définit moins par son sens immédiat que par ses implications.

▶ Si les mots peuvent souvent comprendre une part d'argumentation, ce sont surtout les phrases* qui méritent d'être examinées sous cet angle. Souvent, elles sont formulées de manière qu'on ne puisse pas tirer n'importe quelle conséquence d'elles. C'est pourquoi ce sont des enchaînements de deux phrases qui sont la plupart du temps étudiés par les théories linguistiques de l'argumentation. Une phrase d'apparence aussi inoffensive que : « il est 8 heures » peut avoir des dizaines de valeurs argumentatives différentes.

B L'orientation argumentative du lexique

▶ Par ailleurs, dans notre lexique*, il existe des mots qui sont particulièrement adaptés pour exprimer une argumentation. Il s'agit d'adverbes ou de conjonctions tels que : *mais, pourtant, d'ailleurs, car, donc*, etc. L'usage de ces mots permet de donner une orientation nettement argumentative aux enchaînements entre propositions. Ainsi la phrase : « Il fait beau, mais je suis fatigué » implique que de la première proposition (« Il fait beau »), on pouvait tirer l'idée d'une promenade.

▶ En réalité, de très nombreux mots peuvent recevoir des implications argumentatives. Les expressions de quantité *peu* et *un peu*, par exemple. Des deux phrases : « J'ai un peu mangé » et : « J'ai peu mangé », on pourra tirer des conclusions presque inverses... De la première, une conclusion de type positif (« j'ai un peu mangé, donc je me sens mieux ») et, de l'autre, une conclusion de type négatif (« j'ai peu mangé, donc j'ai encore faim »). Les énoncés que l'on pourra enchaîner à partir de ces deux phrases ne sont pas du tout les mêmes.

▶ À bien examiner notre usage de la langue, par conséquent, on s'apercevra qu'il comporte de très nombreuses traces d'argumentation, même dans la conversation la plus relâchée et la plus anodine. Cette argumentation peut être explicite ou implicite* ; elle peut reposer sur des sous-entendus ou des présuppositions. Souvent, c'est elle qui oriente de façon décisive l'évolution de la conversation. Cette argumentation est quasi spontanée dans notre usage quotidien de la langue. Dans le cas d'un discours ou d'un texte dont l'organisation fait l'objet d'une réflexion particulière ou d'une préméditation, on pourra parler de « stratégie argumentative ». Celle-ci recouvre tous les termes ou enchaînements de termes auxquels on peut donner une valeur argumentative.

Si l'argumentation a longtemps été considérée dans ce qui fait son lien avec la logique* ou la rhétorique, elle tend à intéresser aujourd'hui de plus en plus le linguiste. Son étude aide à comprendre comment notre usage du langage ne crée pas seulement du sens*, mais de la signification*.

INTONATION ET PROSODIE

Nous avons vu que la phonologie, lorsqu'elle définissait des phonèmes*, décou-pait des unités dans la chaîne parlée et les analysait séparément. La prosodie, qu'on peut définir comme une étude de l'intonation au sens large, étudie ce qui précisément dépasse le niveau de l'unité, qu'il s'agisse de phénomènes d'accentuation, de rythme, de hauteur vocale, etc.

1 DES PARAMÈTRES PHYSIQUES

A Hauteur vocale et systèmes de tons

❭ On appelle hauteur d'un son la fréquence physique de la vibration de ce son. De façon générale, chaque son se caractérise au niveau physique par son *spectre* (répartition de son énergie en ondes), sa *durée* et son *intensité*. De la sorte, les phénomènes qu'étudie la prosodie peuvent être visualisés au moyen de divers appareils tels que l'oscilloscope, le spectrographe ou l'analyseur de mélodie.

❭ Un grand nombre de langues du monde codifient la hauteur vocale à laquelle doivent être prononcés les mots. C'est le cas notamment du chinois, qu'on appelle de ce fait langue à *tons*. La même séquence phonique, [wan], par exemple, pourra signifier deux choses différentes selon qu'elle est prononcée sur une note aiguë ou attaquée sur une note grave, « courber » et « souffrir », en l'occurrence. À cela s'ajoute l'intonation, montante ou descendante, de sorte que l'on peut distinguer quatre tons en chinois de Pékin : ton haut, ton montant, ton descendant-montant, ton descendant. Tous ces paramètres font partie du système des oppositions de la langue, au même titre que les oppositions entre phonèmes.

B La longueur ou quantité

❭ On appelle *quantité* la durée d'un son, que celle-ci dépende de la force arti-culatoire du locuteur, de l'environnement phonétique, ou soit inscrite dans le système phonologique de la langue lui-même. En latin classique, par exemple, les oppositions de quantité avaient une valeur phonologique : elles permettaient de distinguer des mots, selon que leurs voyelles étaient brèves ou longues.

❭ En français contemporain, on considère que cette opposition n'est plus pertinente : le féminin *amie*, dont la dernière voyelle a longtemps été plus longue que dans la masculin *ami*, a aujourd'hui la même prononciation.

2 INTONATION, LANGUES ET INFORMATION

A L'accent

❭ Dans beaucoup de langues, une syllabe est mise en valeur au moyen d'un accent qui peut brusquement faire différer en intensité, en hauteur ou en longueur la syllabe considérée. Dans certaines langues, l'accentuation est fixe. En latin, par exemple, sa place est définie pour chaque mot par des règles purement phoniques qui n'ont aucun lien avec la grammaire et ne varient pas. Dans d'autres langues, l'accent change en fonction de la grammaire. En russe, par exemple, il se déplace dans le mot si ce mot passe au pluriel ou à différents cas des déclinaisons. Beaucoup de langues utilisent les oppositions d'accent pour opposer des mots utilisant les mêmes phonèmes. En espagnol, par exemple, la même séquence écrite *termino* pourra vouloir dire « terme », « je termine », ou « j'ai terminé », selon que l'accent est placé au début, au milieu ou à la fin du mot. Le cas du français est assez curieux : suite à la chute de syllabes finales du latin, l'accent y est toujours à la fin du mot, mais d'une façon tellement systématique qu'il n'a plus de signification phonologique. Il devient plutôt synonyme de la fin d'un mot et joue à ce titre un rôle démarcatif. Il peut être estompé pour faire valoir d'autres accents plus globaux, accent de groupe grammatical ou de phrase, par exemple. Dans la phrase : *Tu viendras déjeuner demain ?*, un locuteur français peut n'accentuer qu'une seule syllabe, la dernière de la phrase.

▶ La succession de syllabes accentuées et de syllabes non accentuées crée un *rythme*. Ce rythme peut être perçu de façon purement musicale ou en corrélation avec les structures syntaxiques. Chacun de nous a fait l'expérience que, dans l'apprentissage d'une langue étrangère, il nous est parfois plus facile d'entendre le rythme que la démarcation des mots.

B L'intonation

▶ On appelle plus précisément intonation la courbe mélodique qui accompagne la réalisation orale d'un énoncé depuis son début jusqu'à son terme. Les différents types d'intonation peuvent être très variés. En français, l'opposition est nette entre l'intonation des phrases interrogatives et l'intonation des phrases assertives, si celles-ci sont de même forme. On opposera : *il vient* (intonation descendante) et : *il vient ?* (intonation montante). Les nuances du doute, de la surprise, de l'ironie... peuvent être exprimées par des variations très subtiles d'intonation, de même que les émotions. Certaines intonations font l'objet de conventions, d'autres, au contraire, créent une communication inédite et sont imprévisibles. Chaque langue définit dans son système la potentialité d'un certain nombre d'écarts mélodiques, mais des facteurs non linguistiques très divers : géographiques, sociaux, d'âge, de sexe, etc., peuvent venir ensuite jouer. L'analyse sociolinguistique menée sur l'anglais britannique, par exemple, montre l'importance des facteurs mélodiques dans la définition des groupes sociaux.

▶ Enfin, un dernier paramètre qu'il peut être intéressant d'étudier est le *débit*, autrement dit, la vitesse avec laquelle les unités minimales sont enchaînées. On parle aussi de *tempo*.

Dans la plupart des langues, les phénomènes d'intonation jouent un rôle capital dans la transmission de l'information à l'oral. L'intonation permet parfois de dissiper des ambiguïtés* ou, au contraire, d'en installer de nouvelles. Par ailleurs, ces paramètres sont des facteurs déterminants dans l'évolution diachronique des langues.

LE NON-VERBAL

Dans l'acte de communication*, l'interaction verbale* n'est pas la seule à entrer en ligne de compte. En effet, par nos gestes, nos mimiques, nous transmettons, consciemment ou non, des messages à nos interlocuteurs. Un froncement de sourcils désapprouve, un index brandi met en garde. La prise en compte de ce qui n'est pas verbal est récente en linguistique, laquelle, comme son nom l'indique, s'occupait initialement du verbal.

1 LE NON-VERBAL DANS LE MONDE DES MOTS

A Éléments verbaux et éléments non verbaux

▶ Lorsque deux interlocuteurs en présence sont engagés dans une interaction verbale, on distingue généralement deux types d'éléments dans la communication : des éléments verbaux et des éléments non verbaux.

▶ Le message qui est transmis est généralement composé d'une chaîne de segments : des phonèmes* et des morphèmes* (on parle de *série segmentale*). À ceux-là, s'ajoutent des éléments prosodiques* : les unités d'intonation*, les accents phonétiques, les accents d'intensité (on parle de *série suprasegmentale*). Tous ces éléments relèvent de la communication verbale.

▶ À côté du message verbal, d'autres éléments, non verbaux, sont tout aussi constitutifs de l'acte de communication : les gestes, les mimiques ainsi que les objets qui, dans la situation de communication, sont impliqués par le message.

B Le non-verbal à l'oral et à l'écrit

Bien évidemment, la présentation des éléments verbaux et non verbaux diffère selon que la communication est orale ou écrite.

▶ À l'oral, les éléments verbaux et non verbaux se présentent simultanément aux interlocuteurs. Les gestes et le contexte apportent leurs informations en même temps que les éléments segmentaux (les mots) et les éléments suprasegmentaux (intonation, accents...). Lorsque je dis *Attention !*, je peux appuyer le message verbal à l'aide d'un geste de l'index, par exemple. Pour tout dire, le non-verbal vient confirmer le message.

▶ À l'écrit, les éléments verbaux et non verbaux apparaissent tous sous la forme de mots : le non-verbal intègre donc le linguistique. Soit la séquence *Pauvre garçon,* **murmure** *la vieille femme* **en lui posant la main sur l'épaule**. Dans cette séquence, les éléments segmentaux sont dissociés des éléments suprasegmentaux. En effet, le ton de la voix de la vieille femme est décrit par le verbe *murmure*, qui apparaît à la suite des paroles prononcées. Les éléments non verbaux sont également dissociés des paroles : la description du geste protecteur (la main sur l'épaule) suit les mots retranscrits. Du fait de la linéarité du discours écrit, les éléments verbaux et non verbaux sont donc présentés les uns à la suite des autres.

2 UNE AUTRE THÉORIE DE LA COMMUNICATION : L'ÉCOLE DE PALO ALTO

A Le langage du corps

▶ L'école dite de *Palo Alto*, localité proche de San Francisco, regroupe des scientifiques de plusieurs disciplines : des sociologues, des anthropologues, des psychiatres et des linguistes. Les théoriciens de cette école ont developpé une théorie de la communication assez particulière. Refusant le modèle traditionnel de la communication (un émetteur envoie un message à un récepteur qui, à son tour, devient émetteur...), ils ont recours à la métaphore de l'orchestre.

▶ Selon ce modèle, la communication est conçue comme un système à canaux multiples auquel l'individu, en tant qu'acteur social, participe à tout instant, consciemment ou non. À l'aide de ses paroles, certes, mais aussi de ses gestes, ses regards, ses silences, son habillement, voire ses absences. Par son appartenance à une certaine culture, l'individu fait partie de la communication, de la même manière que le musicien fait partie de l'orchestre. Cependant, dans cet orchestre culturel, on ne trouve ni chef ni partition. La partition ne pourra jamais être restituée que par un observateur extérieur.

B On ne peut pas ne pas communiquer

▶ Le principe fondamental de l'école de Palo Alto est qu'« on ne peut pas ne pas communiquer ». Si l'on s'arrête de parler, c'est le corps tout entier qui sert de médium de communication. Certains gestes, porteurs de significations communément acceptées, prennent en charge des messages, en fonction d'un code, secret, transmis par une tradition sociale complexe. Ainsi, les rituels amoureux diffèrent d'une culture à l'autre. Une expérience célèbre, en 1944, a montré que le baiser n'avait pas la même signification pour les femmes anglaises que pour les GI's américains. Pour les Américains, le baiser sur la bouche était le signe d'un début de relation : il apparaissait en début du rituel amoureux. Pour les Anglaises, le même baiser était la dernière étape avant l'acte sexuel. Ainsi, lorsqu'un baiser était échangé, les Anglaises et les Américains ne se trouvaient pas à la même étape du rituel amoureux. Dès lors, la rumeur courut, aux États-Unis, que les Anglaises étaient des filles faciles, parce qu'elles voulaient faire l'amour après le premier baiser et, en Angleterre, que les Américains étaient des voyous, parce qu'ils embrassaient sur la bouche après le premier rendez-vous.

▶ L'anthropologue Ray L. Birdwhistell a tenté de décrire le langage corporel sur les mêmes bases que le langage verbal. Il distingue des unités de mouvements équivalant au phonème et au morphème. Ainsi, le *kinème* est une unité distinctive du mouvement (comme « œil gauche fermé »); le *kinémorphème* est une unité significative issue de la combinaison de kinèmes : la combinaison de « œil gauche fermé » + « pincement de l'orbite de l'œil gauche » donne le kinémorphème « clin d'œil ».

La communication non-verbale a certes peu intéressé les linguistes. Néanmoins, les travaux de l'« école de Palo Alto » ont montré l'importance de la composante corporelle dans l'acte global de communication.

SAUSSURE ET LE STRUCTURALISME

Ferdinand de Saussure (1857-1913) représente l'aube de la linguistique contemporaine européenne. C'est en effet au début du xxᵉ siècle que la linguistique sera exercée en elle-même et pour elle-même.

1 ITINÉRAIRE DU LINGUISTE

A De la philologie à la linguistique

▶ Suisse genevois Ferdinand de Saussure entreprend des études de philologie romane à Leipzig, où il établit des contacts avec les néogrammairiens. Influencé par leurs théories, son célèbre *Mémoire sur le système primitif des voyelles dans les langues indo-européennes* (1878) traite de phonétique historique et tend à démontrer que le sanscrit n'est pas la langue mère de toutes les autres, mais bien une langue sœur.

▶ Sa thèse terminée, il est invité à Paris par Michel Bréal (créateur de la sémantique) pour enseigner à l'Institut des Hautes Études. Dix ans plus tard, il retourne à Genève, où, après quelques années de somnolence à enseigner la grammaire comparée*, il donne, entre 1906 et 1911, trois années de cours de linguistique générale. Il mourra sans avoir rien publié de cet enseignement. Ce sont ses disciples, Charles Bally et Albert Sechehaye, qui éditeront en 1916, à partir de notes, le *Cours de linguistique générale*.

B Les trois distinctions fondatrices

Les fondements de l'apport saussurien se résument dans les trois distinctions, appelées *dichotomies*, qu'il a mises en évidence :

▶ Langue*/parole* : pour Saussure, l'objet unique de la linguistique est la langue. Il recourt à trois métaphores pour le faire comprendre : le trésor (la langue est un trésor commun à tous ceux qui la parlent) ; le dictionnaire (chaque individu appartenant à une communauté a reçu un dictionnaire qui est commun à tous les membres de cette communauté) ; le code (la langue a un caractère impératif, codé : si je veux dire *arbre*, pour faire comprendre ce que je désigne, je ne peux changer de nom).

La langue se définit par opposition à la parole, qui est l'exploitation individuelle du trésor, du dictionnaire, du code. Cette opposition revient à distinguer ce qui est collectif de ce qui est individuel. En disant que la linguistique a pour unique objet la langue, Saussure donne la priorité à tout ce qui est collectif. Dès lors, la langue revêt un caractère social important.

▶ Signifiant/signifié : la langue est constituée de signes* linguistiques, qui se décomposent en signifié (concept) et signifiant (image acoustique). Le signe linguistique est arbitraire, linéaire et ordonné.

▶ Synchronie/diachronie* : l'étude de la langue peut se faire de deux manières : soit elle envisage la langue dans son évolution, comme l'ont fait jusque-là la grammaire et la phonétique historique – la perspective est diachronique ; soit elle envisage l'état du système de la langue à un moment donné de son histoire, comme si on étudiait une coupe géologique – la perspective est synchronique. Saussure affirme la primauté de la perspective synchronique, ce qui a mis fin à la prédominance des études historiques.

2 LA LANGUE COMME SYSTÈME*

A Le jeu d'échecs

▶ Pour illustrer la troisième dichotomie, Saussure fait intervenir la métaphore du jeu d'échecs. La langue y est vue comme un ensemble de pièces (signes linguistiques*) sur un échiquier. Il existe un réseau de relations entre les pièces. Imaginons deux joueurs. Après une heure de jeu, un des joueurs cède sa place à un autre qui n'a pas assisté au début de la partie. Ce qui intéresse ce dernier, ce ne sont pas les coups qui ont été joués avant son arrivée ou les stratégies antérieures, mais bien la situation présente. Cet autre joueur, c'est le linguiste.

▶ Toutes les pièces de l'échiquier nouent un réseau de relations fondamentales. Le déplacement d'une seule de ces pièces a des conséquences sur l'importance de toutes les autres. Sa valeur* ne dépend pas seulement de son identité (fou, dame ou pion), de sa couleur ou de sa matière, mais également de sa place par rapport aux autres pièces : c'est ce que Saussure appelle le système. La langue est donc un système où tout se tient.

B Le structuralisme

▶ Après Saussure, on appellera *structures* les relations constitutives du système. Ce terme a donné naissance au mouvement structuraliste, qui débordera de la linguistique vers les autres sciences humaines.

▶ Le structuralisme linguistique considère que le système prime sur les éléments. Les relations qui existent entre les éléments du système que constitue la langue sont des relations d'interdépendance : la valeur de chaque élément dépend de la valeur de tous les autres. De plus, ces relations sont des relations entre signifiant et signifié, et non des relations entre signe linguistique et objet du monde représenté (et donc extérieur à la langue). Le programme de l'étude de la langue en elle-même et pour elle-même est bien respecté.
Différents linguistes et écoles se réfèrent à la perspective structuraliste : les continuateurs de Saussure (Bally, Sechehaye), l'école de Prague*, le fonctionnalisme*, la glossématique*, la psychomécanique du langage*, le distributionnalisme* et la grammaire générative et transformationnelle* considèrent tous la langue comme un système.

La pensée de Saussure s'inscrit dans une tradition européenne dite mentaliste selon laquelle le sens, la pensée, l'esprit et le psychisme sont des dimensions à prendre en compte dans l'élaboration d'une description théorique de la langue. Alors que certains linguistes, comme Gustave Guillaume, continueront cette tradition, d'autres, comme les distributionnalistes, emprunteront des voies différentes.

Saussure a inscrit la linguistique, en tant que théorie du signe linguistique, dans un cadre plus vaste, la sémiologie, science du signe (linguistique ou non). La vision saussurienne du signe y aura des répercussions non négligeables.*

L'ÉCOLE DE PRAGUE

L'école linguistique de Prague est souvent rattachée à l'héritage direct de Ferdinand de Saussure*. Or, si cette école a développé une des conceptions structuralistes les plus importantes, elle ne le doit que très partiellement au linguiste genevois.

1 LA CONSTITUTION D'UNE ÉCOLE

A Le contexte

▶ Le cercle linguistique de Prague fut fondé en 1926, à l'initiative du linguiste tchèque Vilém Mathesius. Prague est à l'époque un important foyer de création intellectuelle, le point de rencontre de l'Occident et de l'Union soviétique.

▶ De nombreux linguistes non tchèques ont participé à ses travaux. Parmi eux, on peut citer les français Lucien Tesnière*, Émile Benveniste et André Martinet*. Mais ce sont surtout trois linguistes russes qui ouvrent la voie aux travaux du cercle : Serge Karcevskij, Roman Jakobson et Nikolaï Sergueïevitch Troubetzkoy. Ils présentèrent au premier congrès international de linguistique de La Haye (1928) une communication divisée en propositions. La proposition 22 fonde la phonologie* en tant que phonétique* de la langue*, au sens saussurien du terme. Les principaux ouvrages qui émanent du cercle concernent la phonologie. Citons les *Principes de phonologie* de Troubetzkoy (1939), les *Principes de phonologie historique* de Jakobson (1931) et l'*Économie des changements phonétiques. Traité de phonologie diachronique* de Martinet (1955).

B Les principes

▶ L'école de Prague considère non seulement la langue* comme un système*, mais encore comme un système *fonctionnel*. En effet, la langue est un produit de l'activité humaine qui a une visée, un but. C'est un système de moyens d'expression qui vise à la réalisation de l'intention d'exprimer et de communiquer qui anime le locuteur*.

▶ Le meilleur moyen de connaître le système qu'est la langue est l'analyse synchronique*. Cependant, il n'y a pas, comme chez Saussure, d'opposition tranchée entre une perspective synchronique et une perspective diachronique*. Selon les théoriciens de cette école, pour expliquer les changements d'une langue, il faut tenir compte du système dans lequel ils interviennent. Pas de diachronie sans synchronie donc. Par ailleurs, la description synchronique d'un état de langue ne peut pas faire abstraction de l'utilisation, parfois à des fins stylistiques, de certaines formes senties comme archaïques. Donc, pas non plus de synchronie sans diachronie.

▶ Pour découvrir les principes d'organisation structurale des langues (apparentées ou non), la méthode comparative* doit être appliquée en synchronie, et non plus seulement en diachronie, pour reconstituer des filiations. La découverte de tels principes permet à l'école de Prague d'émettre l'hypothèse de l'évolution convergente des langues, dont les changements ne s'expliqueraient plus dès lors de manière isolée à l'aide de lois mécaniques et fortuites.

2 L'ÉTUDE DU SYSTÈME

A Les types d'études

▶ L'école de Prague se propose de distinguer le son comme fait physique, d'une part, du son comme image acoustique et, d'autre part, du son comme élément fonctionnel du système. Le premier n'a pas un rapport direct avec la linguistique : c'est la physique acoustique qui l'étudie ; le second n'est intéressant que dans la mesure où il exerce une fonction de différenciation de signification. Les relations entre éléments du système sont en effet plus importantes que le contenu sensoriel des éléments eux-mêmes. Il faut donc répertorier les phonèmes* et spécifier leurs relations pour décrire le système phonologique ; déterminer les combinaisons de phonèmes réalisées par rapport aux combinaisons possibles ; déterminer le degré d'utilisation des phonèmes et de leurs combinaisons ; décrire l'impact en morphologie* des différences phonologiques.

▶ Le mot est le résultat d'une activité qui décompose la réalité en éléments linguistiquement saisissables. Cette activité, appelée *dénomination*, donne lieu à la théorie de la dénomination linguistique, qui trouvera un écho chez Louis Hjelmslev*. L'école de Prague se propose d'étudier la forme des mots ou des groupes de mots, la morphologie*, ainsi que leurs combinaisons syntaxiques. C'est ainsi que l'on doit à cette école, et plus précisément à Mathesius, la notion de *perspective fonctionnelle de la phrase*. Selon lui, la fonction principale d'un énoncé est d'apporter une information nouvelle au destinataire. Les différents constituants de l'énoncé sont classés selon le degré d'information qu'ils apportent. On distingue ceux qui n'apportent pas d'information neuve, qui rappellent ce qui est déjà connu (le thème*), de ceux qui disent quelque chose de neuf à propos de ce qui est déjà connu (le rhème). L'ordre des mots refléterait cette répartition : on commence par le connu pour aller vers le nouveau.

B Les fonctions du langage

▶ Selon l'école de Prague, les différents usages que l'on fait du langage peuvent avoir des répercussions sur la structure phonique, lexicale ou grammaticale de la langue. C'est à ce titre qu'elle s'y intéresse. Elle distingue, d'abord au niveau du locuteur*, ce qui, dans le langage, est d'ordre intellectuel de ce qui est d'ordre émotionnel ; ensuite, au niveau de l'interaction verbale, elle distingue la fonction de communication de la fonction poétique.

▶ Dans sa fonction de communication*, le langage est tourné vers le signifié : il oscille entre le langage pratique, qui rend compte des éléments non linguistiques d'une situation, et le langage théorique, qui rend compte de modèles théoriques et utilise une formulation spécifique.

Dans sa fonction poétique, le langage est tourné vers le signe lui-même. Le langage poétique, acte d'un créateur individuel, s'inscrit à la fois dans un dialogue avec une tradition poétique constituée et dans un rapport avec la langue communicative. Étudier le langage poétique implique l'étude de ces relations à la fois diachroniques (avec la tradition poétique) et synchroniques (avec le langage communicatif).

L'apport principal de l'école de Prague reste incontestablement la phonologie. C'est par la théorie phonologique qu'elle a le plus influencé la linguistique ultérieure, tant européenne qu'américaine. Cependant, ce serait méconnaître ses travaux que de limiter à cette seule théorie l'intérêt pour cette école. De nombreuses études y ont en effet été consacrées à des questions de langue littéraire et poétique, notamment celles de Jakobson sur la poétique sémiotique. Enfin, il faut reconnaître la filiation claire entre cette école et la linguistique fonctionnelle, développée plus tard par Martinet.*

MARTINET ET LE FONCTIONNALISME

Dans le prolongement de l'école de Prague, la linguistique fonctionnelle accorde plus d'importance à la fonction des éléments qu'à leur forme ou leur structure. André Martinet (1908-1999) en est le représentant le plus connu.

1 LE FONCTIONNALISME

A Le linguiste

▶ Angliciste de formation, le Français André Martinet participe aux travaux de l'école de Prague. Ses centres d'intérêt le portent vers la phonologie* générale et descriptive, vers la phonologie diachronique* et vers la linguistique générale*.

▶ Il est surtout connu pour ses ouvrages *Économie des changements phonétiques* (1955), *Éléments de linguistique générale* (1960), et *La Linguistique synchronique* (1965). Son principal objectif est de rendre compte des réalités linguistiques, même si l'élégance de la théorie doit en souffrir.

B Les principes du fonctionnalisme

▶ Dans la description du fonctionnement de la langue, la grammaire traditionnelle traite indistinctement des phénomènes d'accord, qui sont contraints, et des phénomènes liés aux fonctions, qui laissent plus de liberté, de choix, aux usagers. La grammaire fonctionnelle, quant à elle, considère que la fonction* première du langage est la communication*, et, donc, la transmission d'informations. Dès lors, elle ne s'intéresse qu'à ce qui est susceptible d'apporter une information sur les intentions du locuteur. Ce qui est contraint n'apporte pas d'information particulière. La grammaire fonctionnelle se concentre donc sur la description des choix que la langue laisse au locuteur. Martinet situe ces choix à deux niveaux : c'est ce que l'on appelle la théorie de la *double articulation*.

▶ La première articulation concerne des choix qui ont une valeur significative. Le choix s'opère entre différentes unités pourvues de sens. Ces unités significatives élémentaires sont appelées *monèmes* (équivalents des morphèmes*). Ainsi, les monèmes verbaux *-ai* et *-ais* s'opposent dans les formes *Je montrai* et *Je montrais*. Le premier exprime les valeurs du passé simple ; le second, les valeurs de l'imparfait.

▶ La seconde articulation concerne des choix qui ont une valeur distinctive. Le choix s'opère entre des unités non pourvues de sens, dont la fonction est de permettre la distinction des monèmes. Ces unités distinctives élémentaires sont les *phonèmes*. Les phonèmes /p/ et /b/ n'ont pas de signification propre. Cependant, ils permettent de distinguer des monèmes comme *pain* et *bain*.

▶ La grammaire fonctionnelle, qui étudie cette double articulation, est composée essentiellement d'une phonologie* et d'une syntaxe*. Elle est complétée de deux parties nécessaires mais moins importantes, une phonétique* et une morphologie*, qui précisent les contraintes de réalisation des éléments issus des choix.

2 DEUX CONTRIBUTIONS FONCTIONNALISTES

Avant Martinet, deux linguistes appliquaient déjà à leurs études de grammaire une perspective fonctionnaliste. Il s'agit de Georges Gougenheim et de Henri Frei.

A Le système grammatical

▶ Gougenheim a essayé d'appliquer à la grammaire et surtout à la syntaxe les méthodes d'analyses phonologiques et fonctionnelles. Dans son ouvrage *Système grammatical de la langue française* (1939), il s'attache à dégager et à définir les éléments proprement grammaticaux du français et à montrer quel rôle ils jouent dans le fonctionnement du langage. Pour définir la fonction d'un élément grammatical (personne, temps, mode, préposition…), Gougenheim l'inscrit dans un système à l'intérieur duquel cet élément se situera par rapport aux autres. Le locuteur, lorsqu'il choisit cet élément, le choisit donc à l'intérieur d'un ensemble où d'autres choix étaient possibles. C'est ce choix qui joue un rôle important dans la communication.

▶ Comme le fait la phonologie, Gougenheim va rechercher des paires d'éléments grammaticaux qui s'opposent par certains traits. Soit les phrases *Tu supposes qu'il viendra* (*supposer* = « présumer ») et *Suppose qu'il vienne* (« sa venue est une pure hypothèse »). Dans ce cas, le choix du mode entraîne une différence de sens. Gougenheim parle alors d'*opposition de sens*. Ce type d'opposition permet de définir clairement la fonction et le sens des éléments grammaticaux.

B La grammaire des fautes

▶ Successeur de Charles Bally à Genève, Frei s'intéresse au fonctionnement de la langue, à la manière dont on l'utilise à un moment donné, plus qu'à sa structure interne. Il étudie dès lors tant l'usage dit « correct » que les écarts par rapport à la norme*. Il cherche à montrer en quoi les fautes* répondent à des exigences du langage, en quoi elles sont conditionnées par son fonctionnement. Il part du principe que le locuteur qui commet un écart attend quelque chose de la langue qu'il n'y trouve pas. La faute est alors le signe d'un besoin qui, d'une part, commande l'exercice de la parole et, d'autre part, annonce l'évolution de la langue, qui n'est pas gratuite.

▶ Frei distingue cinq besoins, parfois contradictoires, qui sont la base de l'organisation de sa *Grammaire des fautes* (1929). Parmi ceux-ci, citons :
  – le besoin d'assimilation : ainsi fonctionne l'analogie, lorsque le croisement de *se rappeler quelque chose* et de *se souvenir de quelque chose* donne *se rappeler de quelque chose* ;
  – le besoin de brièveté : l'utilisation d'ellipses ou encore d'abréviations de mots (*bac* ou *bachot* pour *baccalauréat*).

Le fonctionnalisme étudie la fonction de la langue (la communication) ainsi que les fonctions des éléments linguistiques plutôt que leur appartenance au système de la langue. Cela permet de distinguer la langue des autres systèmes de symboles qui n'ont pas les mêmes fonctions. Cependant, cette vision n'est pas incompatible avec la perspective structurale développée par d'autres écoles. Martinet les juge complémentaires. Seuls les centres premiers d'intérêt (fonction ou forme) diffèrent.

HJELMSLEV ET LA GLOSSÉMATIQUE

Louis Trolle Hjelmslev (1899-1965) considère que, même après Ferdinand de Saussure*, la linguistique, pétrie de tradition humaniste, accorde trop d'importance à des phénomènes non linguistiques (psychologiques, physiologiques, physiques, sociologiques…). Ce qu'il propose est une linguistique qui ne tienne compte que des règles propres au fonctionnement interne d'une langue*.

1 LE LINGUISTE

A Au-delà de Saussure

▶ Intéressé dans un premier temps par la phonologie*, dans le cadre de l'école linguistique de Copenhague, Hjelmslev se propose de faire une linguistique détachée de tout ce qui ne serait pas proprement linguistique, une linguistique dite *immanente*. Il consigne ses vues dans son ouvrage le plus important, *Prolégomènes à une théorie du langage* (1943).

▶ Selon lui, la théorie linguistique doit servir, sur la base d'un nombre limité de règles*, à décrire et à prédire n'importe quel énoncé dans n'importe quelle langue, existante ou non. À l'intérieur du système qu'est la langue, l'énoncé est vu comme un processus qui consiste en la combinaison d'éléments. Ces éléments entretiennent entre eux, et avec l'ensemble, des rapports de dépendance. Ce sont ces rapports de dépendance qui sont le véritable objet de la description scientifique. Ces rapports sont conçus comme des *fonctions*, au sens mathématique du terme, dans la mesure où l'on a deux variables, l'une influençant l'autre.

B Le signe, selon Hjelmslev

▶ Hjelmslev définit la langue comme un système de signes*. Le signe est une fonction dont les deux termes sont le *contenu* et l'*expression*. Il ne s'agit donc pas ici d'une définition psychologique du signe. Hjelmslev se souvient de la conception de Saussure selon laquelle la langue n'est pas une substance, mais une forme. Par *forme*, il faut entendre le réseau de relations entre les « pièces du jeu d'échecs ».

▶ Après avoir rassemblé tous ces éléments, il propose de retenir deux termes : la *forme du contenu* et la *forme de l'expression*. En schéma, le signe devient :

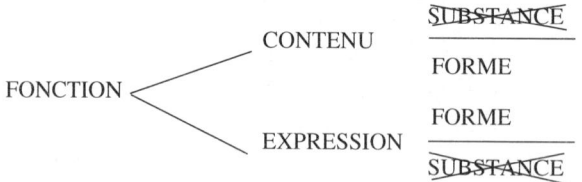

Hjelmslev ne s'occupe pas de substance. Ni de la substance du contenu (qui correspondrait au référent dans le monde, par exemple, à l'objet ARBRE), ni de la substance de l'expression (qui correspondrait au son, au matériel phonique, dont traite la phonétique expérimentale, par exemple, les sons [arbrə]). Il s'occupe essentiellement de la forme.

▶ *Forme du contenu* : chaque langue impose une forme, est une espèce de filet que l'on jette sur la réalité (substance). Ce qui compte, c'est ce que les filets rapportent. Par exemple, le spectre des couleurs est dû au fait que les couleurs absorbent la lumière de manières différentes. Cependant, dans la réalité, il y a un continuum. Les langues fixent des limites dans ce continuum : là, c'est vert ; là, c'est rouge… Toutefois, toutes les langues ne donnent pas toutes les couleurs. Ainsi, en latin, il n'y a pas de mot pour désigner la couleur bleue.

Les formes du contenu peuvent être divisées en éléments constitutifs plus petits : Hjelmslev les appelle les *plérèmes*. Prenons une chaise. Si l'on considère la forme de l'objet, on peut la découper en éléments plus petits : le dossier, les pieds, l'assise… Par la pensée, si l'on ajoute un plérème *accoudoir*, on obtient un fauteuil ; si l'on supprime le plérème *dossier*, on obtient un tabouret… Ces petits éléments, les plérèmes, constituent une forme de contenu par leur assemblage. Cette vision eut énormément de succès en sémantique* componentielle.

▶ *Forme de l'expression* : la forme de l'expression correspond au signifiant saussurien. Elle se décompose également en éléments plus petits, que Hjelmslev appelle les *cénèmes*. Ceux-ci sont donc des équivalents des phonèmes*.

▶ Hjelmslev donne un nom commun à plérèmes et cénèmes : les *glossèmes*. La glossématique a pour buts d'étudier les variations des cénèmes et les répercussions que de telles variations entraînent sur les plérèmes, et, inversement, d'étudier les variations des plérèmes et leurs répercussions sur les cénèmes.

2 QUELQUES AUTRES APPORTS DE HJELMSLEV

A Le métalangage

▶ C'est à Hjelmslev que l'on doit la théorie du métalangage*. Le métalangage est le langage qui permet de parler du langage.

▶ Soit l'énoncé : *Dans la phrase « Le roseau penche mais ne rompt pas »*, **roseau** *est sujet*. La deuxième utilisation du terme *roseau* parle de la première utilisation, ce qui permet de la qualifier, notamment d'un point de vue grammatical (en termes de fonction, de nombre de lettres…). On se situe là à un niveau de langage différent de celui qui parle du monde.

B Le dépassement de l'opposition langue/parole

▶ Hjelmslev a rebaptisé les termes de la dichotomie saussurienne. À *langue*, il préfère *schéma* ; pour désigner la parole, le discours, il emploiera le terme *usage**.

▶ Avec lui, on assiste à la naissance d'un terme nouveau, d'un moyen terme en fait entre le schéma et l'usage : il introduit la notion de *norme**, en quelque sorte, parole collective. Il s'agit en fait d'une généralisation de l'usage. Cette norme aura une grande importance théorique et un fort impact sur le développement de la sociolinguistique* (surtout aux États-Unis).

La pensée de Hjelmslev n'eut que peu de rayonnement hors du champ scandinave. Quelques théoriciens (Knud Togeby, Bernard Pottier) tenteront de l'appliquer au français, ce qui la fit connaître dans les pays francophones. Néanmoins, avec l'école de Prague, Hjelmslev constitue la base de l'influence européenne sur la linguistique américaine. Son interprétation du système et du signe a eu des répercussions sur le structuralisme, la sémantique et la sémiotique des années 60-70.

GUILLAUME ET LA PSYCHO-MÉCANIQUE DU LANGAGE

Gustave Guillaume (1883-1960) s'inscrit dans la continuité de Saussure*. Il a approfondi les grandes oppositions saussuriennes dans un sens plus mentaliste encore, ce que souligne le préfixe psycho- *du terme* psychomécanique.

1 LE LINGUISTE

A Un itinéraire particulier

▶ Autodidacte, Guillaume fit un jour la connaissance d'Antoine Meillet, le successeur de Saussure à Paris. L'employé de banque devint élève à l'École pratique des Hautes Études, avant d'y être chargé de conférences.

▶ Ses ouvrages principaux sont : *Le Problème de l'article et sa solution dans la langue française* (1919), *Temps et verbe. Théorie des aspects, des modes et des temps* (1929) et un recueil posthume, *Langage et science du langage* (1964). Les leçons qu'il a dispensées seront publiées après sa mort.

B Le contenu du guillaumisme

Guillaume repart de l'équation saussurienne : *langage = langue + parole*. Il la corrige en : *langage = langue + discours*, *parole* semblant limité à l'exploitation orale de la langue. Il en propose ensuite trois prolongements :

▶ La production d'un énoncé linguistique, c'est-à-dire le passage de la langue, qui est un avant, au discours, qui est un après, demande du temps. C'est ce que Guillaume appelle le *temps opératif* (temps bref, concret, matériel). La branche de la linguistique qui étudie les phénomènes et les opérations liés à ce laps de temps est la *psychomécanique* du langage.

▶ La langue est un patrimoine, un héritage. Elle forme un système de représentation du monde qui façonne une vision du monde commune à tous les locuteurs d'une même langue. La branche qui étudie ce système de représentation est la *psychosystématique* du langage.

▶ La langue est de l'ordre de la puissance, du virtuel ; le discours est de l'ordre de l'effet. Cette idée amène Guillaume à une autre définition du signe linguistique*. L'équation signe = *signifiant + signifié* devient signifiant = *signifié + signe*, la permutation des étiquettes étant rendue nécessaire par le sens du mot signe dans le discours usuel. Guillaume introduit alors la distinction entre signifié de puissance (du côté de la langue) et signifié d'effet (du côté du discours). Le signifiant *table* est pourvu en langue d'un signe (/tablə/) et d'un signifié de puissance (« idée de quelque chose de plat »). En discours, ce signifié de puissance peut être actualisé sous la forme de différents signifiés d'effet (table de cuisine, de multiplication, de la loi…). C'est la *psychosémiologie* du langage qui étudie les phénomènes liés au signifiant linguistique.

A Le tenseur binaire

▶ Guillaume utilise un schéma pour expliquer de nombreux phénomènes :

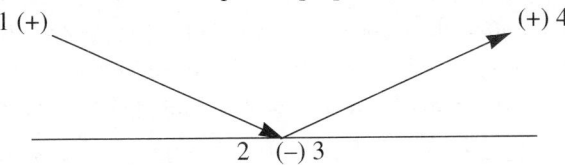

Ce schéma correspond à une succession de mouvements de pensée : 1° particularisant (du général au particulier ou du (+) au (–)) ; 2° généralisant (du particulier au général ou du (–) au (+)). Ce schéma est appelé le *tenseur binaire*. C'est à l'aide de ce schéma que Guillaume explique notamment les différents emplois des articles *le* et *un*.

▶ Soit les phrases :
En position (1) : Un enfant est l'ouvrage de sa mère.
En position (2) : Un homme entra dans la pièce.
En position (3) : L'homme alla s'asseoir près du feu.
En position (4) : L'homme est un animal raisonnable.
Le et *un* peuvent avoir des emplois synonymes. Ils peuvent tous deux exprimer le général (1 et 4) ou le particulier (2 et 3). Guillaume les distingue selon la place qu'ils occupent sur le tenseur binaire, dans la succession des deux mouvements de pensée : 1° du général au particulier (de 1 à 2) ; 2° du particulier au général (de 3 à 4). Outre cette distinction, Guillaume rend compte de ce qu'il est plus facile de dire (3) après avoir dit (2). On dit que *le* présuppose *un*.

B La distinction des modes

▶ On doit à Guillaume une des tentatives les plus intéressantes de distinction des modes du verbe. Pour lui, les modes se différencient par le fait qu'ils n'expriment pas la notion de temps de la même manière. Pour arriver à la distinction des époques (présent, passé, futur), il faut au préalable qu'un repère personnel apparaisse.

▶ Guillaume situe l'infinitif, le subjonctif et l'indicatif, à trois échelons différents d'une échelle appelée *chronogenèse* :

– Temps *in posse* (ou *en puissance* : l'infinitif et le participe ; ces modes sont non personnels et n'expriment pas le temps. On peut dire : *Il faut partir ; il fallait partir ; il faudra partir*).

– Temps *in fieri* (ou *en devenir* : le subjonctif est un mode personnel, qui n'exprime pas encore le temps. On peut dire : *Il faut qu'il parte ; il fallait qu'il parte ; il faudra qu'il parte*).

– Temps *in esse* (ou *en état* : l'indicatif est un mode personnel, qui exprime le temps et distingue les époques. On peut dire : *Il part ; il partait ; il partira*).

La pensée de Guillaume a fécondé celle de nombreux disciples, surtout en Europe et au Québec. À partir de l'héritage de Saussure et dans sa tradition mentaliste, Guillaume propose une description des phénomènes grammaticaux en étroite relation avec des hypothèses générales sur le fonctionnement de l'esprit. Il anticipe ainsi sur la linguistique cognitive.

TESNIÈRE

Professeur de langues slaves et de français langue première et étrangère, Lucien Tesnière (1893-1954) est passé à la postérité grâce à son ouvrage, Éléments de syntaxe structurale (1959). Il y développe une syntaxe* de dépendance qui servira de modèle à de nombreux linguistes.

1 UNE SYNTAXE DE DÉPENDANCE

A La phrase

▶ L'unité de base de la syntaxe est la phrase. Comment Tesnière se la représente-t-il ? Soit la phrase : « *Pierre et sa femme lavent leur voiture aujourd'hui.* » Selon Tesnière, la phrase représente le déroulement d'un « procès », d'un « petit drame », où des acteurs (les *actants*) évoluent dans un « décor » (les *circonstants*). Dans cette phrase, le centre absolu est le verbe *lavent*. Il a sous sa dépendance un certain nombre d'acteurs (*Pierre, sa femme, leur voiture*) qui évoluent dans le décor (*aujourd'hui*). Tesnière rassemble sous le nom d'*actants* les anciennes fonctions sujet (*prime actant*), complément d'objet direct (*second actant*) et indirect (*tiers actant*). Les anciens compléments circonstanciels sont appelés *circonstants*. Le sujet est donc un actant comme un autre.

▶ Il existe une relation sémantique et structurale plus forte entre un verbe et ses actants qu'entre le même verbe et ses circonstants. Tesnière propose de classer les verbes en fonction du nombre d'actants qu'ils peuvent régir en théorie. Il utilise le terme *valence*, emprunté à la chimie, pour désigner le nombre d'actants (nombre limité de 0 à 3) qu'un verbe peut avoir sous sa dépendance. Il distingue ainsi les verbes *avalents* (*il pleut* ; *il*, impersonnel, n'est pas un actant : il ne fait pas l'action), *monovalents* (*il dort*), *divalents* (**Pierre** *mange* **une pomme**) et *trivalents* (**Pierre** *offre* **des fleurs** *à* **Marie**).

B La dépendance

▶ La syntaxe de Tesnière fait la distinction entre, d'une part, l'ordre linéaire de la phrase et, d'autre part, la structure de la phrase, qui est cachée. Cet ordre structural, contrairement à la chaîne parlée ou écrite, est à plus d'une dimension. Cela permet de voir la hiérarchie des relations de dépendance, que Tesnière nomme relations de *connexion*. Tesnière représente dès lors la phrase à l'aide d'une figure d'arbre appelée *stemma* :

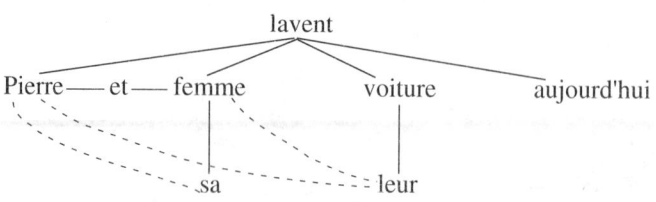

Un élément qui a sous sa dépendance un autre élément est appelé *nœud* (*femme*, *voiture* et *lavent*). Le *nœud des nœuds* est le terme qui a tous les autres sous sa dépendance (*lavent*).

▶ La connexion n'est pas le seul type de relation structurale qui existe. Tesnière en distingue deux autres : les relations de *jonction*, qui marquent une équivalence fonctionnelle, notamment, par la coordination (*Pierre **et** sa femme*, trait horizontal sur le stemma) ; les relations d'*anaphore*, qui marquent la reprise (***sa** femme*, ***leur** voiture*, trait pointillé sur le stemma).

2 PARTIE DU DISCOURS ET FONCTION

A Mots pleins et mots vides

▶ Tesnière divise les mots* de la langue en *mots pleins*, qui sont chargés d'une fonction sémantique, d'un sens*, et en *mots vides*, qui ne le sont pas. On retrouve là l'opposition entre mots lexicaux* et mots grammaticaux*. Seuls les premiers sont susceptibles de constituer un nœud : ce sont les verbes, les substantifs, les adjectifs qualificatifs, certains pronoms et adverbes suffisamment autonomes (*moi*, *aujourd'hui*). Les mots vides sont interdits de position de nœud : ce sont les déterminants, les pronoms et les adverbes non autonomes (*je*, *très*).

▶ On le voit, il y a un lien très fort entre morphologie et syntaxe. La morphologie commande à la syntaxe. Telle partie du discours* aura telle fonction*. Cependant, il existe une hiérarchie entre les différentes parties du discours qui peuvent constituer un nœud : le verbe n'est jamais dominé par aucun autre terme, et il est le seul à pouvoir en même temps dominer le substantif actant et l'adverbe circonstant ; le substantif peut dominer l'adjectif ; l'adjectif peut dominer l'adverbe ; l'adverbe ne peut dominer qu'un autre adverbe.

B La translation

▶ L'hypothèse que fait Tesnière quand il pose la correspondance entre parties du discours et fonctions est très forte, trop, même. Tout nom devrait être actant, tout adverbe, circonstant. Or, dans un syntagme* comme *une robe saumon*, *saumon* est un nom employé comme un adjectif ; de même, dans *la femme de Pierre*, *Pierre* a un emploi d'adjectif par l'intermédiaire de *de*. L'adverbe peut également avoir un emploi d'adjectif *dans une fille **bien***. Il peut même avoir un emploi de nom dans ***Demain** est un autre jour*.

▶ Pour rendre compte de ces phénomènes de transfert, Tesnière met au point la *théorie de la translation*. Un mot, ou un groupe de mots, pourra occuper une fonction qui n'a pas été prévue pour lui, s'il est translaté, avec ou sans l'aide d'un élément translatif (la préposition, par exemple, dans *la femme **de** Pierre* ; la conjonction de subordination, par exemple, dans ***Quand** il pleut, je ne sors pas*).

Les connaissances linguistiques variées de Tesnière lui ont permis d'élaborer un système syntaxique qui se veut général. La conception d'une syntaxe de dépendance, les concepts d'actant, de circonstant et de valence, le mécanisme de la translation, sont autant de notions grammaticales devenues familières aux linguistes d'aujourd'hui.

BLOOMFIELD ET LE DISTRIBUTIONNALISME

La linguistique se développe seulement à la fin du XIXᵉ siècle aux États-Unis. Elle ne prend pas appui sur la longue tradition européenne : il n'y a ni grammaire historique, ni grammaire comparée, ni grammaire philosophique. Cette caractéristique permet le développement de méthodes originales, qui aboutissent également à une conception structuraliste du langage.

1 LE LINGUISTE

A Le contexte

▶ Une des caractéristiques majeures de la linguistique américaine est son côté pratique. Les premiers linguistes s'assignent une tâche bien précise. Pour évangéliser et administrer les derniers Indiens, il faut entrer en contact avec eux. Or ces populations ne possèdent pas de langage écrit. Il est donc nécessaire de mettre au point des procédures nouvelles, différentes de celles élaborées pour les langues possédant une littérature.

▶ Si le mot semble facile à reconnaître dans une phrase écrite, il n'en va pas de même dans la chaîne parlée. Il faut donc mettre au point une méthode de description des langues orales. Le précurseur en la matière est Franz Boas (1858-1942), maître de Leonard Bloomfield (1887-1949).

B Une démarche originale

▶ Bloomfield écrit son livre majeur, *Language*, en 1933. Il est le tenant d'une linguistique mécaniste, alors que Saussure est partisan et défenseur d'une linguistique mentaliste. La linguistique mécaniste refuse de faire intervenir le sens. L'idée de Bloomfield était d'appliquer à l'anglais, de manière mécanique, les techniques mises au point pour les langues amérindiennes.

▶ Si Saussure est influencé par la psychologie, Bloomfield, lui, fonde sa théorie sur la théorie du comportement appelée *behaviorisme*, de l'anglais *behavior* (« comportement »). Au début de *Language*, il y a l'histoire célèbre de Jack et Jill. Tous deux se promènent. Jill voit des pommes ; elle éprouve une sensation de faim ; elle fait des bruits avec sa bouche et son pharynx. On distingue un stimulus S – arbre et pommes – d'un stimulus S' – bruits buccaux – qui provoque une réponse R – Jack va lui cueillir les pommes – et/ou une réponse R' – cela peut provoquer chez Jack une réponse de bruits buccaux.

▶ Bloomfield considère que la langue fonctionne selon les même principes de stimulus et de réponse que le comportement. Aussi la tâche du linguiste sera-t-elle la description des rapports entre stimulus linguistique et réponse linguistique. Le sens, tel que le conçoit Bloomfield, n'a rien à voir avec une analyse de signifié ou de concept, comme cela pourrait être le cas chez Saussure. Le sens coïncide avec la réaction linguistique, ne se mesure qu'en fonction de la réponse R.

2 LE DISTRIBUTIONNALISME

Bloomfield est à l'origine d'une école appelée *distributionnalisme* par ses disciples. Le distributionnalisme tire son nom de la *distribution* des unités que l'on étudie. La distribution d'une unité correspond à l'ensemble des environnements dans lesquels on rencontre l'unité considérée. La méthode distributionnaliste commence donc par recueillir des données. L'ensemble de ces données constitue le *corpus*. C'est à partir de l'analyse des données de ce corpus selon des techniques particulières que l'on aboutit à un listage de classes distributionnelles. La grammaire est donc construite de manière empirique et inductive : à partir des faits, des données du corpus traitées selon des procédures, on dresse des listes distributionnelles et on propose des généralisations.

A L'analyse en constituants immédiats

▶ Pour décomposer les énoncés du corpus, le sens ne pouvant intervenir, on procède comme suit : soit la phrase *Mon voisin lave sa voiture.* Cette phrase s'apparente à une construction hiérarchisée. Elle est décomposable en segments, qui constituent l'énoncé, segments eux-mêmes décomposables en sous-segments. Ces segments sont appelés *constituants immédiats* et sont isolés dans un premier temps par la possibilité de marquer une pause ou d'insérer d'autres éléments entre eux.

▶ Le constituant immédiat apparaît donc comme un constituant de rang immédiatement inférieur. En partant de la phrase*, on décomposera donc en proposition*, puis en syntagme*, pour s'arrêter au mot* (voire au morphème*).

B Les procédures distributionnalistes

Le distributionnalisme élabore des techniques d'analyse et de description, qui permettent d'aboutir à un listage de classes distributionnelles. Retenons les deux principales : la commutation et la combinaison.

▶ La commutation : soit la phrase *J'ai un chat très intelligent et je l'aime beaucoup.*
                                                bien   *bien*
                                                assez   *assez*
La commutation est une technique selon laquelle on fait commuter, sur un axe paradigmatique*, des sons ou suites de sons. Par cette méthode, on obtient une nouvelle définition des parties du discours* : tous les mots qui commutent entre eux sur un même axe, qui peuvent apparaître dans la même position, appartiennent à la même classe.

▶ La combinaison est une technique selon laquelle on combine des sons ou des suites de sons sur un axe syntagmatique*. Cette technique permet de voir si des éléments sont compatibles. Ainsi, si un déterminant est combinable avec un adjectif (*un joli chapeau*), deux déterminants sont mutuellement exclusifs (**le un chapeau* ; cependant, il arrive que l'on trouve *les quelques chapeaux*).

Le distributionnalisme a ses limites. Une fois mises en œuvre les différentes techniques de description et d'analyse, la linguistique risque de se retrouver sans objet : quand on a tout décrit, quand on a énuméré la liste des classes distributionnelles, il n'y a plus rien à faire, puisque le sens n'intervient pas.

CHOMSKY ET LA GRAMMAIRE GÉNÉRATIVE

Élève du distributionnaliste Zellig S. Harris, Noam Chomsky (né en 1928) va construire sa théorie en opposition avec les principes de cette école. Il refuse une grammaire* de listes, élaborée sur base d'un corpus fini – et donc incomplet – de phrases* d'une langue*. Pour expliquer comment on crée des énoncés*, il prône une théorie qui puisse décrire et expliquer les faits connus, et prédire des faits non encore observés.

1 LA THÉORIE STANDARD

A Les principes

▶ Les ouvrages de base de Chomsky sont *Structures syntaxiques* (1957) et *Aspects de la théorie syntaxique* (1965). Il y définit la grammaire comme l'ensemble fini de règles* qui permettent de produire la totalité des énoncés grammaticaux possibles d'une langue donnée. Il fonde cette définition sur l'observation du langage enfantin. L'enfant ne répète pas, comme un perroquet, les phrases qu'il a entendues. Il crée des énoncés, qu'il n'a jamais entendus, à partir des règles finies qu'il possède (*Maman fait la cuisine/Papa répare la voiture →Papa fait la cuisine /Maman répare la voiture*).

▶ Chomsky distingue alors la connaissance des règles (la *compétence**) et l'emploi, la mise en pratique des règles (la *performance**). Le travail du linguiste est de décrire la compétence. La grammaire qui regroupe l'ensemble des règles et instructions explicites qui permettent d'engendrer, c'est-à-dire d'énumérer, toutes les phrases grammaticales possibles d'une langue est dite *générative*. Pour représenter les phrases, Chomsky adopte la forme de l'arbre (voir règle*).

B Les règles

▶ La grammaire remplit son programme grâce à la création de règles de réécriture à partir des arbres. On les formalise, par exemple, comme suit : P → SN + SV (la phrase P se réécrit en un syntagme nominal et un syntagme verbal). Il s'agit bien d'une grammaire à capacité générative.

▶ Les règles de réécriture héritées de la grammaire distributionnelle ont cependant un défaut : elles donnent des descriptions semblables pour des phrases de sens* différents (*Pierre envoie des fleurs à Marie/Pierre envoie des fleurs à Rome*) et des descriptions différentes pour des phrases de sens semblables (*Pierre aime Marie / Marie est aimée de Pierre*). Pour remédier à cela, Chomsky emploie des règles de transformation, symbolisées par une double flèche (*Pierre aime Marie ⇒Marie est aimée de Pierre*). On parle donc de grammaire générative et transformationnelle.

2 LES CONCEPTIONS DE LA GRAMMAIRE

A Les niveaux d'analyse

▶ En distinguant la réécriture et la transformation, Chomsky distingue aussi deux niveaux : celui des *structures profondes* et celui des *structures de surface*, issues d'une transformation. Les structures profondes résident dans l'esprit. Tout comme la compétence, les structures profondes apparaissent comme innées et non comme acquises : elles relèvent de la faculté de langage* qui fait partie de l'héritage biologique commun à tout être humain. Les règles et instructions de la compétence sont considérées comme des universaux du langage*, comme des propriétés communes à toutes les langues, et non propres à chacune d'entre elles, comme des traits de grammaire générale*. Par ce biais, Chomsky ajoute une dimension mentaliste à la perspective mécaniste des distributionnalistes.

▶ Chomsky considère que la grammaire comporte trois parties : la partie séman-tique*, qui comprend toutes les données nécessaires à la compréhension, est indépendante de la langue que l'on parle et donc statique ; la partie syntaxique*, qui comprend les règles de réécriture qui traduisent la donnée sémantique, ainsi que les règles de transformation, est dynamique ; la partie phonologique*, qui habille par des règles phonétiques la structure de surface issue des deux premières parties, varie d'une langue à l'autre.

B Les versions ultérieures

▶ La deuxième version de la grammaire générative, appelée *théorie standard étendue*, se trouve exposée dans *Aspects de la théorie syntaxique* (1975). Elle développe une hypothèse générale sur la structure des constituants, censée valoir pour toutes les langues dans le cadre d'une grammaire universelle (*théorie X-barre*), et redéfinit les rapports entre syntaxe et sémantique. Prenons l'exemple de la négation. Pour la phrase *Pierre n'aime pas Marie*, la théorie standard parlait de « *Pierre aime Marie* + transformation négative ». Dans la deuxième version, Chomsky constate que *Pierre n'aime pas Marie* peut aussi correspondre à 1° *Pierre n'aime pas **Marie*** (il aime Suzanne), 2° *Pierre n'**aime** pas Marie* (il l'adore), ou encore 3° ***Pierre** n'aime pas Marie* (c'est Hector qui aime Marie). La théorie étendue fait déborder la sémantique sur la syntaxe. Cela provoque une rupture au sein de la grammaire générative et la création d'une dissidence : la sémantique générative, qui développe une analyse en termes de logique*.

▶ Un nouveau changement théorique survient en 1981. Selon Chomsky, ce sont des *principes* universels qui organisent la grammaire, principes innés, communs à toutes les langues. La théorie grammaticale se charge de définir les *paramètres* qui caractérisent la manière dont les langues particulières mettent en œuvre ces principes. Il appelle cette théorie *la théorie des principes et des paramètres*. Enfin, le *Programme minimaliste* (1995) resserre encore le propos.

La théorie de Chomsky se voulait la synthèse de divers courants américains et européens, ce qui lui valut un succès énorme, tant aux États-Unis qu'en Europe. Cependant, il est difficile aujourd'hui de parler d'école homogène : chacun semble pouvoir y emprunter des concepts, sans devoir adhérer au cadre théorique d'ensemble. L'apport de Chomsky est également considérable dans les domaines de l'acquisition* et de la philosophie du langage*.

BAKHTINE

Pour des raisons historiques, l'œuvre du théoricien russe de la littérature et de la langue Mikhaïl Bakhtine (1895-1975) est restée très mal connue de son vivant. Depuis les années 80, elle exerce une très large influence en Occident.

1 LA POÉTIQUE DES ŒUVRES LITTÉRAIRES

A Qui était Bakhtine ?

▶ Bakhtine est né en 1895 près de Moscou. Il fit ses études pendant les premières années de la révolution, à l'époque où toute une génération d'artistes, de penseurs, de poètes, plaidait, dans la toute nouvelle Union soviétique, la cause du modernisme et celle du renouveau social. Une attention beaucoup plus grande fut accordée à la forme ; on parla en art de « futurisme », en architecture de « constructivisme », en critique littéraire de « formalisme ». Bakhtine s'identifia avec ce courant enthousiaste, expérimental et innovant, mais prit rapidement ses distances d'avec l'école linguistique du cercle de Moscou, inspirée par Saussure*. À l'intérieur de la grande distinction faite par Saussure entre langue* et parole*, Bakhtine choisit la parole, c'est-à-dire une vision du langage fondée non pas sur l'idée de système, mais sur celle d'activité sociale, ou de « dialogue ».

▶ Dans les années 20, tandis que le courant formaliste était de plus en plus confronté à l'opposition du pouvoir, l'approche de Bakhtine paraissait plus compatible avec le matérialisme dialectique hérité de Marx. La question est encore très controversée de savoir si certains des livres qui parurent à cette époque sous le nom d'amis de Bakhtine, tel le *Marxisme et philosophie du langage* (1929) de Valentin Nikolaevitch Voloshinov, ne furent pas en réalité écrits par Bakhtine. Aujourd'hui, l'attribution de certains des travaux publiés à cette époque (mentionnons également Pavel Nikolaevitch Medvedev) est encore incertaine : c'est pourquoi on utilise parfois l'expression de « cercle de Bakhtine ».

▶ Néanmoins, en 1929, Bakhtine fut arrêté et envoyé dans la lointaine province du Kazakhstan. Plus tard, il put revenir près de Moscou, mais n'eut jamais la possibilité, pendant toutes ces années, de publier ses travaux. Après la guerre, petit à petit, il fut davantage reconnu, et ses livres commencèrent à être publiés et traduits dans les années 60 et 70. Bakhtine mourut en 1975, au moment où la découverte de ses œuvres jouait un grand rôle dans la naissance, aux États-Unis et au Royaume-Uni, du courant post-structuraliste.

B Une nouvelle approche de la littérature

▶ Une grande partie des travaux de Bakhtine et de son cercle porte sur des œuvres littéraires. Contrairement aux formalistes (Roman Jakobson pour la poésie, Vladimir Propp pour l'analyse du conte), Bakhtine refuse de considérer l'œuvre littéraire comme un système organisé et absolument cohérent. Il la considère plutôt comme un dialogue incessant entre des discours différents.

▶ C'est pourquoi il choisit de s'intéresser de façon privilégiée au roman. Pour lui, après un âge de la littérature qui a privilégié les formes d'expression individuelles (la poésie lyrique, par exemple), l'histoire a vu l'apparition d'un âge « dialogique », dont l'emblème est le roman, et dont la caractéristique est de mettre en scène, sans qu'ils apparaissent incompatibles, toutes sortes de discours et de langages hétérogènes. Les deux auteurs sur lesquels les analyses de Bakhtine sont restées le plus célèbres sont Rabelais et Dostoïevski.

2 L'APPORT LINGUISTIQUE DE BAKHTINE

A Le concept de dialogisme

▶ Pour Saussure, le mot est un signe* à deux faces, signifiant et signifié. Pour Bakhtine, il est également foncièrement biface, mais dans un sens différent. Dans tout mot, on peut distinguer le mot lui-même et l'anticipation d'une réponse que ce mot appelle, que cette réponse soit réelle ou seulement possible. « Dans la conversation, dit-il, le mot est directement orienté vers une réponse future. [...] Il provoque une réponse, l'anticipe, et se structure dans la direction de cette réponse ». Cette théorie peut se comprendre si l'on sait qu'en russe un seul et même mot, *slovo*, peut signifier à la fois mot et discours. Le mot n'est pas ici conçu comme une unité, mais comme le discours en général. Pour Bakhtine, par conséquent, l'autre est toujours inscrit dans le langage. Notre énonciation, notre choix de lexique, la structure de nos énoncés, en dépendent fortement, qu'on le veuille ou non.

▶ La conception que se fait Bakhtine du langage s'oppose par conséquent autant à une conception « subjective », qui voudrait croire que, lorsque nous parlons, nous exprimons avant tout notre individualité, qu'à une conception « réaliste », qui voudrait que le langage renvoie d'abord à une référence* ou à une réalité.

B Applications possibles de la théorie de Bakhtine

▶ L'influence de Bakhtine s'est exercée dans deux directions principales : la poétique, ou théorie littéraire, particulièrement théorie du roman, et la linguistique.

▶ Elle a conduit à une analyse dialogique des formes de discours, qu'il s'agisse de discours littéraires, de discours institutionnels (politiques, médiatiques) ou de discours ordinaires, la conversation courante, par exemple. Comment, dans quelles conditions, pourquoi un texte peut-il être amené à intégrer dans son langage des langages venant de l'extérieur ? L'analyse des niveaux différents que peut comporter un texte et la notion de polyphonie* sont souvent reliées à une interprétation des théories de Bakhtine.

Les théories de Bakhtine, tant littéraires que linguistiques, ont donné lieu à de mutiples interprétations et réutilisations. Son œuvre elle-même, en revanche, reste encore très méconnue, et n'a toujours pas fait l'objet d'une publication exhaustive. Elle réserve encore sans doute de nombreuses découvertes.

LA LINGUISTIQUE DE L'ÉNONCIATION

Depuis que l'attention a été attirée en linguistique sur les phénomènes relatifs à l'énonciation*, deux grandes écoles se « disputent », d'une certaine manière, ce champ : la pragmatique* et la linguistique de l'énonciation. Si la première a une origine anglo-saxonne, la seconde est plus spécifiquement européenne, et particulièrement française.

1 L'ÉNONCIATION DANS LA LANGUE

A Origine de la linguistique énonciative

▶ Alors que la pragmatique s'inspire de théories logiques et philosophiques anglo-saxonnes, le courant énonciatif s'inscrit dans le prolongement de la grammaire néo-structuraliste en vogue en France dans les années 60 et 70 et inspirée par Ferdinand de Saussure*. L'idée de départ en était de corriger une attention excessive portée à l'identité de l'énoncé*. Le concept fondamental de la pragmatique est celui d'*acte de langage*, celui de la linguistique énonciative est celui de *catégorie énonciative*.

▶ De manière générale, on peut dire que le courant énonciatif en France approfondit des concepts mis en place dans les années 50 et 60 par le linguiste Émile Benveniste. Selon ce dernier, il s'agissait de reconnaître la spécificité de certains termes dans la langue, voire de certaines classes grammaticales de mots, qui ne prennent véritablement toute leur signification que lorsqu'ils renvoient au moment particulier où l'énoncé est produit. Ainsi, le pronom *je* ou le pronom *tu*, par exemple, ne renvoient ni à un concept, ni à un individu. Comment définir le pronom *je* dans la langue ?

B Quelques exemples de catégories énonciatives

▶ Ce qu'a montré Benveniste, et ce que montreront après lui les linguistes de l'énonciation, c'est qu'il existe dans le discours une série de termes par lesquels un locuteur se définit comme sujet. Ces termes s'organisent de façon cohérente entre eux. On peut citer bien évidemment les pronoms personnels, mais aussi des repérages temporels ou spatiaux comme *maintenant*, *ici*, etc., des démonstratifs comme *celui-ci*, *celui-là*, etc. Tous ces termes sont difficilement analysables en dehors de la prise en compte de l'énonciation. Que veut dire *ceci* en dehors de toute situation précise ?

▶ Cette première catégorie de termes peut être complétée par l'analyse de ce qu'on appelle les modalités de la phrase. Il paraît banal de dire que, selon qu'il pose une question, qu'il s'exclame avec étonnement, qu'il ordonne ou qu'il affirme, l'énonciateur d'une phrase donnée ne prend pas position de la même manière à l'égard de son énoncé. Il oriente de façon décisive la communication avec son interlocuteur. De même, notre emploi des temps peut être interprété en fonction de la position de l'énonciateur dans le récit. Pour Benveniste, si j'utilise le passé simple, par exemple, cela donnera à mon récit une valeur plus objective, tandis que, si j'utilise le passé composé, cela aura pour effet de m'impliquer davantage en tant qu'énonciateur dans le récit.

2 LA THÉORIE DES OPÉRATIONS ÉNONCIATIVES

A Au premier plan, l'énonciation

▶ À partir des travaux de Benveniste, la linguistique de l'énonciation s'est s'efforcée de prendre toujours plus en compte la position de l'énonciateur dans la production d'un énoncé donné. Elle trouve sans doute son développement le plus abouti dans la théorie élaborée dans les années 70 par Antoine Culioli. Pour celui-ci, la linguistique a trop souvent considéré la langue comme un code neutre doté d'une syntaxe très réglée à l'intérieur de laquelle les mots, c'est-à-dire le lexique, pouvaient servir de variables. Pour Culioli, l'usage du langage qui correspond à une transmission d'information à propos d'une référence externe n'est qu'un cas tout à fait marginal de la communication. Il est rare que nous fassions usage du langage dans le seul but de transmettre une information. La plupart du temps, l'énonciation est déterminante dans notre emploi du langage : c'est elle qui commande tous les repérages par lesquels nous plaçons notre interlocuteur dans une situation de réception. Ces repérages ne sont jamais faciles à décrire, pour la simple raison qu'ils varient sans cesse selon la situation, et qu'ils varient d'un interlocuteur à l'autre. C'est pourquoi, selon Culioli, le malentendu, l'ambiguïté*, les « ratés », en somme, de la communication, sont constitutifs du langage.

▶ Ainsi, contre l'étude dans l'abstrait des énoncés, étude qui se fonde souvent sur une séparation du plan syntaxique et du plan sémantique, la linguistique de l'énonciation se fixe comme objectif d'étudier la signification là où elle est accessible, c'est-à-dire dans la situation d'énonciation.

B Une théorie des repères énonciatifs

▶ L'originalité de la théorie de Culioli est d'essayer de décrire de façon cohérente les opérations par lesquelles un énonciateur donné est censé passer avant de produire un énoncé. Ces opérations sont appelées par Culioli opérations d'*instanciation* : ce sont des opérations de repérage à l'intérieur d'un monde primitif de notions telles que l'intérieur et l'extérieur, les relations entre sujets (la relation agent/patient, par exemple, qui commande le choix des formes actives ou passives des verbes), etc.

▶ Les opérations d'instanciation sont déterminantes dans la formation de l'énoncé, (par exemple : « *Paul met la table…* ») car ce sont elles qui commandent le choix d'un terme de départ, terme sur lequel peut intervenir une focalisation (« *C'est Paul qui met la table…* »). Ces opérations aident à comprendre qu'un énoncé ne peut jamais être considéré de façon isolée : il doit être saisi au sein de tout un ensemble d'énoncés possibles, qu'on peut retrouver par paraphrase*, et à l'intérieur desquels un choix décisif est fait, que commande la situation d'énonciation.

Élaborée à partir de la linguistique structurale des années 60, la linguistique de l'énonciation s'efforce de ne pas considérer le langage comme un tout achevé, stable, mais de s'intéresser au contraire aux opérations qui conduisent à la production d'un énoncé. Distincts au départ culturellement et géographiquement, ses travaux, aujourd'hui, rejoignent bien souvent ceux de la pragmatique.

INDEX

INDEX DES NOTIONS

I

J

L

M

T

U

V

INDEX DES NOMS

T

Tarski (Alfred) 174
Tesnière (Lucien) 167, 200, 201
Togeby (Knud) 197
Troubetzkoy (Nicolaï Sergueïevitch) 170, 192

V

Van Dijk (Teun Adrianus) 139
Varron 21
Vaugelas (Claude Favre de) 24, 92, 93, 101, 104
Voloshinov (Valentin Nikolaïevitch) 206

W

Weinreich (Uriel) 94
Wernicke (Carl) 58
Whitney (William) 18
Wilmet (Marc) 156, 161
Wilson (Deirdre) 183
Wittgenstein (Ludwig) 11, 12, 13

BIBLIOGRAPHIE

Une fois la lecture de cet ouvrage terminée, on voudrait en savoir plus. La présente bibliographie permet d'approfondir les différentes questions abordées dans ce manuel. C'est aussi l'occasion pour nous de citer les principales sources auxquelles la nature de cet ouvrage nous a conduit à nous référer.

Cette bibliographie s'organise en trois parties. Les deux premières parties comprennent les références d'ouvrages généraux pouvant servir d'introduction à la discipline tout entière. Nous vous les recommandons tous. C'est ensuite une affaire de choix personnel, une fois que l'on a repéré à quel principe d'organisation ils obéissent, et que l'on a localisé les secteurs dans lesquels on souhaite compléter son information.

Dans la troisième partie, nous proposons des titres permettant d'approfondir les sujets parfois plus spécifiques abordés dans les fiches. Nous avons regroupé ces titres par chapitres, sans observer d'équivalence stricte un titre/une fiche. Ainsi, la lecture d'un des ouvrages cités pourra servir de complément à la lecture de plusieurs fiches. Notre objectif a été de parvenir à un panorama représentatif de ce qui est actuellement disponible en français dans le domaine de la linguistique. Cela n'a pas été aisé. Dans certains domaines, de nombreux titres sont disponibles ; dans d'autres, l'ouvrage de référence n'a pas été traduit en français.

On trouvera donc soit des synthèses récentes et accessibles, soit, quand il existe, l'ouvrage actuellement considéré comme une référence sur le sujet en question, soit quelques grands textes fondateurs dans l'histoire de la linguistique, dans leur traduction française.

I. Ouvrages généraux

- CHISS J.-L., PUECH Ch., *Le Langage et ses disciplines. XIXe et XXe siècles*, Paris-Bruxelles, Duculot, 1999.
- CHOI-JONIN I., DELHAY C., *Introduction à la méthodologie en linguistique. Application au français contemporain*, Strasbourg, Presses universitaires de Strasbourg, 1998.
- DUCROT O., SCHAEFFER J.-M., *Nouveau Dictionnaire encyclopédique des sciences du langage*, Paris, Seuil, 1995.
- FUCHS C., LE GOFFIC P., *Les Linguistiques contemporaines. Repères théoriques*, Paris, Hachette, nouvelle édition, 1992 (particulièrement pour une approche des écoles).
- JACOB A., *Genèse de la pensée linguistique*, Paris, A. Colin, 1973 (pour une anthologie de textes fondateurs de la linguistique traduits en français).
- LUDWIG P., *Le Langage*, Paris, Garnier-Flammarion, 1997 (ouvrage orienté dans une optique de philosophie du langage, qui propose une anthologie de textes de toute époque sur le langage).
- MOESCHLER J., AUCHLIN A., *Introduction à la linguistique contemporaine*, Paris, A. Colin, 1997 (particulièrement centré sur la grammaire générative et transformationnelle et la pragmatique).
- MOUNIN G. (sous la direction de), *Dictionnaire de la linguistique*, Paris, PUF, 1993.
- SOUTET O., *Linguistique*, Paris, PUF, 1996.

II. Grammaires du français

– Grammaire normative
- GREVISSE M., *Le Bon Usage. Grammaire française*, Paris/Louvain-la-Neuve, Duculot, 13e édition refondue par A. Goosse, 1993.

– Grammaires descriptives
- RIEGEL M., PELLAT J.-Ch., RIOUL R., *Grammaire méthodique du français*, Paris, PUF, 2e édition revue, 1996.
- WILMET M., *Grammaire critique du français*, 2e édition revue, Paris/Louvain-la-Neuve, Hachette/Duculot, 1998 (propose un système en dialogue avec les théories de ses prédécesseurs).

III. Ouvrages spécialisés

1. La démarche

– Nous vous proposons quelques ouvrages de synthèse sur les disciplines connexes à la linguistique que nous évoquons dans ce premier chapitre :
- AUROUX S., DESCHAMPS J., KOULOUGHLI D., *La Philosophie du langage*, Paris, PUF, 1996.
- BAYLON C., MIGNOT X., *La Communication*, Paris, Nathan, 1994.
- BLANCHÉ R., *Introduction à la logique contemporaine*, Paris, A. Colin, 2ᵉ éd., 1996.
- CHERVEL A., *Histoire de la grammaire scolaire... Et il fallut apprendre à écrire à tous les petits Français*, Paris, Payot, 1977.

– Un grand texte classique :
- ARISTOTE, *La Rhétorique*, Paris, Le Livre de poche, 1991.

2. L'histoire

– Voici tout d'abord trois titres couvrant l'ensemble de l'histoire de la linguistique, les deux derniers, simples et clairs, pouvant être considérés comme une première approche, le premier comme une sorte d'encyclopédie de l'histoire de la linguistique :
- AUROUX S. (sous la direction de), *Histoire des idées linguistiques*, Bruxelles, Mardaga, 2 vol., 1990-1992.
- KRISTEVA J., *Le Langage, cet inconnu*, Paris, Seuil, 2ᵉ éd., 1982.
- ROBINS R.H., *Brève Histoire de la linguistique. De Platon à Chomsky* (1967), trad. fr. de M. Borel, Paris, Seuil, 1976.

– Voici à présent des titres portant sur des périodes plus précises :
- BARATIN M., DESBORDES F., *L'Analyse linguistique dans l'Antiquité classique*, Paris, Klincksieck, 1981.
- RICKEN U., *Grammaire et philosophie au siècle des Lumières*, Lille, Presses universitaires de Lille, 1978.
- ROSIER I., *La Grammaire spéculative des modistes*, Lille, Presses universitaires de Lille, 1983.
- *Aux origines de la linguistique française*, textes présentés par BERGOUGNIOUX G., Paris, Pocket, Agora, 1994 (anthologie de textes du xixᵉ siècle).

– Enfin, on pourra lire, comme grand texte de l'histoire de la linguistique :
- HUMBOLDT W. von, *Introduction à l'œuvre sur le kavi*, traduction française, Paris, Seuil, 1974.

3. Les domaines

– Voici un choix de titres en français sur quelques-uns des domaines abordés. Se reporter également aux titres généraux cités plus haut.
- ANDLER D. (sous la direction de), *Introduction aux sciences cognitives*, Paris, Gallimard, Folio, 1992.
- BALLY Ch., *Linguistique générale et linguistique française*, Paris, Ernest Leroux, 1932.
- BLANCHET Ph., *La Pragmatique,* Paris, Bertrand-Lacoste, 1995.
- BOUILLON P., *Traitement automatique des langues naturelles,* Louvain, Duculot, 1998.
- CARON J., *Précis de psycholinguistique*, Paris, 2ᵉ éd., 1992.
- DERIVERY N., *La Phonétique du français*, Paris, Seuil, 1997.
- DUCHET J.-L., *La Phonologie*, Paris, PUF, Que sais-je ?, 1981.
- ECO U., *Sémiotique et philosophie du langage*, Paris, PUF, 1988.
- FEUILLET J., *Introduction à l'analyse morphosyntaxique*, Paris, PUF, 1988.
- HAGÈGE Cl., *La Structure des langues*, Paris, PUF, Que sais-je ?, 1986.
- KLEIN W., *L'Acquisition de langue étrangère*, Paris, A. Colin, 1989.
- KLINKENBERG J.-M., *Des langues romanes*, Louvain-la-Neuve, Duculot, 1994.
- LATRAVERSE Fr., *La Pragmatique. Histoire et critique*, Liège, Mardaga, 1987.
- LEHMAN A., MARTIN-BERTHET F., *Introduction à la lexicologie*, Paris, Dunod, 1998.
- LESPOULOUS J.-L., LECLERCQ, éd., *Linguistique et neuropsycholinguistique : tendances actuelles*, Paris, 1990.

- MAINGUENEAU D., *Nouvelles Tendances en analyse du discours,* Paris, Hachette, 1987.
- MOLINIE G., CAHNÉ P., éd., *Qu'est-ce que le style ?*, Paris, PUF, 1994 (un recueil de contributions pour aborder la stylistique).
- MOREAU M.-L. (sous la direction de), *Sociolinguistique : les concepts de base*, Liège, Mardaga, 1997.
- NYCKEES V., *La Sémantique*, Paris, Belin, 1998.
- SABOURAUD O., *Le Langage et ses maux*, Paris, O. Jacob, 1995.
- SOUTET O., *La Syntaxe du français,* Paris, PUF, Que sais-je ?, 1989.

– Un texte célèbre dans l'histoire de la psycholinguistique :
- PIAGET J., *La Formation du symbole chez l'enfant*, Neuchâtel, Payot, 1945.

4. Les concepts généraux

Pour les parties 4 à 8, outre les titres mentionnés dans les rubriques ouvrages généraux, domaines et écoles, on consultera :

- BENVENISTE É., *Problèmes de linguistique générale*, Paris, Gallimard, 1974.
- CERVONI J., *L'Énonciation*, Paris, PUF, 1987.
- CHOMSKY N., *La Linguistique cartésienne*, Paris, Seuil, 1966.
- GADET F., *Le Français ordinaire*, Paris, A. Colin, 1989.
- KERBRAT-ORRECHIONI C., *L'Énonciation, De la subjectivité dans le langage*, Paris, A. Colin, 1980.
- LABOV W., *Sociolinguistique*, Paris, Minuit, 1976.
- MACKEY W.F., *Bilinguisme et contact des langues*, Paris, Klincksieck, 1976.
- MARTIN R., *Pour une logique du sens*, Paris, PUF, 1983.
- CERVONI J., *L'Énonciation*, Paris, PUF, 1987.
- Revue *Langue française*, n° 16, décembre 1972 : « La norme ».

5. L'unité en question

- CATACH N., *L'Orthographe*, Paris, PUF, Que sais-je ?, 8ᵉ éd. revue, 1998.
- DANON-BOILEAU L., MOREL M.-A. (sous la direction de), *Oral-écrit : formes et théories,* Paris, Ophrys, 1999.
- GOODY J., *La Logique de l'écriture*, Paris, 1986.
- KLEIBER G., *La Sémantique du prototype. Catégories et sens lexical*, Paris, PUF, 1990.
- REY A., *Le Lexique : images et modèles*, Paris, A. Colin, 1977.
- Revue *Langue française*, n° 121, février 1999 : « Phrase, texte, discours ».

6. La description de l'énonciation

– Deux textes des fondateurs de la pragmatique :
- AUSTIN J.-L., *Quand dire, c'est faire*, Paris, Seuil, 1970.
- SEARLE J.-R., *Les Actes de langage : essai de philosophie du langage*, Paris, Henman, 1988.

– Et aussi :
- DUCROT O., *Le Dire et le dit*, Paris, Minuit, 1987.
- GOFFMAN E., *Façons de parler*, Paris, Minuit, 1987.

7. La description de l'énoncé

- BUYSSENS E., *Les Catégories grammaticales du français*, Bruxelles, Éditions de l'Université de Bruxelles, 1975.
- LEMARÉCHAL A., *Les Parties du discours. Sémantique et syntaxe*, Paris, PUF, 1989.
- PRÉVOST S., « La notion de thème : flou terminologique et conceptuel », *Cahiers de praxématique*, n° 30, 1998, p. 13-35.
- SERBAT G., *Cas et fonctions*, Paris, PUF, 1981.
- WILMET M., *La Détermination nominale*, Paris, PUF, 1986.
- Revue *Langages*, n° 92, 1988 : « Les parties du discours ».

8. Langage et information

Outre les titres mentionnés dans les rubriques ouvrages généraux, domaines et écoles, on consultera :
- BATESON G., BIRDWHISTELL R., GOFFMAN E., HALL E.T., JACKSON D., SCHEFLEN A., SIGMAN S., WATZLAWICK P., *La Nouvelle Communication*, textes recueillis et présentés par Y. Winkin, Paris, Seuil, 1981.
- FUCHS C., *La Paraphrase*, Paris, PUF, 1982.
- FUCHS C., *Les Ambiguïtés du français*, Paris, Ophrys, 1996.
- KERBRAT-ORRECHIONI C., *L'Implicite*, Paris, A. Colin, 1991.
- PERELMAN C., OLBRECHTS-TYTECA P., *Traité de l'argumentation : la nouvelle rhétorique*, 5ᵉ édition revue et corrigée, Bruxelles, Éditions universitaires de Bruxelles, 1992.
- REY-DEBOVE J., *Le Métalangage*, Paris, A. Colin, 2ᵉ éd., 1997.
- SPERBER D., WILSON D., *La Pertinence : communication et cognition* (1986), trad. fr. de A. Gerschenfeld et D. Sperber, Paris, éd. de Minuit, 1989.

9. Les écoles

– Un choix de textes représentatifs de chacune des écoles citées :
- BLOOMFIELD L., *Langage* (1933), trad. fr. de J. Gazio, Paris, Payot, 1970.
- CHOMSKY N., *Structures syntaxiques* (1957) ; trad. fr. de M. Braudeau, Paris, Seuil, 1969.
- CHOMSKY N., *Aspects de la théorie syntaxique* (1965), trad. fr. de J.-C. Milner, Paris, Seuil, 1971.
- CULIOLI A., *Pour une linguistique de l'énonciation*, Paris, Ophrys, 1991.
- GUILLAUME G., *Langage et science du langage*, Paris-Québec, Nizet-Presses de l'Université de Laval, 2ᵉ édition, 1969.
- HJELMSLEV L.T., *Prolégomènes à une théorie du langage* (1943), trad. fr. de A.-M. Léonard, suivie de *La Structure fondamentale du langage*, Paris, éd. de Minuit, 1968.
- JAKOBSON R., *Essais de linguistique générale*, trad. fr. de N. Ruwet, Paris, éd. de Minuit, 1963.
- MARTINET A., *Grammaire fonctionnelle du français*, Paris, CREDIF, 1979.
- SAUSSURE F. de, *Cours de linguistique générale*, Paris, Payot, 1916 (1985).
- TESNIÈRE L., *Éléments de syntaxe structurale*, 2ᵉ édition revue et corrigée, Paris, Klincksieck, 1965.
- TODOROV T., éd., *Mikhaïl Bakhtine, le principe dialogique*, Écrits du Cercle de Bakhtine, Paris, Seuil, 1981.
- TROUBETZKOY N.S., *Principes de phonologie*, trad. fr. de J. Cantineau, Paris, Klincksieck, 1949.

Imprimé en France
Achevé d'imprimer sur les presses de Jouve, Paris
N° d'impression : 321911E
Dépôt légal : Février 2003
8010002/03